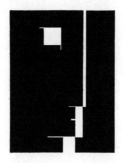

Weimar culture

The Outsider as Insider

Weimar culture The Outsider as Insider
Peter Gay

바이마르 문화

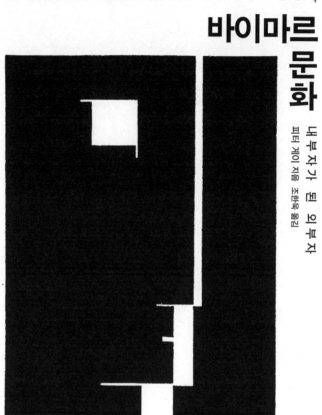

내부자가 된 외부자

피터 게이 지음 조한욱 옮김

교유서가

옮긴이 서문

본디 이 책은 탐구당에서 문고본으로 나온 탐구신서로 1983년에 출간된 적이 있다. 유학 초년생 시절, 아버지의 급작스러운 사망으로 귀국해 있던 당시 어쩌다가 번역을 해 책까지 나오게 되었다. 판권 개념도 없던 그 시절의 원고를 다시 살펴보니 원서가 좋은 책이라는 것만 알았지 그 섬세하고도 단호한 내용의 깊이까지 파악하지 못했던 것 같아 낯이 뜨겁다. 뒤늦게나마 잘못된 번역문을 수정하고 미숙했던 표현을 가다듬을 기회가 주어졌다. 독일사를 전공하는 동료 서양사학자 두 분이 당시 번역되어 나온 이 책을 읽고 독일사를 전공하기로 마음먹었다는 말을 듣고 우쭐하는 마음이 들었던 것도 사실이었지만, 다시 읽은 원고에서는 표현의 미숙함뿐만 아니라 내용에 있어서까지 많은 오류를 찾을 수 있었다. 출판사의 도움으로 여전히 유효한 피터 게이의 『바이마르 문화』에 대한 해석을 다시금 알릴 수 있게 되어 부끄러움을 약간이나마 덜 수 있게 된 것을 다행이라고 생각한다.

유대인이었지만 철저한 무신론자로서 꽤 성공을 거둔 기업가의 외아들이었던 페터 요아힘 프뢸리히(Peter Joachim Fröhlich)는 1923년 6월 베를린에서 태어났다. 유대인이라는 정체성에 관심을 두지 않았던 가정이었음에도 나치가 득세하게 되자 가세가 기울었다. 아버지의 회사가 유대인이 아닌 사람에게 넘어가고 아들마저 베를린의 괴테 김나지움에서 쫓겨나게 되자 그 가족은 쿠바로 가는 배를 탔고, 그뒤 미국 입국 허락을 받아 콜로라도주의 덴버에 정착했다. 이후 아들은 페터 프뢸리히라는 이름을 피터 게이(Peter Gay)로 바꿨다. 주변 미국인들이 발음을 어려워했기에 '행복하다', 또는 '즐겁다'는 의미의 독일어 이름을 영어로 바꾼 것이다. 덴버대학교를 졸업한 뒤 게이는 콜롬비아대학교 대학원에 진학하여 1947년에 석사학위를, 1951년에 박사학위를 받았다. 이후 콜롬비아대학교에서 정치학을 가르쳤지만 승진에서 탈락하자 같은 대학교의 사학과에서 가르치게 되었다. 그것은 『미국의 반지성주의』 저자로 우리에게도 잘 알려진 저명한 역사가 리처드 호프스태터가 초청하여 이루어진 일이었다. 게이는 1969년 예일대학교로 적을 옮긴 뒤 1993년에 은퇴했다. 은퇴한 뒤에도 뉴욕 공립도서관에서 '학자와 작가 센터'의 소장으로 2003년까지 봉직했으며 이후에도 학자로서의 활동은 멈추지 않았다.

그는 수많은 명저를 저술한 공적을 인정받아 2004년 미국 역사학회로부터 명예로운 학술상을 받았다. 학자로서 그의 출발점에는 『볼테르의 정치학: 현실주의자로서의 시인』이 있다.[1] 이 책이 나올 당시에는 칼 베커가 『18세기 철학자들의 신국』에서 펼친 주장이 계몽철학

---

1 Peter Gay, *Voltaire's Politics: The Poet as Realist*, 1959, Yale University Press.

자들에 대한 정설로 꼽히고 있었다. 중세의 신학자들에게 "키워드는 신, 죄, 은총, 구원, 천국"과 같은 것이었다면 18세기의 계몽된 인간에게는 그것이 "자연, 자연법, 제1원인, 이성, 인간성, 완전 가능성"[2]과 같은 것으로 바뀌었을 뿐 그 틀은 같았고, 계몽철학자들은 감정이 결여되고 메마르고 맹목적으로 낙관주의적인 인물이었다는 것이 베커의 주장이었다. 게이는 베커가 말하는 것처럼 볼테르가 메마르고 단순한 철학자가 아니라 현실에 관심을 둔 철학자로서 자신의 저서에서 주장하던 것을 현실 속에서 실현하고자 노력했다는 사실을 논증했다.

여기에서 끝났다면 피터 게이는 그저 평범한 연구자의 한 명 정도로 기억되었을지 모른다. 그러나 그는 볼테르에 대한 관심을 계몽철학 자체와 계몽철학자들에 대한 폭넓은 연구로 확장하여 두 권의 방대한 저서를 산출했다. 그 첫 권이 『계몽사상, 한 해석: 현대 이교의 성장』[3]이며 다음이 『계몽사상, 한 해석: 자유의 학문』[4]이다. 첫번째 책은 1967년 '역사와 전기' 부문에서 미국 도서 대상을 받았다. 이 책의 주제는 볼테르에 대한 최초의 책의 주제를 계승하여 계몽주의가 서구 사회에 민주주의적 가치와 제도를 도입함으로써 정치적 근대화의 초석이 되었다는 것이다. 그의 주장은 로버트 단턴이나 로이 포터, 조너선 이스라엘 같은 학자들의 연구에 의해 더욱 정교하게 가다듬어졌으며,

---

2 Carl Becker, *The Heavenly City of the Eighteenth-Century Philosophers*, 1932, Yale University Press, p. 47.
3 Peter Gay, The Enlightenment: An Interpretation, vol. 1, The Rise of Modern Paganism, 1966, Norton Library. 이 책은 다음과 같이 우리말로 번역 출간되었다. 피터 게이, 『계몽주의의 기원』, 주명철 옮김, 대우학술총서, 민음사, 1998.
4 Peter Gay, The Enlightenment: An Interpretation, vol. 2, The Science of Freedom, 1969, Norton Library.

특히 영미권역 학자들의 호응을 얻고 있다.[5] 게이가 존중받는 것은 새로운 학설을 제기했기 때문만이 아니다. 그 학설을 뒷받침하기 위해 그가 사용한 일차 자료는 상상을 초월한다. 사상사와는 어느 정도 거리를 두고 있는 역사가 마거릿 제이컵까지도 계몽철학에 대한 피터 게이의 두 책을 가리켜 "계몽사상가들과 그들의 세계에 대해 종합적으로 설명한 최후의 위대한 업적"이라고 치켜세우며, "이 책은 정전의 자리에 올랐다. 그는 이 주제에 관해 백과사전과도 같은 지식을 갖고 있다"[6]고 칭찬을 아끼지 않았다.

피터 게이의 서술 대상은 역사에만 국한되지 않았다. 『예술과 행동: 역사 속의 원인들—마네, 그로피우스, 몬드리안』[7]이라는 저작을 통해서는 세 예술가의 삶과 작품을 분석하여 개인의 성격과 재능이 어떻게 당시 문화와 결합하여 창작의 과정에 영향을 미쳤는지 고찰함으로써 예술 비평의 영역도 침범했다. 게이는 모차르트에 대한 책을 냈을 정도로 음악에도 해박한 지식을 과시하는데, 모차르트의 삶을 다른 사회문화적 현상과 연결시키며 낭만화된 음악가의 모습을 해체시킨다.[8]

그의 예리한 감수성은 역사적 사실뿐 아니라 역사가들이 사용하는 문체에 대한 분석으로도 이어졌다. 『역사 속의 문체』에서는 역사가들이 사용하는 문체는 형식과 그들의 서술 대상, 즉 내용과 어떻게 관련을 맺는지 역사 이론의 영역으로 우리를 안내한다. 그에 따르면 내용

5 Annelien De Dijn, "The Politics of Enlightenment: From Peter Gay to Jonathan Israel," *Historical Journal*, vol. 55, no. 3, pp. 785-805.
6 William Grimes, "Peter Gay, Historian Who Explored Social History of Ideas, Dies at 91," *The New York Times*, May 12, 2015.
7 Peter Gay, *Art and Act: On Causes in History Manet, Gropius, Mondrian*, Harper & Row, 1976.
8 Peter Gay, *Mozart*, Penguin, 1999.

과 형식을 함께 연결시켜주는 것은 문체(style)인데, "문체는 켄타우로스"이다. 켄타우로스는 반인반마의 괴물이다. 자연 속에서 결합될 수 없는 인간과 말이 사람들의 상상력에 의해 한 몸으로 연결되듯, 문체는 책의 내용과 형식을 엮어준다는 것이다. 기번, 랑케, 매콜리, 부르크하르트의 저서에서 문체가 갖는 의미를 추적한 이 책은 역사학의 언어적 전환을 주도했다고 일컬어지는 헤이든 화이트의 『메타 역사』[10]가 출판된 다음해인 1974년에 출간되었다. 비록 이 책은 화이트의 저서처럼 담론에 관한 논의를 역사학에 치밀하게 적용시킨 저서는 아니라 할지라도 당시로는 역사학의 최첨단 분야에서 오가게 될 논의를 정확하게 예견했다는 점에서 학자로서 피터 게이의 선구적 면모를 보여주고 있다.

『바이마르 문화』는 계몽사상에 대한 위의 두 저서가 발간되던 중간에 출판되었다. 그 사실 자체가 놀라운 일이었다. 게이는 계몽사상에 대한 저서에서 그것이 전 유럽에 걸친 세계주의였음을 강조하며 18세기 유럽 여러 나라의 사상가들에 대해 설명하고 있지만 누구나 알다시피 계몽주의의 중심점은 프랑스였고, 따라서 프랑스 지식인들의 역할이 주가 될 수밖에 없었다. 그런데 그사이에 그는 독일로 무대를 옮기고 시대도 두 세기를 건너뛰어 양차 대전 사이 독일의 바이마르공화국에서 쏟아져나온 창의적이고 도발적인 문화적, 예술적 업적의 특징을 설득력 있게 논파했던 것이다. 아직도 스테디셀러로 주가를 높이고 있

---

9 Peter Gay, *Style in History*, New York: McGraw-Hill, 1976, p. 3.
10 Hayden White, *Metahistory: The Historical Imagination in Nineteenth-Century Europe*, The Johns Hopkins University Press, 1973. 이 책은 다음과 같이 번역 출간되었다. 헤이든 화이트, 『메타 역사: 19세기 유럽의 역사적 상상력』, 천형균 옮김, 문학과지성사, 1991.

는 이 책을 계기로 바이마르공화국의 예술적 성과가 갖는 정치적, 사회적 맥락이 봇물처럼 쏟아져나왔다는 것이 역사서로서 이 책이 갖는 가장 큰 중요성일 것이다. 그에 대해서는 뒤에 추가적인 설명을 덧붙이겠지만 여기에서는 먼저 이 책이 게이의 학문적 여정에서 갖는 의미를 간략히 밝히고자 한다.

『바이마르 문화』의 결론 부분을 이루는 제5장과 제6장의 제목은 각기 '아들의 반역'과 '아버지의 보복'이다. 그것은 표현주의적 실험의 출현과 그와 관련된 정치적 변혁을 '아들의 반역'으로, 이후 그것의 몰락과 관련된 상황을 '아버지의 보복'이라는 오이디푸스 콤플렉스의 틀 속에서 조명한 것이다. 비록 책에서는 그 틀이 느슨하게 사용되었다 할지라도 그것은 이후 극명하게 드러날 프로이트와 심리사에 대한 게이의 지대한 관심의 서막이었다고 말할 수 있다. 그의 학문 세계가 아무리 방대하게 펼쳐져 있었다 할지라도 그의 주요 관심사는 단연 프로이트를 향했다. 게이가 프로이트에게 갖는 관심은 단지 그의 이론이 역사적 자료를 분석하는 데 큰 도움이 되었기 때문만은 아니었다. 그 둘은 모두 무신론의 성향을 가진 유대인으로서 각기 독일과 오스트리아 사회에 동화된 유대인이지만 반유대주의가 부각되던 시기에 그 내부에서 생활해야 했다.[11] 프로이트의 곤경이 게이에게는 자신의 곤경으로 비쳐졌으며 그것은 개인적 심경이 상당히 드러난 저작에서 명백해진다.

---

11   William Grimes, op. cit.

1978년에 출간된 『프로이트, 유대인, 그리고 다른 독일인들』[12]에서 게이는 독일 사회에서 프로이트의 이론이 갖는 영향력을 검토했다. 이 책은 역사 분석의 도구로서 정신분석학이 갖는 용도에 대한 의식이 게이의 내부에서 커지고 있는 것을 보여준다. 『신이 없는 유대인: 프로이트, 무신론, 그리고 정신분석의 형성』[13]에서는 프로이트가 무신론자 유대인으로서 겪었던 곤경이 스스로로 하여금 정신분석을 도출하도록 만들었다는 결론을 이끌어냈다. 피터 게이의 자서전이라 말할 수 있는 『나의 독일 문제: 나치 베를린에서 자라기』[14]에서는 반유대주의의 조류 속에서 무신론자 유대인으로 자신의 위치를 술회하며 나치가 등장할 무렵 독일의 유대인들은 그들의 '최종적 결말'을 예견했어야 한다는 통념에 대해서 격렬하게 논박했다. 그들은 경각심을 갖고 있긴 했지만 당시까지는 정상적인 생활을 유지할 수는 있을 정도였다는 것이다. 바꾸어 말해 이후의 비정상적인 정치 상황의 돌변을 당시에 예견할 수는 없었다는 것이다. 그렇지만 프로이트와 게이 자신의 유사성에 대한 자전적 경험이 담긴 저작은 프로이트의 생애와 사상이 갖는 여러 의미에 대한 본격적인 저술에 부차적인 것일 뿐이었다.

1985년에 출간된 『역사가를 위한 프로이트』는 프로이트의 정신분석학을 역사학에 도입한다면 과거의 사실에 대한 이해의 지평이 넓어지리라는 전망을 제시한다. 게이는 심리사의 도입에 반대하던 역사가

---

12 Peter Gay, Freud, *Jews and Other Germans: Masters and Victims in Modernist Culture*, Oxford University Press, 1978.

13 Peter Gay, *A Godless Jew: Freud, Atheism, And the Making of Psychoanalysis,* Yale University Press, 1987.

14 Peter Gay, *My German Question: Growing Up in Nazi Berlin*, Yale University Press, 1998.

들의 비판이 정신분석학에 대한 오해에서 비롯되었다는 사실을 조목 조목 밝힌다. 그런 한편 그는 심리사란 "사상을 모든 맥락 속에서 파악 하려던 나의 오랜 계획을 단지 내면으로 향하게 만든 것"일 뿐이라고 말하며 심리사가 궁극적으로는 '전체사'라는 도달할 수 없는 꿈을 이 루게 만들어줄 한 영역이 될 것이라는 희망을 낙관적으로 피력한다.[15] 1988년에 출간된 『프로이트: 우리 시대의 한 삶』[16]은 프로이트에 대한 전기의 결정판으로 꼽히며, 게이는 1989년에는 독자들이 간편하게 읽 을 수 있는 『프로이트 선집』[17]을 편찬하기도 했다.

이렇듯 프로이트의 생애에 대한 공감적인 이해와 정신분석학에 대 한 심층적인 지식을 장착한 피터 게이가 구체적인 분석의 대상으로 삼 은 것은 부르주아 계급이었다. 그러한 관심사의 결정판은 1984년부 터 1998년까지 무려 14년에 걸쳐 다섯 권으로 방대하게 출판된 『부르 주아의 경험: 빅토리아에서 프로이트까지』[18]였다. 이 방대한 저작에서 게이가 펼치려는 주장을 극도로 단순화시켜 말한다면 19세기의 부르 주아는 오늘날 우리가 그들에 대해 갖는 상투적인 편견과는 달리 다양 한 정체성과 세계관을 갖고 있었다는 것이다. 그 5부작의 제1권인 『감 각의 교육』에서는 현대인들이 상투적으로 생각하고 표현하는 것보다 훨씬 더 빅토리아시대의 부르주아는 성에 대해 억압적인 태도를 갖지

---

15 Peter Gay, *Freud for Historians*, Oxford University Press, 1985, p. 206.
16 Peter Gay, *Freud: A Life for Our Time*, Norton, 1988. 이 책은 다음과 같이 두 권으로 나뉘 어 우리말로 번역 출판되었다. 피터 게이, 『프로이트 1: 정신의 지도를 그리다』, 『프로이트 2: 문명 의 수수께끼를 풀다』, 정영목 옮김, 도서출판 교양인, 2011.
17 Peter Gay (ed.), *The Freud Reader*, Norton, 1989.
18 Peter Gay, *The Bourgeois Experience: Victoria to Freud*, 5 vols., Oxford University Press, 1984-1998.

않았다고 주장했으며, 제5권인 『쾌락 전쟁』에서는 부르주아의 속물근성이 지나치게 과장되었고 그들 중에는 아방가르드 예술의 후원자도 많았다는 실례를 제시했다.

피터 게이는 부르주아에 대한 이러한 관점을 오스트리아 출신의 극작가 아르투어 슈니츨러에 대한 저서를 통해 구체적으로 가다듬었다. 2002년에 출간된 『슈니츨러의 세기』[19]는 작품 속에서 외설에 가까울 정도로 성에 대해 노골적으로 묘사했던 유대인 작가로서 반유대주의 정서를 갖고 있던 슈니츨러의 일기를 사료로 이용하여 그가 19세기 부르주아의 모습을 전형적으로 보여주고 있다고 주장한다. 게이에 따르면 부르주아는 서로 간에 상충할 정도로 다양한 면모를 보여주지만 그들은 자신의 정신적, 물적 토대가 되었던 노동의 가치에 대해서는 일관적으로 동일한 목소리를 유지하였기에 하나의 집단으로 포괄될 수 있다. 그들이 신봉하던 '노동의 복음'이야말로 현대 자본주의를 살아가는 사람들에게 절대적인 가치 기준으로 작용하며 그 영향력은 오늘날에도 사라지지 않았다. 결국 게이는 "빅토리아시대는 경탄할 만한 세기였으며, 그 상당 부분은 부르주아 계급 덕분이었다"는 결론에 도달한 것이다.

2007년 84세의 나이로 게이는 『모더니즘: 이단의 유혹』[20]이라는 저서를 출간했다. 이 책에서 게이는 문학, 음악, 무용, 미술, 건축, 영화

19 Peter Gay, *Schnitzler's Century: The Making of Middle-Class Culture 1815-1914*, Norton, 2002. 이 책은 다음과 같이 우리말로 번역되었다. 피터 게이, 『부르주아 전』, 고유경 옮김, 서해문집, 2005.
20 Peter Gay, *Modernism: The Lure of Heresy, Norton*, 2007. 이 책은 다음과 같이 번역 출간되었다. 피터 게이, 『모더니즘: 새롭게 하라, 놀라게 하라, 그리고 자유롭게』, 정주연 옮김, 민음사, 2015.

등 다양한 고급문화를 관통하는 아방가르드의 경향을 프로이트의 관점에서 분석한다. 프로이트에게 삶 자체가 인간 내부의 여러 충동과 그 억압 기제들이 충돌하는 장소인 것과 마찬가지로 모더니즘 예술가들 역시 쉽게 일반화시킬 수 없다. 오스카 와일드의 탐미주의는 변태로 비쳐질 수도 있고, 뭉크의 "비명"은 현대적 분노에 대한 일반적인 표현이라고 받아들여지지만 뭉크 스스로는 내부 상태의 고백이라고 말했으며, 미술관의 적이라고 공언했던 마르셀 뒤샹의 작품이 필라델피아 미술관에 걸려 있다. 그렇듯 상충하는 모더니즘의 다양한 면모를 어떻게 정의내릴 수 있을 것인가? 게이는 모더니즘의 특징을 "관습적인 감수성에 저항하려는 충동"과 "철저한 자기 탐구"에서 비롯된 개성의 표현이라고 설명한다. 그것을 모더니즘에 대한 결정적인 정의라고 말할 수는 없을 것이다. 그렇지만 최소한 그것은 피터 게이의 학문적 업적을 마무리하는 이 자리에서 생생한 생각거리를 던져주며 이 책 『바이마르 문화』를 이해하기 위한 단초를 훌륭하게 제공한다.

역사책을 이해하기 위해서는 먼저 역사가를 알아야 한다고 E. H. 카가 말했던가? 그 금언은 피터 게이의 『바이마르 문화』의 경우에 딱 들어맞는다. 머리말에서부터 서양 문명에서 망명자들이 이루어놓은 업적을 예찬했던 게이는 그 스스로가 "고국을 혐오하면서도 그리움에 되돌아보며 외국 땅에서의 강요된 생활 속에서 최대의 업적"을 남긴 사람이었다. 그것이 계몽사상에 대한 대작을 집필하는 와중에 모더니즘의 산실이었던 바이마르공화국의 지적, 문화적, 예술적 업적에 대한 안내서를 작성하는 데 몰두하도록 만든 중요한 동인이었을 것이다. 확실히 게이는 바이마르 문화의 현란한 광휘를 주도적으로 만들었던 인물들에 대해서는 경탄해 마지않지만 그 문화의 배경이 되었음에도 결국은 그것이 쇠락하게 만든 풍토를 조성하는 데 기여했던 인물들에 대해서는 주저 없이 혐오감을 보인다. 그것은 하이데거의 "『존재와 시간』이 바이마르공화국 장례식의 기념비를 만들 벽돌 한 장이었음을" 지적한 최초의 인물이었음에 스스로 자부심을 느끼는 그의 태도에서 극명하게 드러난다.

그렇지만 게이는 단순한 이분법의 척도로 역사 현상을 구분하는 역사가가 아니다. 그는 상투화된 일반적인 통념을 깨뜨리기 위해 세부 사실에 깊이 천착하며 그 다양성을 들여다보라고 주문한다. 그 대표적인 예로서 주요 연구 대상인 부르주아를 단지 속물로 보는 통념을 타파하면서 그들의 정체성은 다양했다고 강조한다. 물론 여기에도 기업가인 아버지를 두었던 게이의 가족사가 어느 정도 반영되어 있는 것으로 보이기는 한다. 다시 『바이마르 문화』로 돌아가자면 그는 그것을 유대인의 업적이라고 단순화시키는 비판자들에 대항하여 유대인들이 크게 기여하였다 할지라도 이미 그들은 독일 사회에 완전히 동화된 유대인으로서, "바이마르 문화를 그리도 눈여겨봐야 할 현상으로 만든 것은 모더니즘을 공동으로 추구하던 유대인과 비유대인들의 거침없는 협력"이었다는 사실을 강조한다. 그뿐 아니라 바이마르 문화의 찬란함을 연출했던 수많은 사람이 유대인 혈통과 무관한 '순수' 독일인이었음에야 오히려 비판자들이 이분법의 틀 속에 갇혀 있는 것처럼 보인다.

히틀러가 등장할 수 있는 풍토를 만드는 데 도움이 되었던 인물들은 이른바 "이성적 공화주의자"였다고 게이는 성토한다. 일견 칭찬처럼 들리는 그 용어는 사실상 경멸에 가깝다. 그 말은 지배자가 아니라 사람들이 주인이 되는 공화주의에 대한 확신을 가졌다면 온 마음을 다해 그것을 가슴으로부터 받아들여야 하지만 단지 합리적으로, 이성적으로, 즉 말로만 공화주의를 받드는 사람들을 지칭하는 용어이다. 문제는 바이마르공화국에 그런 지식인들이 너무도 많았다는 것이다. 게이는 수많은 사람의 칭송을 받는 토마스 만 같은 소설가나 마이네케 같은 역사가가 그런 부류에 속했음을 간파했다. 사실 「토니오 크뢰거」 같은 단편 소설에서 토마스 만의 분신인 토니오 크뢰거가 선망하는 세계는 금발과 푸른 눈의 게르만 민족의 세계였고 게다가 그들의 춤추는 부르주아 문화가 아니었던가? 「벨중 가문의 혈통」이라는 또다른 단편을 보면 유대인들에 대한 상투적인 경멸이 토마스 만에게 내재해 있음을 알 수 있다. 역사가 프리드리히 마이네케도 공화국에 대해 지지하기는 했지만 그도 결국은 독일 민족의 특수성을 강조하는 경향으로 나아가게 되었다는 사실은 부인할 수 없다.

한편 피터 게이는 모더니즘에 열광했다. 게이가 바이마르 문화에 집착했던 것은 회화나 음악과 같은 예술 현상에 평생 관심을 보였던 것과 무관하지 않다고 할지라도, 그의 관심이 각별한 것은 특히 바이마르공화국이 모더니즘의 산실이었기 때문이다. 게이는 모든 종류의 예술 현상에 관심을 두지는 않았다. 그가 특히 관심을 가졌던 분야는 모더니즘이나 아방가르드와 관련되어 있다는 사실에 주목해야 한다. 전통적으로 예술에서는 '애매모호함'이나 '양면성'을 부정적인 요소로 낮춰 평가했다. 그렇지만 모더니즘은 애매모호함을 미적으로 탐구해야 할 가치가 있는 영역으로 격상시켰다. 거기에는 예술가 자신이 실존적으로 겪을 수밖에 없는 갈등이 내재되어 있다. 예술가는 삶 속에 들어가 즐기고 싶어한다. 그러나 예술가는 삶과 거리를 두고 그것을 관조해야 한다. 이러한 본질적인 갈등이 그들로 하여금 자신의 처지는 물론 그들이 사용하는 매체에 대해 의문을 갖도록 만들었다. 바꾸어 말해 모더니즘의 시대에 예술가들은 예술 자체의 본질에 대해 천착함으로써 평면, 선, 언어, 음계와 같은 가장 기본적인 매체에 대해 새롭게 보는 관점이 일어나게 되었고 그것이 입체파, 12음계와 같은 결과로 나타났다는 것이다. 그러한 의문은 문학자를 포함하여 예술의 본질을 생각하는 사람이라면 빠져들어갈 수밖에 없는 나락이었다 할지라도 그것을 통해 새로운 미적 감수성이 탄생하게 되었다. 그리고 그것은 외부로 밀려난 내부자 피터 게이 같은 사람들이 더욱 민감하게 느낄 수밖에 없는 문제였다. 그런 이유에서 게이는 이성적 공화주의자들을 비난하면서도 다른 한편으로는 그들에 대한 애착을 완전히 거두어들이지는 못했을 것이다.

『계몽사상』을 쓰며 이용했던 방대한 자료는 피터 게이의 적들조차 그를 인정할 수밖에 없도록 만들었다. 상대적으로 짧은 저작인 『바이마르 문화』에서도 게이가 이용한 자료는 상상을 초월한다. 문학, 철학, 역사, 음악, 미술, 영화, 연극, 출판, 일기, 전기 등 이 책에서 부록으로 소개한 목록을 훨씬 넘어서는 자료들이 함께 엮였다. 여기에서 바이마르 문화의 역사는 바이마르공화국의 정치사와 함께 가면서 충돌한다. 게이가 엮어낸 『바이마르 문화』는 그 자체가 하나의 예술작품이다. 게이에 대해 비판적인 시각을 견지하던 마거릿 제이컵은 "모든 사람들이 계몽주의 시대 국가의 역사라는 경계에 갇혀 있을 때 그만이 '국경 너

머를 보라'고 말했다"는 최종적 평결을 내리며 그의 『계몽사상』을 칭송했다.[21]

　피터 게이는 『바이마르 문화』에서도 바이마르를 독일에 가둬두지 않았다.

21　William Grimes, op. cit.

독일인들은 외국에서 대체로
철학을 하는 짐승들이라고 알려져 있다.

오토 로이터 Otto Reutter

차례

서문[●]

바이마르공화국은 짧고 열에 들뜬 것 같지만 매혹적인 삶을 살았다. 1918년 11월 9일 독일제국이 4년간의 전쟁 이후 붕괴하고 황제 빌헬름 2세가 네덜란드로 망명하기 위한 도피를 준비할 때 태어나, 1933년 1월 30일 파울 폰 힌덴부르크 대통령이 더이상 권좌의 높은 곳에 있지 못하고 나치당의 카리스마 있는 지도자 아돌프 히틀러를 국가의 수상으로 임명했을 때 바이마르공화국은 살해되었다. 이 책에 부록으로 실은 짧은 역사에서 보이듯이 바이마르공화국은 정치적 격변이 지속된 시대였고 안정을 꾀하려던 용감한 노력은 경제적 부침에 침해당했다. 그 경제적 부침에는 상승보다는 하강이 더 많았으며, 정치적 격변은 우익 반민주주의 세력과 모스크바의 지령을 따른 좌익 공산주의자들의 사보타주 때문이었다. 동시에 바이마르공화국은 숨 막힐 정도로 문화가 만개한 시대였다. 세계의 관심이 독일의 무용, 독일의 건축, 독일의 영화, 독일의 소설, 독일의 연극, 독일의 미술과 음악으로 쏠렸다. 바이마

● 노턴판 서문(2001)

르공화국은 단지 14년이라는 짧은 기간과는 결코 균형을 맞출 수 없을 정도로 큰 흥분을 제공했다.

그 방대한 예술과 학문 혁신은 차치하더라도 정치적 분쟁과 문화적 창의성은 너무도 대비되어서 역사가의 길에 넘을 수 없는 장벽을 세워 놓는다. 이 책을 위해 내가 모아놓은 참고문헌은 1차 사료와 2차 사료 모두를 포함하는데 바이마르공화국을 연구하려는 사람들을 위한 자료가 풍부하다는 사실을 광범위하게 증언한다. 그렇지만 내가 공화국을 연구하기 시작했을 때 그 문화에 대한 포괄적인 연구가 없었다는 점은 명백했다. 당시로는 자유주의자인 에리히 아이크Erich Eyck와 급진적인 아르투어 로젠베르크Arthur Rosenberg가 쓴 개설서가 이용 가능한 최고봉이었는데, 그 둘 모두 정치사에 초점을 맞추면서 확고한 특정 관점을 옹호했다. 내게는 본받거나 저항할 만한, 두루 아우르는 모범이 없었다.

바이마르 문화를 언급하는 역사 저작이 있어도 다들 지나친 열정에 사로잡혀 "황금의 20년대"에 대한 이야기만 많았다. 완전히 새롭게 출발해야 한다는 것은 확실했고, 나는 과장이나 냉소주의를 넘어설 수 있도록 가능한 한 많은 자료를 탐색했다.

1968년에 출판된 책이 성공적이었다고 말할 수 있어서 기쁘다. 이 뛰어난 노턴 문고본에 합류하여 재출간된다는 사실은 넘치도록 환영한다. 내게는 옛 텍스트를 다시 돌아볼 기회가 주어진 것인데 몇 가지를 고려한 뒤 그 텍스트를 수정하지 않고 그대로 두기를 택했다. 그 책의 부제로 내세웠고 그 책 전체를 통해 추적했던 중심 주제에 충실하기로 했다.[1] 바이마르공화국에서 외부자들은 민주주의자, 유대인, 전

---

1   이 책의 부제는 "The Outsider as Insider"인데 처음에 나온 책에서는 "국외자들의 내부"

위예술가와 같은 사람들이었는데 그들이 내부자가 되어 박물관과 오케스트라와 극장과 개인적인 학문의 중심지에서 의사결정자가 되었다는 것이다. 나는 이 논점을 고수하고 싶은데 이는 이런 외부자들이 제국 말기에 이미 활동하고 있었다는 것을 의미한다. 제1장의 첫 페이지부터 나는 바이마르 문화가 단지 패배한 전쟁의 산물로 요약될 수는 없다는 나의 논지를 확인했다. 요컨대 바이마르공화국을 독일사에서는 물론 모든 역사 속에서 독보적인 존재로 만든 재능과 정열이 느닷없이 처음 출현한 것은 아니었다. 그러나 독일제국이 재앙처럼 종말을 맞이하기 전까지 그 잠재력은 완전하게 성장하지 못했다.

각 장마다 지배적인 주제가 있음에도 불구하고 나는 『바이마르 문화』를 시대순으로 엮었다.

그리하여 독자들이 각 시점마다 문화와 정치 사이를 잇는 긴밀한 관계를 쉽게 인식할 수 있도록 했다. 텍스트 자체에는 별 어려움이 없을 것이다. 그러나 이제 이 책의 재출간을 맞아 논평가들이 제기한 쟁점들에 대해 말할 좋은 기회가 왔다. 바이마르공화국은 유대인들이 수많은 영역에서 전례없이 명성을 누렸다고 할지라도 그 적들이 주장하는 것처럼 "유대인" 공화국이 아니었다. 유대인 공화국이었다 할지라도 더 나빠질 일은 없었겠지만, 독일 문화에서 주요한 역할을 맡았던 유대인들은 완전히 동화된 유대인들이었다. 그들은 독일인이었다. 에

라고 번역했다. 고심 끝에 내린 결정이었지만 그것은 잘못된 번역이었음을 밝힌다. 공화국의 내부자들은 언제나 독일제국에 충실했던 보수주의자들이었고, 바이마르공화국의 문화를 주도했던 사람들은 외부자들이었는데, 역사적 정황에 의해 그들이 내부로 들어오게 되었지만 결코 내부자가 될 수는 없었다는 것이 이 책의 주제라고 말할 수 있다. 따라서 이번 번역에서는 "내부자가 된 외부자"로 바꾼다. —옮긴이

른스트 카시러가 저술한 칸트는 "유대인 칸트"가 아니었다. 브루노 발터의 베토벤은 "유대인 베토벤"이 아니었다. 바이마르 문화를 그리도 눈여겨봐야 할 현상으로 만든 것은 모더니즘을 공동으로 추구하던 유대인과 비유대인의 편안한 협력 바로 그것이었다. 그 상징적인 이름 몇 개를 거론하는 것으로 충분하다. 바이마르헌법의 초안을 작성한 후고 프로이스가 유대인이었다면 건축가 발터 그로피우스, 극작가 베르톨트 브레히트, 신학자 파울 틸리히, 화가 에른스트 루트비히 키르히너, 여배우 마를레네 디트리히는 모두 유대인이 아니었다.

　유대인 문제는 이성적인 독자들에게는 처리하기 어려운 문제가 아니었겠지만, 내가 이 책의 여러 장에 정신분석학적인 제목을 붙인 것은 더 어려운 문제를 제기했다. 그 제목들은 무심결에 겉치레로 붙인 게 아니었다. 이 책을 집필했을 때는 내가 뉴헤이븐[2]에서 정신분석학 훈련을 받기 몇 년 전이었지만, 나는 이미 역사가들에게 프로이트의 개념이 유용할 수 있다는 사실을 확신하고 있었다. 탄생의 진통과 아들의 반역과 아버지의 복수라는 제목을 붙이긴 했지만 역사의 시대를 마치 한 개인이 태어나서 살아가다 죽음을 맞는 것처럼 취급하려는 의도는 없었다. 그러한 묘사는 비유였지만, 비유는 언어를 넘어서 1918년과 1933년 사이의 독일에 널리 퍼진 심리적 상황에 관심을 촉구한다. 미국이건 통일된 이탈리아건 비스마르크의 제국이건 현대 국가 창설은 모두 격변의 뒤를 이은 것이었으며 그런 격변이 국가의 출현을 가능하게 만들기도 하고 동시에 어렵게 만들기도 했다. 그것은 바이마르 공화국에서도 마찬가지였다. 그러나 내가 나열한 다른 나라들은 모두

2　피터 게이가 1969년부터 적을 두었던 예일대학교 소재지.—옮긴이

가 승리의 결실이었다. 바이마르공화국은 비참한 패배로부터 탄생했으며 그 사실에 대처해야 했다. 탄생의 진통이 컸고 처음부터 공화국을 없애려는 적들에게 둘러싸여 있었다는 사실이 공화국 종말의 중요한 원인 중 하나임은 확실하다. 아들의 반역과 아버지의 복수를 말한다는 것은 나의 부제의 논점을 다시 말하는 것과 같다. 외부자들은 대부분 유서 깊은 사상과 제도를 폐기하려는 젊은 욕망으로부터 힘을 얻던 사람들이었다. 반역을 하는 자식들에게 복수하는 아버지는 잃어버린 전통과 사라진 제국에 비통함을 느끼던 편벽한 사람들이었다. 내가 말하려는 요점은 합리적이건 광적이건 새로운 것과 옛것에 대한 감정적인 집착은 단지 경제적 이해관계를 가리기 위한 가면이 아니라 깊은 이상과 유감에서 나왔다는 것이다. 바이마르공화국의 마지막 대통령이 제1차세계대전을 겪은 나이든 장군이었다는 사실은 그 심리적 전투를 상징적으로 보여주는 듯하다.

 "전체성의 갈망"이라는 제목을 붙인 장도 바이마르공화국 정치의 정서적 근원까지 파내려가고자 하는 또다른 시도이다. 현대 인간성은 노동 분업과 전문화에 의해 조각났고 그것은 애석하게도 고대 그리스인들의 전체성으로부터 퇴보한 것이라는 생각은 바이마르공화국의 문화적 비관주의자들이 채택하기 오래전부터 친숙한 주제였다. 프리드리히 실러, 요한 볼프강 괴테, 독일의 낭만주의자들, 카를 마르크스 등은 모두가 자신의 사회를 규정하기 위해 분열과 소외 같은 통렬한 일반화를 사용했다. 다재다능한 르네상스인의 시대는 지나갔다. 실러는 이렇게 썼다. "전체의 한 조각 작은 파편에 영원히 묶여 있는 인간은 자신을 파편으로 만들어낼 뿐이다." 실러가 말하는 그 인간은 그의 동시대인들이었다. 내가 책의 본문에서 꽤 상세하게 지적했듯이 이러한 파편화를 극복하려는 감정적인 소모는 이상주의적인 청년 운동 단원이건 고립된 철학자건 많은 독일인들이 자신의 문화를 보면서 좌절을 느끼게 만든 주요 요인이었다. 합리성이 진귀하던 시대에 합리적 사상가들은 반이성주의자들의 공격을 항상 받고 있었고, 그중 많은 사람들이 나치 운동에서 안식처를 찾았거나 찾으려고 했다. 지난 20년에 걸쳐 마르틴 하이데거를 둘러싸고 소용돌이쳤던 논쟁에 비추어 보건대, 하이데거가 1927년에 쓴 저명한 논문 「존재와 시간」이 바이마르공화국 장례식의 기념비를 만들 벽돌 한 장이었음을 1968년에 이미 지적한 최초의 사람 중 한 명이었다는 사실에 나는 자부심을 느낀다.

내게 남은 일은 1990년대에 바이마르공화국에 대한 방대한 역사책 두 권이 출판되었음을 독자에게 상기시키는 것이다. 두 권 모두 전적으로 정치사이지만 각기 나름대로 이해를 돕는다. 하인리히 아우구스트 빙클러Heinrich August Winkler의 『바이마르, 1918-1933: 최초의 독일 민주주의의 역사Weimar: 1918-1933: Die Geschichte der ersten deutschen Demokratie』(1993)와 한스 몸젠Hans Mommsen의 『바이마르 민주주의의 성장과 몰락The Rise and Fall of Weimar Democracy』(1998)이다.

머리말

    바이마르공화국은 지금부터 겨우 35년 전인 1933년에 소멸했지만, 벌써 전설이 되었다. 고통스럽고 짧게 존속하다가 살인과 지병과 자살이 혼합된 것과 같은 죽음을 맞았으나, 길이 기억될 업적을 남겨 때로는 희미하였을지라도 언제나 찬란했던 감동을 인간들의 정신에 남겨놓았다. 바이마르를 생각하면 우리는 예술, 문학, 사상의 현대성을 연상한다. 우리는 아버지에 대한 아들의 반역과 예술에 대한 다다이스트의 반역과 탐욕스러운 속물주의에 대한 베를린 사람들의 반역과 구식 도덕론자에 대한 자유사상가의 반역을 연상한다. 또한 〈서푼짜리 오페라〉와 〈칼리가리 박사의 작은 방〉이나 『마의 산』, 바우하우스, 마를레네 디트리히를 생각한다. 그리고 무엇보다도 바이마르 문화를 전 세계에 전파시켰던 망명자들을 생각한다.

    서양 문명사에서 망명자들은 영예로운 위치를 차지한다. 단테와 흐로티위스[1]와 벨[2], 루소와 하이네와 마르크스는 자신들을 추방한 고국을 혐오하면서도 그리움에 되돌아보며 강제된 외국 땅에서의 생활 속에서 위대한 업적을 이룩했다. 15세기 초 비잔티움에서 이탈리아 도시국가들로 밀물처럼 들어갔던 그리스 학자들과 17세기 말 프랑스에서 서유럽으로 흘러들어갔던 위그노 부르주아는 정열과 학식과 환영받을 만한 희귀한 기술을 갖고 이주했다. 뉴잉글랜드는 황무지를 문명으로 바꾼 피난민들이 기반을 닦았다. 이런 이동은 인상적이긴 하지만 1933년 초 나치가 독일의 지배권을 장악하면서 시작된 대탈출과는 비교되지 못한다. 히틀러가 만들어낸 망명자들은 세계가 겪은 지성과 재능과 학문의 이동 중에서 가장 커다란 종합체였다.

알베르트 아인슈타인, 토마스 만, 에르빈 파노프스키, 베르톨트 브레히트, 발터 그로피우스, 게오르게 그로스, 바실리 칸딘스키, 막스 라인하르트, 브루노 발터, 막스 베크만, 베르너 예거, 볼프강 쾰러, 파울 틸리히, 에른스트 카시러 등과 같은 눈부신 망명자들의 행렬을 생각할 때 우리는 바이마르가 독창적이고 억압이나 부채감도 없었던 문화이며, 진정한 황금시대였다고 이상화하려는 유혹을 받는다. 바이마르의 전설은 "황금의 20년대"[3]의 전설과 함께 시작한다. 그러나 이렇듯 결함 없는 이상을 설정한다는 것은 바이마르 르네상스의 업적을 사소하게 만들고 여기에 치러야 했던 대가를 과소평가하는 것이나 다름없다. 바이마르 문화의 성격을 다소 과장되게 규정짓는 것은 풍요로운 창의성과 실험에 일부 근원을 둔다. 그러나 그 안에는 불안과 공포는 물론

1　휘호 흐로티위스(1583-1645)는 네덜란드 법학자로 대부분의 업적을 프랑스에서 산출하였다.—옮긴이
2　피에르 벨(1647-1706)은 프랑스 계몽시대 철학자로 종교적 박해를 피해 네덜란드에서 활동했다.—옮긴이
3　테오도어 호이스(Theodor Heuss)는 후에 '황금의 20년대' 전설의 발생을 탐구한 바 있다. *Erinnerungen, 1905-1933*, 1963, p. 348.

커져가는 파멸의 예감도 있었다. 그 생존자들 중 한 사람인 카를 만하임은 바이마르가 사멸하기 얼마 전에 미래는 바이마르를 새로운 페리클레스 시대로 회고하리라고 장담했고 그것은 어느 정도 타당했다.[4] 그러나 이것은 위태로운 영광이었으며 화산의 분화구에서 추는 춤이었다. 바이마르 문화는 짧고 혼란스러우며 허약했던 순간에 역사에 의해 내부로 몰려들어왔던 외부자들의 소산이었다.

이 시론에서는 바이마르 문화를 감상적이거나 흥미 위주로 다루지 않고 전체적으로 묘사하려고 노력했다. 나는 이것이 시론일 뿐임을 알고 있다. 정치적 사건과 경제 발전의 흐름, 대중문화, 교회, 가정, 대학, 언론과 같은 제도, 독일 사회의 구조 등에 대해서는 충분히 논하지 않았고, 과학에 대해서는 어떤 언급도 하지 않았다. 즉, 나는 언젠가 바이마르 르네상스의 완전한 역사를 서술하려고 계획하고 있지만 여기에서는 그 일을 하지 못했다. 내가 여기에서 해놓은 것은 열에 들뜬 것 같은 공화국의 존속 기간을 지배했던 주제들을 함께 모아, 바이마르 정신이 이전에 정의되었던 것보다 더욱 명확하고 포괄적으로 정의될 듯한 방식으로 그 주제들을 배열시켜놓은 것이다.

독일 현대사에 익숙하지 못한 사람들을 위해 나는 독창적이라고는 결코 말할 수 없는 바이마르공화국의 정치사를 간략하게 첨부했다. 참

---

4   한나 아렌트(Hannah Arendt)와의 대화에서 아렌트가 필자에게 말한 바 있다. 브루노 발터(Bruno Walter)에 의하면 베를린의 유력한 연극 비평가 알프레트 커(Alfred Kerr)가 동일한 표현을 사용했다고 한다. *Theme and Variations: An Autobiography*, tr. James A. Galston, 1946, p. 268. 이후로 본문에서 특별히 각주에 명기되지 않은 인용문은 필자와의 대화나 편지에서 발췌한 것이다.

고도서 목록에는 내가 각주에서 인용한 모든 책과 참고했던 다른 책들에 대한 간단한 논평을 붙여 열거했다. 이것이 나의 지적 부채에 대한 정확한 상을 제시하리라고 믿는다. 내가 참고한 역사가들 중에서 카를 디트리히 브라허Karl Dietrich Bracher를 손꼽고 싶다. 그의 바이마르 해석은 나의 관점과 가장 가깝고 유용했다.

이 책의 서술은 바이마르의 생존자와 연구자들 다수의 관대한 협조에 힘입어 대단히 수월하게 진행되었다. 나는 특히 사건을 해석할 때 우리가 언제나 동의하지는 않는다는 것을 알고 있기 때문에 이들이 나와 기꺼이 대화하고 자신들의 논평이나 회고록을 인용하도록 허용해준 것에 감사한다. 펠릭스 길버트Felix Gilbert로부터 가장 큰 도움을 받았는데, 이 시론에 대한 그의 영향은 지대하여 감사의 뜻으로 이 책을 그에게 헌정한다. 나는 故 에르빈 파노프스키Erwin Panofsky와 짤막한 대화를 나눴던 것을 영광으로 생각한다. 또한 시간을 할애하여 유용한 논평을 해주었던 한나 아렌트Hannah Arendt, 쿠르트 아이스너Kurt R. Eissler, 제임스 마스턴 피치James Marston Fitch, 조지 케넌George F. Kennan, 발터 그로피우스Walter Gropius, 하인츠 하르트만Heinz Hartmann, 하요 홀본Hajo Holborn, 파울 라자르스펠트Paul Lazarsfeld, 루돌프 뢰벤슈타인Rudolph M. Loewenstein, 조지 모스George L. Mosse, 아돌프 플라체크Adolf Placzek, 루돌프 비트코워Rudolf Wittkower 등에게 감사한다. 요제프 바우케Joseph P. Bauke, 이슈트반 데아크Istvan Deak, 시어도어 레프Theodore Reff는 내게 귀중한 자료를 제공해주었다. 데이비드 시걸David Segal, 존 개러티John A. Garraty, 그리고 누구보다도 나의 부인 루스Ruth는 어려웠던 순간마다 내 곁에 있어주었다. 루스는 나를 위해 이 원고를 초고부터 출판되기까지 모두

다 진정으로 관심을 갖고 읽어주었다. 이 책은 버나드 베일린Bernard Bailyn과 도널드 플레밍Donald Fleming의 권유로 시작되었고, 감사하게도 하버드대학교 미국사 찰스 워렌 센터에서 출간된 『미국 역사의 시각 *Perspectives in American History*』 2권 서문에 바이마르 문화에 대한 장으로 채택되었다. 그 글을 발전시켜 책으로 쓰도록 격려해준 조지 모스에게 감사한다.

이 시론의 초판은 컬럼비아대학교 교육대학의 교육철학과 교육정치학 연구소에서 행했던 네 번의 강좌였는데, 그것은 훨씬 짧고 형태도 어느 정도 달랐다. 나의 견해를 시험해볼 이러한 고무적인 기회를 준 동 연구소의 책임자인 나의 친구 로런스 크레민Lawrence A. Cremin에게 깊이 감사한다.

I. 탄생의 진통

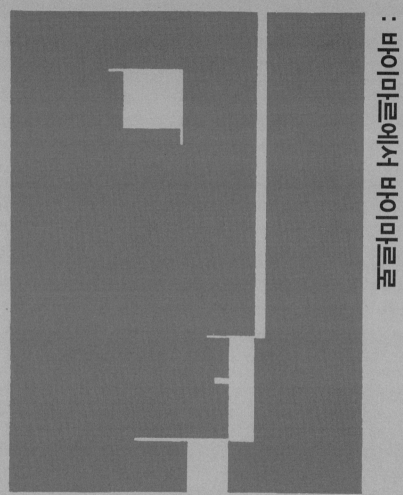

바깥사람이 안사람으로 : 바이마르 문화

Weimar culture

The Outsider as Insider

I

바이마르공화국은 실현되기를 갈망하던 하나의 이상이었다. 바이마르시에서 제헌의회를 열기로 한 결정은 무엇보다도 신중한 이유에서였다. 초대 수상이었던 필리프 샤이데만Philipp Scheidemann이 후에 인정했듯 베를린은 안전하지 못했다.[1] 그러나 바이마르는 동시에 새로운 출발에 대한 예언, 적어도 희망을 상징하게 되었다. 이것은 실제로 두 개의 독일이 있었다는 주장을 암묵적으로 인정한 것이었는데, 그 주장은 전쟁중 연합국가들 사이에 널리 퍼져 있었지만 독일에서는 분연히 부인되었다. 두 개의 독일 중 하나는 군사적 허세와 권위에 비굴하게 복종한 독일로서 공격적으로 대외 진출을 꾀하며 형식에 강박적으로 집착하고, 또다른 하나는 서정시와 인문 철학의 독일로서 평화적인 세계주의를 지향한다. 독일은 비스마르크Otto von Bismarck와 슐리펜Alfred von Schlieffen의 방식을 시도해왔고, 이제는 괴테Johann Wolfgang von Goethe

---

1   Philipp Scheidemann, *Memoiren eines Sozialdemokraten*, 2 vols., 1928, II, p. 352.

와 훔볼트Karl Wilhelm Humboldt의 방식을 시도할 준비가 되어 있었다.

이용 가능한 과거를 장엄하게 탐구하는 이 일을 조롱하기는 너무도 쉽다. 저명한 역사가 아르투어 로젠베르크는 15년 뒤 영국 망명중에 제헌의회를 다소 신랄하게 돌이켜보았다. "역사는 자의적으로 선택한 상징을 불신하기를 즐긴다."[2] 이런 관찰에는 타당성이 있다. 바이마르를 선택한 사실에는 다소나마 소망이 담겨 있었다. 괴테의 도시에 국가를 세운다고 해서 괴테의 이미지를 따른 국가가 보장되는 것은 아니었으며 그 존속조차도 보장해주지 못했다. 공화국은 패망 속에서 탄생해 혼란 속에서 존속했으며 재앙 속에서 사멸했다. 처음부터 초연한 무관심으로 방관하거나, 독일인들이 만든 '악의적 쾌락(Schadenfreude)'이라는 말이 보여주듯 다른 사람들의 고통에 대해 악의 섞인 즐거움을 갖고 그 진통을 바라보던 자들이 많았다. 그러나 바이마르는 공상 속에서 선택된 것도 자의적으로 선택된 것도 아니었다. 한동안 공화국에게는 현실적인 기회가 있었다. 많은 역사가들이 조소를 보냈을지라도 만일 공화국의 종말이 그 출발 속에 함축되어 있었다면 그 종말은 불가피하지는 않았다. 바이마르에서 살아남아 명민하게 관찰했던 토니 슈톨퍼Toni Stolper가 지적하듯, 공화국의 특징은 고통 속의 창의성, 되풀이된 실망 속의 근면, 비정하고 강력한 적들에게 직면해서도 잃지 않았던 희망이었다.[3] 더구나 그 당시에 공화국이 출발부

2   Arthur Rosenberg, *A History of the German Republic*, tr. Ian F. D. Morrow & L. Marie Sieveking, 1936, p. 101.
3   Toni Stolper, *Ein Leben in Brennpunkten unserer Zeit: Gustav Stolper, 1888~1947*, 1960, pp. 211~3. 종말이 결코 불가피하지 않았다는 이런 논리는 최근에 카를 디트리히 브라허가 설득력 있게 다시 진술한 바 있다. Bracher, Wolfgang Sauer, Gerhard Schulze, *Die nationalsozialistische Machtergreifung: Studien zur Errichtung des totalitären Herrschaftssystems in Deutschland, 1933-1934*,

터 절망적 운명을 타고났다고 보았던 (그리고 여전히 그렇게 보고 있는) 손쉬운 비관주의는 그 자체가 만들어낸 전조를 실현시키는 데 도움이 되었을 뿐이라고 덧붙일 수도 있다. 바이마르의 상징을 진지하게 고려하면서 그 이상에 실제적 내용을 부여하려고 꾸준히 용감하게 노력했던 공화주의자들이 있었기 때문에 바이마르의 종말은 불가피한 것이 아니었다.

바이마르의 이상은 낡았지만 새로웠다. 놀랍게도 냉소주의와 자신감이 결합되어 있고, 또한 불경함을 경건하게 말하듯 1920년대에 새로운 것과 함께 근원을 추구했던 사실은 전쟁과 혁명과 민주주의의 소산이었다. 하지만 그런 모순을 구성했던 요인들은 새로운 세대가 기억하여 부활시킨, 멀고 가까운 모든 과거로부터 왔다. 괴테와 쇼펜하우어Arthur Schopenhauer, 1848년과 1871년[4] 같은 역사적 연대들이 새로운 바이마르에서는 살아 있는 현실이었던 반면, 여전히 뜨겁게 논란되고 있는 바이마르 양식(Weimar style)의 직접적인 계보는 세기 전환기와 1890년대로 거슬러올라간다. "독일 예술에서 부르주아 예술로부터 대중예술로의 전환"은, 즉 인상주의로부터 표현주의로의 전환은 "혁명을 훨씬 앞선다". 혁명의 와중이었던 1919년 초에 열린 교양 있는 예술 동호인들의 간담회에서 표출된 이 견해는 꽤 정확한 것이었다.[5] 어쨌든 빌헬름 2세가 비스마르크를 해임한 지 1년 뒤이자 아직 황제가 자

1960, pp. 17~18.

4   1848년 파리의 2월혁명의 소식이 전해지자마자 독일에서는 3월에 바덴으로부터 시작하여 혁명의 물결이 흘러넘쳤다. 1871년에는 보불전쟁에서 프랑스가 패배한 뒤 프로이센을 중심으로 독일제국이 선포되었다.—옮긴이

5   이것은 하리 그라프 케슬러(Harry Graf Kessler)가 1919년 1월 4일 일기에 기록했다. Harry Graf Kessler, *Tagebücher, 1918-1937*, 1961, p. 91.

신이 지닌 뛰어난 재앙의 재능을 충분히 입증하기 훨씬 이전인 1891
년에, 프랑크 베데킨트Frank Wedekind는 자신의 데뷔작이며 대표작인 희
곡 〈봄의 태동Frühlings Erwachen〉을 완성했던 것이다.

독일제국은 새로운 모더니즘 운동을 의도적으로 적대시했다. 황
제와 황비 아우구스테 빅토리아Auguste Viktoria가 그 분위기를 만들었
는데, 그 둘의 취향은 번지르르한 관병식, 번쩍거리는 훈장, 감상적
인 영웅의 초상화 같은 것들을 향했다. 기념할 필요가 없는 자들을 기
념하는 대리석상이 야심차게 이열 배치되어 있는 베를린의 전승가
(Siegesallee)는 빌헬름식 취향의 표현이자 징후였다. 독일인들이 대단
한 자부심을 갖고 과시하는 대학은 거친 군국주의적 이상의 온상으로
서, 예술이나 사회과학에서 새로운 것에 저항하는 중심지였다. 유대인
들, 민주주의자들, 사회주의자들, 한마디로 외부자들은 지고한 학문의
신성한 전당에서 배제되었다. 황후는 매혹적이고 재기발랄한 데카당
을 용인될 수 없는 부도덕성으로 오인하여 슈트라우스Richard Strauss의
〈살로메Salome〉 공연에 간섭했을 뿐 아니라 〈장미의 기사Rosenkavalier〉
베를린 공연을 막았다. 정부는 프롤레타리아식 포스터 때문에 케테 콜
비츠Käthe Kollwitz를 핍박했고, 1908년에 황제는 파괴적인 예술 취향을
이유로 베를린 국립미술관 책임자였던 후고 폰 추디Hugo von Tschudi를
해임했다. 4년 후 바실리 칸딘스키Wassily Kandinsky와 프란츠 마르크Franz
Marc가 논문과 사진과 음악의 습작을 모아놓은 책 『푸른 기수Der Blaue
Reiter』를 출간하면서 추디를 추도하며 이 책을 헌정한 것은 합당한 행
동이었다. 권력을 가진 집단은 새로운 예술을 말 그대로 역겨워했다.
바이에른의 정치가 클로트비히 추 호엔로에 쉴링스퓌르스트 공Prince

Chlodwig zu Hohenlohe-Schillingsfürst은 1893년 게르하르트 하웁트만Gerhart Hauptmann의 〈하넬레의 승천Hanneles Himmelfahrt〉을 보고 와서 일기에 다음과 같이 적었다. "기괴하고 야비한 사회주의적·민주주의적·사실주의적 작품이자 역겹고 감상적인 신비주의로 가득차 있어 신경을 괴롭히며 전체적으로는 혐오스럽다. 다 보고 나와서 우리는 보르하르트 주점으로 가 샴페인과 캐비어를 먹고 인간의 정신으로 되돌아왔다."[6]

그러나 빌헬름의 독일은 속물적이고 억압적이긴 했지만 독재는 아니었다. 게다가 모더니즘 운동은 적대감 속에서 성장했다. 바이마르 문화의 형성기를 지배하게 될 표현주의는 제국 속에서 완전히 성숙했던 것이다. 표현주의적 화가와 시인들은 선동적 성명서를 냈고, 언어도단적인 그림을 전시했으며, 전위적인 문예잡지를 발간했고, 협업을 위해 또는 위안을 위해 〈다리Die Brücke〉나 〈푸른 기수〉와 같은 비공식적 집단으로 모여들었다. 이들 구성원은 혁명 이전에 많이 사라졌다. 기이한 색채와 이국적인 풍경화로 20년대에 영향을 끼친 프란츠 마르크와 아우구스트 마케August Macke는 전쟁중에 죽었다. 에밀 놀데 Emil Nolde와 에른스트 루트비히 키르히너Ernst Ludwig Kirchner처럼 살아남은 자들도 공격적 색채, 원시적 소재, 억제되지 않은 충동적 개성과 같은 그들 최종의 화법을 20세기 초 10년 동안에 찾아냈다. 칸딘스키의 완전 비구상 회화가 등장한 정확한 연대는 여전히 논란이 되고 있지만

---

6   이 신경질적인 분노는 실로 번역이 불가능하며 독일어로 기록될 만한 가치가 있다. 'Heute abend in "Hannele." Ein grässliches Machwerk, sozialdemokratisch-realistisch, dabei von krankhafter, sentimentaler Mystik, nervenangreifend, überhaupt scheusslich. Wir gingen nachher zu Borchard, um uns durch Champagner und Kaviar wieder in eine menschliche Stimmung zu versetzen.' 는 1893년 12월 14일의 일기이다. Paul Kampffmeyer, *Fritz Ebert*, 1923, p. 41에서 재인용.

전쟁 이전임은 확실하다. 요컨대 칸딘스키는 혁명적 선언문,『예술의
정신에 관하여*Über das geistige in der kunst*』를 1910년에 저술하여 1912년에 출
간했던 것이다. 발터 하젠클레버Walter Hasenclever가 마르크의 〈푸른 말〉
만큼이나 바이마르 양식을 예견케 했던 〈아들Der Sohn〉이라는 자신의
첫 표현주의 희곡을 완성한 것은 1914년이었다. 젊은 예술가들은 도
처에서 관제 예술의 겉멋과 결별하며 자신들의 내적 생활을 배양하고
종교적 갈망을 표현하며 인간적·문화적 쇄신에 대한 희미한 동경을
만족시키기 위해 주위 인물들의 허세를 넘어서려 하였다. 대중적 잡
지의 발행 부수에 비하면 헤르바르트 발덴Herwarth Walden의 〈폭풍Sturm〉
과 프란츠 펨페르트Franz Pfemfert의 〈행동Aktion〉은 무시될 만하고, 대형
출판사에 비하면 에른스트 로볼트Ernst Rowohlt와 쿠르트 볼프Kurt Wolff는
단순한 아마추어에 불과했다. 훗날 쿠르트 볼프가 술회하듯 그와 로볼
트가 가진 것은 책에 대한 도취와 정열과 고상한 취향뿐이었다.7 표현
주의자들은 한 무리의 외부자들이었다. 그러나 이들은 확신에 차서 행
동했다. 공화국은 이들의 생애에 성공만을 더해줄 터였다.

　회화, 시, 실험적 단편에 관해 사실이었던 것은 문화의 다른 분야에
서도 사실이었다. 1911년 이전에 출판된 토마스 만Thomas Mann의『부
덴브로크 일가*Buddenbrooks*』『토니오 크뢰거*Tonio Kröger*』『베니스의 죽음*Tod in*
Venedig』등에는 그의 20년대 작품의 특징이자 단점으로도 꼽히던 심각
한 아이러니, 냉혹한 상징주의, 극단적인 관념 숭앙을 위한 열렬한 노
력 등이 이미 나타나 있었다. 바이마르공화국에서 코미디언들의 카

7　Kurt Wolff, *Autoren, Bücher, Abenteuer: Betrachtungen und Erinnerungen eines Verlegers*,
1965, p. 13.

바레(Kabarett der Komiker)를 방문했거나 〈세계무대Weltbühne〉를 읽었던 사람들은 거침없는 정치 풍자를 보고 즐거워하면서 동시에 놀라기도 했다. 그런 풍자 수법과 내용의 근원은 다양했다. 하인리히 만 Heinrich Mann의 『충복Der Untertan』, 발터 메링Walter Mehring의 정치성을 띤 초기 샹송, 프랑크 베데킨트의 파격적인 연극(베데킨트는 1918년에 사망했다), 카를 슈테른하임Carl Sternheim이 부르주아의 영웅적 삶(bürgerliches Heldenleben)이라고 냉랭하게 불렀던 것[8] 등이다. 즉 그들은 현저한 상스러움에 빠져 지위만을 우둔하게 추구하면서 자살하듯 전쟁으로 돌진하던 삶을 짧고 세련된 방식으로 분석했던 것이다. 평화가 유지되고 있던 마지막 해에 슈테른하임의 한 극중 인물은 "우리의 이후에는 붕괴하라! 우리는 성숙했다"[9]고 외쳤다.

하지만 덜 불길한 의미로도 모더니즘 운동은 성숙해 있었다. 정신분석은 국제정신분석협회 베를린 지부의 창립과 함께 1910년 독일에 소개되었다. 1920년대에 외국 역사학계의 관심을 베를린으로 이끌었던 프리드리히 마이네케Friedrich Meinecke와 오토 힌체Otto Hintze는 전쟁 이전에 그들의 중요한 저작을 완성했다. 후에 마이네케의 많은 제자들이 분별없게도 최고의 저작이었다고 기억하는 『세계주의와 국민국가Weltbürgertum und Nationalstaat』는 1907년에 발간되었다. 바이마르극장의 마술사였던 막스 라인하르트Max Reinhardt는 1914년에 자신의 마술 상자

---

8   카를 슈테른하임은 독일의 대표적인 표현주의 극작가로서 빌헬름황제 시대 독일 부르주아의 도덕적 무감각을 조롱하는 작품을 많이 썼다.—옮긴이
9   많이 인용되고 있는 이 언급은 〈1913년〉의 3막 2장에 나온다. Carl Sternheim, *Gesamtwerk*, 8 vols., ed. Wilhelm Emrich, 1963~8, I, p. 285. 루이 15세, 또는 그의 애첩 퐁파두르 부인은 "우리 뒤에는 대홍수를"이라고 말했다고 알려져 있다. 그 말에 빗댄 것으로 보인다.—옮긴이

를 실제로 채워놓았다. 1924년에 12음계를 완성한 아르놀트 쇤베르크 Arnold Schönberg는 1912년 이전에 무조성으로 치달았다. 발터 그로피우 스Walter Gropius가 설계한 데사우의 바우하우스 건물은 바이마르 양식 의 원형적 표현으로 보인다. 그런데 그 그로피우스조차 이미 제1차세 계대전 이전에 자신만의 특징적인 방식을 획득했다. 그로피우스는 한 편으로는 페터 베렌스Peter Behrens의 제자였고, 다른 한편으로는 아돌프 마이어Adolf Meyer와 협력하면서 1911년에 파구스(Fagus) 구두본 공장 을 건설했고 1914년에는 쾰른의 공예박람회를 위한 유명한 건물을 지 었던 것이다. 후에 술회했듯 그로피우스는 그 건물들과 함께 "건축에 서 자신의 근거"를 발견했다.[10] 바이마르 양식이 바이마르공화국 이전 에 태어났다는 사실에는 의심의 여지가 없다. 전쟁은 바이마르 양식에 정치적 색깔을 입혀 귀에 거슬리게 만듦으로써 치명적인 불화의 부담 을 안겨주었다. 그러나 혁명은 바이마르 양식에 유례없는 기회를 제공 했다. 반면 공화국이 창조해낸 것은 거의 없었다. 공화국은 이미 그곳 에 있던 것을 풀어놓았을 뿐이었다.

바이마르 양식은 시간적으로 바이마르공화국보다 오래된 것과 마 찬가지로 공간적으로도 독일보다 광범위했다. 제국에서도, 그 이후 의 공화국에서도 독일의 화가, 시인, 극작가, 심리학자, 철학자, 작곡 가, 건축가는 물론 만담가까지도 사상의 자유로운 국제 교류에 몰두했 다. 그들은 서구 공동체의 일부로서 스스로 거기에 의존하고 기여했 다. 쇼비니즘은 바이마르 양식에 단순히 해가 되는 정도가 아니라 치 명적이었을 것이다. 이러한 세계주의는 칸딘스키라는 한 인물 속에서

---

10   Walter Gropius, *Scope of Total Architecture*, 1962, ed., p. 19.

구현된다. 그는 러시아에서 태어나 프랑스의 야수파(Fauves)로부터 많은 것을 배웠고 뮌헨에서 자신의 화법을 발견했다. 라이오넬 파이닝어Lyonel Feininger는 또다른 방식의 세계주의자였다. 미국에서 독일계 이민자 부모 밑에 태어나 1887년 독일로 건너갔고 2년 동안 파리에서 살았던 그는 국제적인 영감을 개인주의적으로 표현함으로써 대단히 개성적인 화법을 발전시켰다. 키르히너, 헤켈Erich Heckel, 놀데, 페히슈타인Max Pechstein, 마르크, 클레Paul Klee 등의 다른 "독일" 화가들은 각기 노르웨이인 뭉크Edvard Munch, 프랑스인 고갱Paul Gauguin, 네덜란드인 고흐Vincent van Gogh에게서 사사받았다. 막스 에른스트Max Ernst는 비록 독일에서 태어나 교육을 받았지만 1913년 여름에 잠시 파리를 방문한 뒤거기에서 자신의 예술적 고향을 발견했다. 이탈리아의 미래파 운동은1912년 이래로 진보적인 독일 화단에서 광범위한 주목을 받았다. 미래파의 중요 이론가인 마리네티Filippo Tommaso Marinetti는 1913년에 베를린을 방문하고 편안함을 느꼈다. 루돌프 레온하르트Rudolf Leonhard는 마리네티가 "어디에서나 대화에 참가했고 대단히 많은 연설을 했으며 베를린을 무척 좋아했다. 마치 특별한 베를린, 그의 베를린, 그의 영역이 있는 것 같았으며 베를린은 그를 위한 준비가 되어 있는 것 같았고 베를린이 갑자기 그로 가득 채워진 것 같았다"[11]고 회고했다.

　그러나 베를린은 이후에는 피할 수 없는 중심지가 되었을지라도 아직은 그렇지 못했다. 제국에서 화가들의 수도는 뮌헨이었다. 마르크와 클레는 그곳에서 프랑스 후기인상파의 전시회를 준비했던 한편 직접

11　Paul Raabe, ed., *Expressionismus: Aufzeichnungen und Erinnerungen der Zeitgenossen*, 1965, p. 122에서 재인용.

파리를 방문했는데, 이들은 후에 이 방문이 자신들의 예술이 발전하는 데 결정적이었다고 기록했다. 예술가들의 예술에 대한 반역인 다다는 전쟁중에 취리히에서 태어나 전후에는 파리에서 번성했고 바이마르 탄생 첫해에 베를린을 본부로 삼았다. 독일의 표현주의 연극은 스트린 드베리August Strindberg의 실험이 없이는 상상할 수도 없는 한편 독일의 사회적 사실주의는 사실주의적 단계의 입센Henrik Ibsen에게 기대고 있었는데, 입센의 연극은 제1차세계대전보다 훨씬 이전에 독일에 토착화되었다. 비록 브레히트Bertolt Brecht의 시어는 순수하고 훌륭한 독일어지만 그가 밝힌 출전에서 외국 작품의 목록은 매우 길다. 비용Francois Villon과 랭보Alfred Nicolas Rambaud부터 키플링Rudyard Kipling처럼 그가 영향을 받았을 가능성이 없을 것 같은 인물까지 이르는 것은 물론, 중국의 서정시로부터 아우구스투스 시대의 풍자[12]까지를 포괄한다. 프란츠 베르펠Franz Werfel과 에른스트 루트비히 키르히너처럼 다양한 인물들이 월트 휘트먼Walt Whitman으로부터 영감을 받은 사실을 인정했다. 베르그송Henri Bergson의 철학적 반이성주의와 도스토옙스키Feodor Mikhailovich Dostoyevsky의 명상적인 시적 반이성주의는 극좌로부터 극우에 이르는 민감한 자들에게 호소했는데, 그들은 외형뿐인 현대성을 더이상 견디지 못하면서 빌헬름 제국 시대의 문화를 역겨워하던 사람들이었다. 건축에서는 미국인 프랭크 로이드 라이트Frank Lloyd Wright, 스페인인 안토

---

[12]　로마 황제 아우구스투스의 시대가 아니라 영국의 18세기 전반을 가리킨다. 이 시기에 영국 문인들은 로마 문학의 전성기였던 아우구스투스 시대의 호라티우스와 같은 시인을 모범으로 삼았기에 특히 1720년대와 1730년대의 문학을 아우구스투스 시대의 문학이라고 부른다. 대표적인 시인으로는 알렉산더 포프를 꼽을 수 있으며, 풍자 작가로는 조나단 스위프트, 새뮤얼 존슨, 헨리 필딩을 꼽을 수 있다.—옮긴이

니오 가우디Antonio Gaudi, 벨기에인 아드리안 판더 펠더Henry van de Velde
가 독일 반역자들에게 탄약의 대부분을 제공했다. 말라르메Stephane
Mallarme와 드뷔시Claude Debussy에게는 열성적인 독일 제자들이 있었다.
그리고 오스트리아의 시인, 소설가, 심리학자, 문화비평가는 모든 분
야에서 자신들의 데카당에 대한 탐닉과 에로스와 절충하려는 시도를
독일의 독자들에게 전파시켰다. 지그문트 프로이트Sigmund Freud, 후고
폰 호프만슈탈Hugo von Hofmannsthal, 카를 크라우스Karl Kraus, 아르투어 슈
니츨러Arthur Schnitzler 같은 사람들에게는 빈에 못지않게 많은 독자들이,
어쩌면 더 많을지도 모르는 독자들이 베를린, 뮌헨, 프랑크푸르트에도
있었다.

훗날 공화국의 내부자들과 마찬가지로 제국의 외부자들에게 가장
절박한 문제란 인간성 부활의 필요성을 둘러싸고 일어났는데, 그것은
신의 소멸과 기계의 위협과 상층 계급의 구제 불가능한 우둔성, 부르
주아계급의 어쩔 수 없는 속물주의에 의해 더욱더 처절하고 해결이 요
원하게 된 문제였다. 이 반역자들은 이러한 문제들에 대한 해답을 구
하며 어떤 도움이라도 찾을 수 있다면 그 어떤 것에라도 의지했다. 이
는 조금도 이상한 일이 아니다. 인간의 확실한 불행이나 확실한 기쁨
에는 결코 경계가 없다. 그러나 후에 바이마르 양식에 강인성을 부여
했던 것은 제국에 있었던 바로 그 평범한 세계주의였다. 그 무의식적
인 국제주의 속에서 바이마르 양식은 유럽사의 다른 문화적 운동의 활
력을 공유했던 것이다.

가장 확고한 세계주의자들을 제외한다면 전쟁은 모든 이들을 고립
시켰다. 독일 문화는 성향에 맞는 외국 환경은 물론 도움이 될 만한 과

거와의 관계까지 무너뜨렸다. 극소수만이 공개적인 서신 교환을 계속했다. 전쟁이 한창이던 1915년 페이비언 사회주의자이자 저명한 심리학자였던 그레이엄 월리스Graham Wallas는 독일의 수정사회주의자인 친구 에두아르트 베른슈타인Eduard Bernstein에게 다음과 같은 편지를 보냈다.

"오늘날 사람들은 하루하루를 살아갈 뿐 감히 미래를 생각하려 하지 않습니다. 그러나 때때로 나는 평화가 돌아오면 당신과 내가 만나 악수하고 서로에 대해 불친절한 어떤 생각도 한 적이 없었다고 말한 뒤 문명이 입은 상처를 우리가 어떤 방식으로 구제할 수 있을 것인가를 함께 생각하게 되기를 희망합니다."[13]

이렇듯 고귀한 감정을 이용하여 무너진 유대관계를 회복하는 것이 바이마르공화국의 문화적 임무였다.

II

히틀러로부터 도피한 사람들의 탁월성이 보여주듯 바이마르공화국은 그 임무에 성공했다. 반면 그 탄생의 진통은 너무도 가혹해서, 그 혜택을 받은 사람들 전체는 고사하고 다수의 헌신적인 충성조차 결코 얻어내지 못했다는 것이 바이마르공화국의 비극이었다. 혁명은 처음

---

13   Peter Gay, *The Dilemma of Democratic Socialism: Eduard Bernstein's Challenge to Marx*, 1952, 1967 ed., p. 280.

에는 광범위한 지지를 얻었다. 발터 그로피우스는 "건축가로서 자신의 사회적 의무에 대한 완전한 의식"을 처음 갖게 된 것은 "제1차세계대전의 결과였다"고 기록했다. 1918년 말 이탈리아 전선으로부터 휴가를 얻어 독일에 왔을 때, 그로피우스는 베를린 여행을 결심했는데, 여행 도중에 혁명이 일어났다. 군중에게 모욕을 당하는 장교들을 목격하면서 그는 돌발적인 생각에 사로잡혔다. "이것은 단순한 패전 이상이다. 한 세계의 종말이 왔다. 우리의 문제에 대한 근본적인 해결책을 찾아야만 한다."[14]

그로피우스만 그런 생각을 한 것은 아니었다. 제국 속에서 개념을 얻고 전쟁에 의해 정치적 경향을 부여받았으며 혁명 속에서 공개적인 표현을 찾게 된 그의 지적 경험의 과정은 바이마르 정신의 대변자 다수의 특징이었다. 혁명은 베르톨트 브레히트의 열정을 불러일으켰는데, 그는 다른 많은 젊은이들과 마찬가지로 수년간의 학살에 반감을 품고 있었다. 릴케Rainer Maria Rilke는 주체할 수 없는 기쁨으로 혁명을 환영했는데, 스스로 시적으로 표현했듯, 인류는 또 한번 새로운 페이지를 넘기리라는 열렬한 희망을 가졌던 것이다.[15] 또다른 사람들은 다른 관점에서 이와 비슷한 희망을 발견했다. 보수주의자들은 진정한 보수주의를 구현시킬 만큼 충분히 이상적이지 못했던 체제의 붕괴를 보며 즐거워했고, 프리드리히 마이네케 같은 부르주아 지식인들은 연합

14   Walter Gropius, *Scope of Total Architecture*, p. 19. 이것은 그로피우스가 제임스 마스턴 피치에게 보낸 편지에도 언급되어 있다.

15   릴케가 남작부인 도로테아(Dorothea)에게 1918년 12월 19일에 보낸 편지. Rainer Maria Rilke, *Briefe aus den Jahren 1914 bis 1921*, ed., Ruth Sieber-Rilke & Carl Sieber, 1937, pp. 213~5.

국에 대한 분노로 가득차 있긴 했지만 혁명을 지지했다. 군인과 그 가족, 민주주의자, 사회주의자, 평화주의자, 이상주의자 등은 혁명 속에서 새로운 생활을 기약했다.

그러나 1918년에서 1919년으로 넘어가는 겨울에 일어난 사건들과 이어진 건립 첫해의 소요는 붕괴와 희망의 나날 동안 축적되었던 선의의 자산을 고갈시켰다. 혁명이 여러 가지 이유로 사람들을 기쁘게 했듯 이제 그 혁명의 과정과 결과는 여러 가지 이유로 사람들을 실망시켰다. 새로운 보수주의자들은 공화국이 도입한 혁신 그 자체를 경멸하기에 이르렀다. 과격파는 그들 나름대로 제국으로부터 이어져온 잔존물에 반대했다. 바이마르공화국은 그 비판자들을 만족시키기에는 지나칠 정도로 성공적이었고, 그 지지자들을 만족시키기에는 성공에 훨씬 못 미쳤던 것으로 보였다. 1918년 12월에 릴케는 이미 모든 희망을 잃어버렸다. "대격변이라는 가식 아래 오랜 성격 결함이 지속되고 있다." 그가 이해하는 한 혁명은 비정한 소수의 수중으로 들어갔고 다수는 "정치적 딜레탕티슴"으로 부추겨 들어갔다.[16] 같은 달에 진보적 출판가인 파울 카시러Paul Cassirer는 혁명을 "단지 대협잡(Schiebung)일 뿐"이라고 규정했다. 그는 케슬러Harry Graf Kessler 백작에게 근본적인 것은 아무것도 바뀌지 않았고, "단지 몇몇 사촌들"만 이익과 권력의 위치로 밀려들어왔다고 말했다.[17] 브레히트와 같은 젊은 열성가들 중 다수는 정치에 응했던 것만큼이나 신속하게 정치로부터 등을 돌렸다. 빌란트 헤르츠펠데Wieland Herzfelde나 게오르게 그로스George Grosz 같은 문필

16   릴케가 도로테아에게 보낸 편지. loc. cit.; 또한 아니 미웨스(Anni Mewes)에게 1918년 12월 19일에 보낸 편지. Rainer Maria Rilke, *Briefe*, 2 vols., ed. Karl Altheim, 1950, II, p. 113.
17   Kessler, *Tagebücher*, p. 78.

가와 예술가들은 스파르타쿠스단의 반란[18]에 재빨리 참여했다. 어린 공화국에 반대하는 적들의 적개심은 굳게 남아 있었던 반면 그 열광자들은 동요하며 지원을 철회했다. 1919년 2월, 언론가 지몬 구트만Simon Guttmann은 실연으로 인한 분노를 드러내며 이 집단을 대변했다. 그는 케슬러에게 이 당시 지식인들은 거의 예외 없이 정부에 반대했다고 말했다. 또한 책임을 회피하고 아무것도 하지 않으며 단지 동료 시민들을 윽박지를 때에만 적극적이었던 현체제에 대한 환멸감은 과장하기가 불가능할 정도였다고 덧붙였다. 혁명 때문에 바뀐 것은 아무것도 없다고 그는 슬프게 말했다. "모든 것은 전과 다름없이 낡은 방식으로 진행되었다."[19] 1919년 5월 1일 국경일 축제에 대해서 케슬러는 "불발된 혁명을 위한 국장(國葬)"[20] 같은 인상을 준다고 기록했다. 경멸을 압축시킨 표현이 곧 보편적으로 통용되기에 이르렀다. 1918은 "그런저런 혁명(so-called revolution)"이었다.[21]

이렇듯 광범위한 환멸의 원인은 다양하며 잘 알려져 있다. 바이마르 의회에는 늙은 허깨비들이 많았는데, 몇몇이 사망하면 새로운 허깨비들이 출현했다. 공화국 초기 4년은 거의 끊임없는 위기였고 실로 곤경의 시간이었다. 유혈 내란, 정치 세력으로 군부의 재출현, 제국을 지

18 1919년 1월 5일부터 12일까지 베를린에서 공산주의자들이 일으킨 대파업으로, 바이마르공화국을 전복시키고 공산주의 국가를 세우려는 목적을 가졌다.—옮긴이
19 *ibid.*, p. 123.
20 *ibid.*, p. 182. 원문의 표현은 'verfehlte Revolution'이다.
21 세 가지 사례가 있는데 첫째로 〈세계무대Weltbühne〉 1928년 호의 언급(Martin Esslin, *Brecht: The Man and His Work*, 1961ed., p. 10); Franz Neumann, 'The Social Sciences', in Neumann et. al., *The Cultural Migration: The European Scholar in America*, 1953, p. 14; 〈세계무대〉 편집자 지크프리트 야콥존(Siegfried Jacobsohn)이 자신의 잡지에 1919년 3월 27일에 한 언급: '우리는 제2의 혁명을 필요로 한다. 아니, 우리는 혁명을 필요로 한다.' *Ausnahmezustand* (*Weltbühne*와 *Tagebuch*의 발췌본), ed. Wolfgang Weyrauch, 1966, p. 24.

배했던 귀족과 기업가의 연합을 막으려던 시도의 실패, 빈번한 정치적 암살과 그 범인에 대한 처벌 부재, 베르사유조약의 부담, 카프 폭동(Kapp Putsch)과 다른 내부적 전복 시도, 프랑스의 루르 병합, 천문학적 인플레이션과 같은 일들이 이어졌다. 이런 모든 것들이 군주제 지지자, 광신적 군국주의자, 반유대주의자와 모든 종류의 외국인 혐오자에게 새로운 희망을 주었다. 처음에는 사회주의화의 허상에 놀랐지만 곧 사회주의화하지 않으려는 사회주의자들을 경멸하게 된 기업가들에게도 새로운 희망을 주면서 공화국을 허구나 소극으로 보이도록 만드는 데 기여했다. 공화국 탄생 자체에도 희극적 요소가 있었다. 공화국은 1918년 11월 9일 이른 오후에 사회주의자 필리프 샤이데만에 의해 선포되었는데, 이것은 순수한 공화주의적 열정이 아니라 카를 리프크네히트Karl Liebknecht의 소비에트공화국 선포를 앞지르려는 욕심에서 나온 것이었다. 몇 분 후 프리드리히 에베르트Friedrich Ebert가 샤이데만의 행동을 알았을 때, 그는 절차를 어긴 것에 격노했다. 공화국이 거의 우연에 의해 변명에 뒤덮여 태어났다는 것을 눈치채지 못한 사람은 없었다.

이러한 모든 것 외에도 냉소와 냉담을 유발한 한층 미묘한 다른 요인이 있었다. 1914년 8월 서양 세계는 전쟁 편집증(War Psychosis)을 겪고 있었다. 전쟁은 지루함으로부터의 해방이자 영웅주의로의 초대장이자 퇴폐주의의 구제책으로 보였다. 그러나 독일에서는 이러한 이상 상태가 부조리할 정도로 고조에 달했다. 고령자들, 소년들, 허약자들이 순수하게 기쁜 마음으로 지원했으며, 사명감에 충만하여 죽으러 갔다. 전쟁은 "정화와 해방과 큰 희망"을 제공했고, "사람들이 싫증을 내다못해 끔찍하게 지겨워하던 평화로운 세계가 붕괴했다"는 안도감과 함께 "시인의 가슴을 불타오르게 만들었다". 단지 "어떤 대가도 불사하는 승리"만이 삶에 의미를 부여할 수 있었다. 독일인들은 마침내 하나의 민족(Volk)으로 통일되었고, 독일인들만이 "참되고 순수하고 남자다우며 객관적이었다". 영웅들의 국가는 "비열함, 협잡, 천박함"으로 가득한 적들과 대치하고 있었다. 민족, 국가(Reich), 정신(Geist)과 같은 위대한 옛 단어들은 문화(Kultur)로 이르는 대장정에 의해 이제 새로운 의미가 부여되었다. 이런 말들은 결코 상상의 표현이 아니라 토마스 만과 프리드리히 군돌프Friedrich Gundolf의 단어였으며, 수천의 남녀노소가 이들과 똑같이 말했다.[22] 그러나 이들의 의기양양함은 좌절에 빠졌으며, 때로는 정신적 파탄에까지 이르렀다. 자기도취적, 자기기만적 쇼비니즘의 향연 뒤에는 죄의식과 수치심이 따랐으며, 때로는 자신이 옳았다는 공허한 고집이 뒤따르기도 했다. 즉 결코 정치적 각성을 불러오리라고 예상할 수는 없던 일련의 변화였다. 열성을 가졌던 많은 사람이 열성을 잃었지만 유토피아에 대한 생각까지 잃은 것은 아니었다. 어떤 사람들은 전쟁과 혁명으로부터 교훈을 얻었는데, 토마스 만은 그중 한 사람이었다. 배우기를 바라는 소수의 사람에게 이들이 정치적 교육자로 작용했다는 것은 그 부수적 이득 중 하나였다. 그러나 많은 이들은 정치에 무지한 채로 지지할 수 없던 모든 것들을 경멸하며, 스스로 기쁜 마음으로 환영했던 전쟁보다 훨씬 더 역겨운 엉터리 만능 약장수들에게 좌지우지되었다.

---

[22] 1914년 9월에 써서 1915년에 발간된 토마스 만의 논고 "전쟁에 대한 생각(Gedanken im Krieg)"과 프리드리히 군돌프가 슈테판 게오르게(Stefan George)에게 1914년 8월 14일과 30일에 보낸 엽서를 볼 것. *Stefan George-Friedrich Gundolf Briefwechsel*, ed. Robert Boehringer, 1962, pp. 256~7, 258~9.

나쁜 것은 이것만이 아니었다. 바이마르공화국의 가장 강력하고 실제적인 적은 분명코 공화주의자 좌파 내부의 분열이었는데, 이는 공화국이 선포되자마자 일어났던 것으로 에두아르트 베른슈타인이 말했듯 "사회주의자의 사회주의자에 대한"[23] 투쟁이었다. 결국 공화국 선포 자체는 단순히 군주제가 아니라 스파르타쿠스단을 겨냥한 행동이었던 것이다.

이 투쟁은 불가피했다. 사회주의자들의 단결은 전쟁중에, 그리고 전쟁이 유발시킨 문제로 와해되었다. 사회주의자들에게 오히려 인위적이고 보잘것없는 명성만을 가져다준 러시아혁명은 물론 독일이 붕괴된 방식이 사회주의자들의 단결을 복구시키리라고 예상할 수는 없었다. 1918년 11월 제국이 결정적으로 폐기되면서 두 경쟁적 사회주의 집단이 대결할 순간이 다가왔다. 그 투쟁에는 많은 것이 걸려 있었다. 권력을 잡는 자가 미래의 독일을 결정하게 될 것이었기 때문이다. 스파르타쿠스단은 독일을 소비에트공화국으로 바꾸어놓으려 했으며, 다수의 사회주의자들은 의회민주제로 바꾸어놓으려 했다. 1918년의 독일에서는 그 밖의 다른 대안이 불가능해 보였지만 반면 둘 사이의 생사를 건 상호살육의 투쟁 때문에 또다른 대안인 군부독재를 추구하는 세력이 등장하게 되었다는 것은 독일 역사에서 가장 슬픈 아이러니 중 하나이다. 사회주의자의 사회주의자에 대한 대결은 도처에서 있었다. 옛 제도를 청산하는 과정에서 혁명은 대단히 큰 표면적 마찰을 새롭게 드러냈다. 스파르타쿠스단과 온건 사회주의자들은 베를린에서, 시골에서, 정치가의 회의에서, 노상에서, 노동자들의 회합에서, 우

23   Eduard Bernstein, *Die deutsche Revolution*, 1921, 제8장의 제목이다.

익 암살단 희생자의 장례식에서 서로 싸웠다. 결코 잊을 수 없고 용서받을 수 없는 욕설이 난무했으며 욕설만이 전부가 아니었다. 모든 사람이 무장했고 쉽게 흥분했으며 좌절을 받아들이지 않으려 했다. 많은 사람들이 살인 훈련을 받아 그 준비가 되어 있었으며, 널리 퍼진 무질서는 비이성적인 대중 행동을 조장하면서 정치적 모사꾼들에게 보호막을 제공해주었다. 거의 두 달 동안 체제는 좌익 세력들 사이에서 표면적인 단합을 유지할 수 있었다. 11월 10일에 세워진 6인 임시정부는 다수의 사회주의자들과 독립파 각각의 대표자 3인씩으로 구성되었다. 그러나 그것은 지속될 수 없었다. 12월 27일, 독립파가 탈퇴했으며 분열은 크고 깊어졌다. 우파 쪽의 적들은 단지 기다리기만 하면 되었다.

사실상 우파가 기다리기만 한 것도 아니었다. 이들은 내키는 대로, 아무런 처벌도 받지 않으며 살인을 저질렀다. 스파르타쿠스단의 지도자였던 로자 룩셈부르크Rosa Luxemburg와 카를 리프크네히트는 1919년 1월 15일에 살해되었다. 바이에른의 수상 쿠르트 아이스너Kurt Eisner는 2월 21일 귀족 출신 대학생에게 살해되었으며, 암살로부터 출발한 바이에른 소비에트 공화국은 4월 말과 5월 초에 이르러 정규군과 의용군(Freikorps)에 의해 냉혹하게 진압되었다. 이런 사건들은 동족상잔의 적대감을 악화시켰을 뿐이었다. 스파르타쿠스단은 집권하고 있는 사회주의자들을 무력하고 사회적 야욕에 찬 백정이라고 비난했고, 집권 사회주의자들은 스파르타쿠스단을 러시아의 앞잡이라고 비난했다. 이런 모든 것은 세계의 노동자들은 단결하라는 마르크스의 호소에 대한 풍자적인 비평으로 보였다.

III

역사가들은 신생 공화국을 지배했던 정치가들의 실패를 중요하게
여겨왔다. 이들이 완전하게 실패했더라면 오히려 이해할 수 있었을 것
이다. 에베르트와 그의 동료들은 냉정하고 경험이 많은 정치가였지만
타개하기 힘든 곤경들에 직면했다. 고질적인 무질서, 절망적인 기아,
지식인들의 도덕적 타락, 귀환 후 해산시켜야 할 군대, 치료할 시간이
없어 방치된 모진 상처, 제정하여 시행해야 할 헌법 등이 앞에 놓여 있
었다. 그리고 이 모든 것에 앞서 바이마르 역사에 있어서 특별한 위치
를 차지하고 있는 요인이 있었다. 바로 베르사유 평화조약이었는데,
이것을 둘러싼 날조된 이야기들은 사실 자체보다 훨씬 더 공화국에 해
가 되었다.

베르사유에서 독일에게 강요된 조약은 여러 면에서 가혹하고 보복
적이었다. 주요 연합국 협상자 중 다수가 협상이 아닌 보복을 원했다.
진통은 단지 패배 때문에 초래된 것만은 아니었다. 수년간의 좌절과
유혈과 끝없는 불행 후 승리를 거둔 자들 역시 승리만으로는 견딜 수
없었던 것이다. 조약 체결 속에서 독일인들은 고의로 뒤집어씌운 영속
적인 굴욕감을 느꼈다. 연합국은 일련의 타협을 통해 자신들 사이의
견해 차이를 조정한 뒤 1919년 4월 중순에 "평화조건을 받아들이기
위한" 대표자를 베르사유에 파견하라고 독일에 요청했다. 대표자들의
임무란 조약에 서명을 하는 것이지 협상을 하는 것이 아니었다. 독일
대표자들에 대한 대우는 치밀하게 계획된 모욕이었고 그것은 독일 언
론에 의해 널리 알려졌다. 이들을 태우고 파리로 향한 기차는 북부 프

랑스의 전쟁터를 거쳐갔는데, 일부러 서행하여 전장의 처참한 광경을 목격하도록 만들었다. 독일 대표자들은 베르사유에 와서 격리되었는데, 표면적으로는 적대적인 시위로부터 보호하기 위해서라고 했지만 실지로는 연합국의 협상자들과 분리시키려는 것이었다. 독일 대표단의 한 사람으로 자유주의 경제학자였던 본M. J. Bonn은 독일인들이 "대단히 큰 모욕을 받았다. 몇몇 선전가들이 이들에게 보고 느끼도록 유도한 패배의 고뇌와 죄의식은 대표단 대다수에게 일종의 열등의식을 유발시켜 고통을 받게 만들었다"[24]고 기록했다. 조약을 공식적으로 발표했던 클레망소Georges Clemenceau[25]는 독일인들이 조금이라도 기분이 좋아지도록 놔두지 않았으며, 논평과 반론을 정리하도록 이들에게 주어진 짧은 시간(처음에는 2주였고 후에 1주가 추가되었다)은 독일 대표단이 격분하여 좌절에 빠지도록 몰고 갔다. 그 결과는 완전히 불가피한 것이었다. 격렬한 반대와 합리적 논리, 로이드 조지Lloyd George[26]와 스뮈츠Jan Christiaan Smuts[27] 장군이 다시 심의한 결과 몇 가지 사소한 사항들이 수정되기는 했지만 본질적으로 이 조약은 변경되지 않았다. 독일은 알자스로렌Alsace-Lorraine, 폴란드 회랑지역Polish Corridor, 북부의 슐레스비히홀슈타인Schleswig-Holstein과 몇몇 다른 작은 지역들을 잃게 되었는데, 이것은 옛 영토의 13%에 해당한다. 독일은 600만의 인구와 귀

24   Moritz Julius Bonn, *Wandering Scholar*, 1949, p. 227.
25   프랑스의 언론인이자 정치가였던 조르주 클레망소는 제1차세계대전이 끝난 뒤 파리강화조약에서 프랑스의 전권대사였다.—옮긴이
26   영국의 데이비드 로이드 조지는 제1차세계대전 당시 영국 수상이었으며 전쟁이 끝난 뒤 파리강화조약에 영국 대표로 참석했다. 비교적 독일에 우호적인 편이었다.—옮긴이
27   얀 크리스티안 스뮈츠는 남아프리카 연맹 출신으로 영연방에서도 역할을 했는데 제1차세계대전 이후 파리강화조약에 참여했고, 국제연맹 창설에도 기여했다.—옮긴이

중한 자원을 잃은 것에 더해 모든 식민지도 잃게 되었다. 또한 무장을 해제하고 배상금을 지불하며 조약 231조처럼 독일과 그 동맹국가들이 전쟁의 "도발자"이자 "침략자"임을 인정하는 내용을 포함하는 조약에 서명해야 했다. 이 악명 높은 조항은 "전범 조항(war guilt clause)"이라고 불리게 되었는데 아마도 다른 모든 조항을 합친 것보다 더 큰 논쟁을 야기하게 될 것이었다.

독일인들은 무엇을 할 수 있었을까? 이들은 서명을 거부했지만 결국 서명하게 되었다. 5월 12일, 샤이데만 수상은 이 조약을 받아들일 수 없다고 말하고, 비유적으로 "그 자신과 우리들에게 이러한 족쇄를 채우는 손도 그 무엇이 시들지 않겠는가?"라고 물었다. 샤이데만의 손은 움직이지 않았다. 6월 20일, 가톨릭중앙당과 자신의 사회민주당의 다수가 231조와 전범 인도를 요구하는 조항을 제외한 조약을 받아들이기로 가결한 뒤 그는 사임했다. 명령(Diktat), 굴욕적 평화(Schandfrieden), 치욕적 평화(Schmachfrieden)에 서명해야 할 부담은 다른 사회민주당 당원들과 중앙당의 가장 저명한 평화옹호자인 에르츠베르거Matthias Erzberger의 어깨 위에 놓이게 되었다. 이들은 스스로 완전히 떨쳐버릴 수 없었던 정치적 책임을 운명으로 받아들인 용감한 사람들이었다.

모든 사람이 조약을 증오했다. 조약에 서명해야 한다고 주장하는 자들도 평화의 필요성, 독일 국민들 사이에 만연한 기아, 연합국의 비타협성이라는 현실적 근거 위에 자신들의 논지를 세웠다. 언제나 이성적인 목소리를 잃지 않던 〈프랑크푸르트 신문Frankfurter Zeitung〉은 최선의 견해를 냈다. 이 신문은 조약에는 반대하지만 서명은 필요하다고

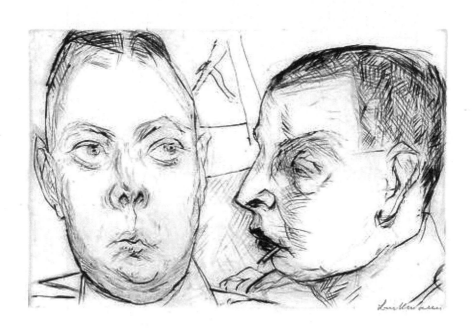

막스 베크만 〈두 명의 관료〉. 베크만은 전쟁중 적군의 얼굴을 캐리커처로 남길 필요가 없다는 사실을 깨달았다. 베크만처럼 재능있는 화가라면 사실주의 화풍으로도 충분했다. 1919년, 이 작품은 동판화집『얼굴Gesichter』에 열아홉 점의 작품 중 하나로 실렸다. (판화 [드라이포인트], 1915)

프리드리히 에베르트 대통령. 1919년부터 1925년까지 재임한 바이마르공화국 첫번째 대
통령 프리드리히 에베르트의 캐리커처. 좌파(노동조합파)는 에베르트를 벼락부자처럼 그
려 조롱했다. (게오르게 그로스 〈H. M.〉, 잉크 드로잉, 1934)

촉구했다. 아직은 공화국에 개입하지 않았던 토마스 만은 "악의에 찬 늙은이" 클레망소가 서양의 문화를 매장시키고 있다고, 아니면 역으로 영미의 지배가 "서양의 문명화, 합리화, 공리주의"를 초래할 것이라고 생각했는데, 그 어떤 경우에도 평화는 파국이었다.[28] 그는 전쟁 이전이나 전쟁중과 다름없이 여전히 비정치적인 문화 귀족이었지만, 자유주의적 정치가이며 지칠 줄 모르는 일기 기록자로서 탁월한 정보통이자 괄목할 만한 정도로 계급적 편견이 없었던 케슬러 백작 역시 베르사유조약을 한없이 절망적으로 여겼다. 독일인들에게 평화의 조건이 전달되었던 날인 1919년 5월 7일부터 6월 12일에 이르기까지 그는 너무도 상심하여 일기에 아무것도 기록하지 않았다. 샤이데만 내각이 사임한 후인 6월 22일, 그는 "표현할 수 없는 낙담, 마치 정신의 모든 생기가 죽어버린 듯한"[29] 전반적 분위기를 기록했다. 애국자들, 군의 장교들, 보수주의자들의 논평은 상상할 수 있을 것이다. 프리드리히 마이네케는 1921년 모든 국가와 모든 민족은 스스로에게 "우리들은 죄인"이라고 말해야 한다고 기록했다. 그러나 "1918년 이래로 연합국이 범한 죄는 거의 유례가 없을 정도이다".[30]

비록 조약의 조항들이 나빴다 할지라도 그것보다는 이런 분위기가 바이마르공화국에 훨씬 더 치명적인 전설을 부과했다. 선동가들은 베르사유조약을 독일 정신 자체에 대한 프랑스의 전형적인 공격이라고

28　필리프 비트코프(Philipp Witkop)에게 1919년 5월 12일에 보낸 편지. Thomas Mann, *Briefe*, 1899~1936, ed. Erika Mann, 1962, p. 162. 구스타프 블루메(Gustav Blume)에게 1919년 7월 5일에 보낸 편지. *ibid.*, p. 165.

29　Friedrich Meinecke, *Tagebücher*, pp. 183~184.

30　1921년 5월 23일 프리스(A. Friis)에게 보낸 편지. Friedrich Meinecke, *Ausgewählter Briefwechsel*, eds., Ludwig Dehio & Peter Classen, 1962, pp. 101~2.

비난했으며 조약 서명자들을 비겁자나 반역자라고 비방했다. 잃은 식민지나 영토에 어떤 이해관계가 없고 강요된 무장 해제와도 관련이 없던 수백만의 사람은 이 선동가들에게는 호응했지만 조약을 조항마다 수정하기 위해 묵묵히 일하던 정치가들에 대해서는 경멸밖에 보이지 않았다. "강요된 평화"를 받아들인 "11월 죄인들(November criminals)"은 처벌되어야 하며 그 조약은 파기되어야 한다는 주장이 우익의 주된 화법이 되었고, 반(反)유대주의와 함께 나치 선전의 핵심이 되었다. 베르사유조약이 바이마르에 부담이었다면 이것은 국제적인 것 못지않게 국내의 산물이었다.

이러한 모든 것에 비추어 볼 때 혁명과 그 여파는 많은 것을 이루어 놓았다. 이것은 전쟁을 종식시켰다. 프로이센의 지배 가문과 크고 작은 독일의 다른 영주들을 영원히 일소시켰으며, 최소한 여러 독일인들에게 실용적 정치 방식을 일깨워주었고, 민주주의 국가를 건설했다. 또한 제국 속에서 높은 지위로 발탁될 수 없었던 재능 있는 자들에게 새로운 기회를 부여했으며 진보적 교수, 현대적 극작가와 제작자, 민주적 정치사상가에게 명성과 권력의 구심점이 되어주었다. 바이마르 헌법의 설계자인 후고 프로이스Hugo Preuss는 혁명의 상징이었다. 유대인이자 좌익 민주주의자였기 때문에 그는 모든 자질에도 불구하고 대학제도에서 배제되어왔는데, 이제 외부자인 그가 새로운 공화국, '그의' 공화국의 기틀을 잡게 되었다.

그러나 모든 것을 참작할 때 바이마르인들이 쓰라린 과오를 범했다는 것은 사실이며, 이들에 대한 비난은 일찍부터 분위기를 악화시켜 계속적인 과오의 길을 준비했다. 탁월한 정치언론가 카를 폰 오시에츠키Carl von Ossietzky는 1919년 6월에 이미 이것을 요약해놓았다. "우리가 낡은 방법과 완전히 결별하여 재건을 기대할 권리를 갖고 있는 세 영역이 있는데, 순수한 정치 영역, 경제 영역, 정신적·윤리적 영역을 가리킨다." 그러나 "혁명은 무엇을 이루어놓았는가? 그 대답은 실로 슬플 뿐이다. 국내 정책과 국제 정책 모두에서 몇십 년 동안 당연히 유골함에 안치되었던 저명인사들이 으스대며 돌아다니고 있다. 경제적 재건은 계속 연기되고 있는 반면 무정부, 이기주의, 모리배가 만연하고 있다. 저항의 손은 없고 부드러운 설득만이 있을 뿐이다. 사상의 빈곤, 용기의 결핍, 신념의 결핍뿐이다."[31] 이것은 단호한 비난이지만 타당성이 없지 않았다. 공화주의자들은 질서만을 추구하면서 볼셰비즘을 두려워했다. 그들 자신이 옛 사회의 산물이었는데 그들은 지배하기보다는 반대할 준비가 더욱 잘되어 있어서 그 지도자들의 소심성이 모든 분야에서 결정적인 행동을 막았다. 여기에 무책임과 잔인한 언어의 사용과 실질적인 독재에다가 좌익 스파르타쿠스단의 혼란이 덧붙여져야만 한다. 프로이센의 주도권[32]을 심각하게 걱정하던 프로이스는 여러 주가 연방식으로 결합하던 옛 방식을 파괴하고 프로이센을 여러 주(Länder)로 나누어 그 작은 주들을 더 큰 단위로 합하기를 원했다. 그의 계획은 채택되지 않았다. 가장 실질적인 그의 적들 중에는 자신들이 겨우 획득한 것을 포기하기 꺼렸거나 혹은 바이에른의 아이스너처럼 중앙정권에 의심을 품은 사회민주당원들이 있었다. 타협안은 옛 주에 손을 대지 않고 프로이센의 지배를 고수했으며, 국가와 주 사이의

---

31   Raimund Koplin, *Carl von Ossietzky als politischer Publizist*, 1964. p. 28에서 재인용.
32   빌헬름 황제가 다스리던 독일제국의 핵심이 프로이센을 중심으로 한 북독일연맹이었다.─옮긴이

분란 많은 관계를 완화시키지 못했다. 사회주의 평론가이자 정치가 프리드리히 슈탐퍼Friedrich Stampfer는 후에 자신이 갖게 된 생각에 과거를 끼워 맞추며 다음과 같이 인정했다. "그토록 격렬한 진보의 시기에 단일국가로의 도약이 이루어지지 않았다는 것은 역사적 태만이라는 범죄를 저지른 것이다. 국가의 통일에 복종해야 한다는 플라톤의 주장에도 불구하고 사회민주당의 여러 집권자들은 옛 군주들이 보여주었던 것에 못지않게 강한 열정을 갖고 특정 이익을 옹호했다."[33] 이 일은 관직을 선망하는 사회주의자들에게 고통스러운 교훈을 주었다. 미시적인 지역주의 이익은 거시적인 국가의 재앙으로 판명된다는 것이다.

기간산업의 국유화도 동일한 역사를 겪었다. 야심에 찬 계획과 선의는 결코 정책으로 실행되지 않았다. 경제학자 루돌프 비셀Rudolf Wissell은 계획을 통해 사회주의로 나아가는 길을 제시했는데, 그 길은 충분히 명확했다. 단지 결코 채택되지 않았을 뿐이다. 대기업은 자기 나름의 방식인 카르텔을 통해 경제 "국유화"를 진행했다. 실로 "독일 역사에서 최대의 기업 합병(trust)은 바이마르공화국에서 이루어졌는데", 여기에는 1926년에 있었던 4대 철강 대기업 합병과 "화공업계 6대 기업"의 합병을 통한 1925년의 화공기업연합 파르벤(I. G. Farben)의 결성이 포함되어 있다.[34] 사회주의자들은 방관했는데, 행동하기에는 너무 소심했거나 아니면 카르텔화가 사회주의로 이르는 과정에서 거쳐야 할 자본주의의 불가피한 고도의 단계라는 독단적이고 비현실적인 확신 때문이었다. 독일의 사회주의자들은 역사에 의존하면서 그 희생물이 되

---

33 *Die vierzehn Jahre der ersten deutschen Republik*, 3rd ed., 1953, p. 134.
34 Franz L. Neumann, *Behemoth: The Structure and Practice of National Socialism*, 1933~1944, 2nd ed., 1944, pp. 15~6.

었다.

이러한 것들은 치명적인 전략 실수지만 바이마르인들은 옛 질서 속의 큰 조직 즉 군부, 관리, 법조인을 무력화시키거나 변화시키는 일에 실패함으로써 더 큰 과오를 저질렀다. 전쟁을 통해 타락하고 명예를 상실해 당황한 군벌은 어떤 타협이라도 받아들일 준비가 되어 있었다. 장군들은 세계를 속이고 자신들을 기만하면서 무수한 생명을 희생시키며 독일을 재앙으로 몰고 갔다. 1918년 말에 프리드리히 마이네케는 "범게르만 군국주의자 보수주의자 연합(Pan-German-militarist-conservative combine)"의 과도한 주장이 이들을 완전히 무력하게 만들었다고 주장했다.[35] 그러나 몇 년 이내에 이 연합은 광범위한 대중에 대한 카리스마를 다시 획득했으며 전쟁에서도 지지 않은 독일군이 국내에서 유대인과 공산주의자들에게 등을 찔렸다는 악명 높은 자해 신화(Dolchstosslegende)를 공화국에게 부담시켰다.

그들이 다시 일어서게 된 것은 대체적으로 옛 군대를 절대적 필요 요소로 만든 바이마르 지도자들의 책임이었다. 공화국이 선포된 다음 날인 11월 10일, 에베르트는 그뢰너Wilhelm Groener 장군과 함께 질서를 유지하기 위해 군의 도움을 받아들인다는 광범위한 합의를 맺었다. 급조된 의용군의 도움을 받은 정규군은 20명가량의 호전적인 스파르타쿠스 단원들을 사살했다. 공화국의 "경찰견"인 사회민주당원 노스케Gustav Noske는 우익 군대에게 행동의 자유를, 즉 암살의 자유를 부여했다. 모든 면에서 행동은 정도를 지나치고 있었다. 냉정한 관찰자인 아

---

35   루트비히 아쇼프(L. Aschoff)에게 1918년 10월 21일에 보낸 편지. Friedrich Meinecke, *Briefwechsel*, p. 97.

르놀트 브레히트ₐrₙₒₗd Brₑcht가 후에 상기했듯 "무서운 몇 달이었다. 에베르트와 노스케의 선의는 의심할 수 없었지만 이들의 판단은 또다른 문제였다".[36] 손에 무기를 든 자가 보이기만 하면 사살하라는 노스케의 악명 높은 지령이 군에 내려지기 한 달 이전이자 정복된 바이에른 소비에트 공화국에서 백색테러의 공포가 퍼지기 3개월 이전인 1919년 2월 2일, 케슬러 백작은 이미 현체제가 지속될 수 없음을 예견했다. "공화주의적 사회민주주의 정부가 그 자신과 자본주의자들의 금고를 고용된 실업자들과 왕당파 장교들의 보호 아래 두려고 한다는 역설은 너무도 미친 짓일 뿐이다."[37]

이렇듯 비현실적인 기운은 제국 시대의 관리를 계속 임용했던 사실에서도 마찬가지로 나타난다. 혁명에도 불구하고 별로 변하지 않았던 전통적인 독일 사회의 권위주의적 구조에 비추어 볼 때 이런 정책의 결과는 예측 가능했다. 설사 관리들이 적대적이 아니었다 하더라도 독일의 민주주의는 극히 허약했다. 독일 관리들의 능률과 정치적 중립성은 세계적으로 유명했지만, 공화국 안에서 이들은 고도로 훈련된 능력을 주로 행정적인 사보타주를 위해 사용했다. 상급자에 대한 이들의 충성은 정평이 나 있었지만 사회민주주의적인 혹은 자유주의적인 장관들에게까지 확장되지는 않았음이 확실했다. 그러나 독립성과 객관

---

36   Arnold Brecht, *Aus nächster Nähe: Lebenserinnerungen, 1884-1927*, 1966, p. 247. 노스케에 대한 논쟁은 계속되고 있다. 나는 브레히트와 견해를 같이 하고 싶다(*ibid.*, pp. 231~47). 즉 노스케는 용기가 있었고 자신 나름의 의무감에서 '경찰견'의 임무를 맡았던 것이나 전략과 예견은 없었다는 것이다. 아르놀트 브레히트는 독일의 법학자로서 바이마르공화국의 관료였다. 나치가 정권을 잡은 뒤 미국으로 이주하여 뉴스쿨에서 법학을 가르쳤다. 물론 극작가 베르톨트 브레히트와는 무관하다. ─옮긴이

37   Kessler, *Tagebücher*, p. 117.

성에 호소하겠다는 궤변의 가장 경악스러운 사례는 공화국의 판사와 검사와 배심원의 행동이었다. 이는 좌익의 희생자는 물론이거니와 혜택을 받은 우익의 인물들에게서도 냉소적 조롱의 비옥한 텃밭이 되었다. 제국 시대의 법관들은 혁명 이후에도 여전히 공직을 수행했다. 이들은 해고할 수도 없었으며, 또 이들의 행위가 입증하듯 변하지도 않았다. 이들 대부분은 특권계층 출신으로 귀족, 관료, 보수적 정치가 사이에서 긴밀한 관계를 유지했으며, 기소된 공산주의자들에게는 어떤 동정심도 베풀지 않은 반면 전직 관료들에게는 유순한 태도를 보였다.

그 결말은 악명 높았지만 여전히 강조할 가치가 있다. 1918년과 1922년 사이에 좌익분자들이 일으킨 암살 사건은 22건이었다. 이들 중 17명은 엄벌을 받았는데, 10명은 사형선고를 받았다. 반면 우익 극단주의자들은 법관들의 동정을 샀다. 이들에 의해 자행된 354건의 살인 중 단지 한 건만이 엄벌을 받았는데, 그것도 사형은 아니었다. 이러한 편파 판결은 정치적 암살자들에게 선고된 평균 형량에서도 마찬가지였다. 좌익의 평균 형량은 15년이었고 우익은 4개월이었다. 무력과 폭력으로 공화국을 전복하려 했던 카프Wolfgang Kapp[38] 같은 우익 폭도들과 몇 건의 폭동 속에서 살인을 자행한 그의 동료들은 방면되었거나 소정의 절차를 거쳐 석방 혹은 해외 도피가 허용되었다. 1923년 11월 히틀러 루덴도르프 폭동(Hitler-Ludendorff Putsch)[39]이 실패한

---

[38] 1920년 3월 바이마르공화국을 전복시키려던 쿠데타의 주인공인 볼프강 카프의 이름을 따 보통 카프 폭동이라 하지만 실제적인 주도자는 군의 장성이었던 발터 폰 뤼트비츠(Walther von Lüttwitz)였다.— 옮긴이

[39] 1923년 11월 바이에른에서 극우 국민주의 단체들의 연합체인 독일투쟁동맹이 일으켰다가 미수로 끝난 반란이다. 아돌프 히틀러가 투쟁동맹의 지도자로 추대되었지만, 아직 히틀러와 나치당은 투쟁동맹에 참여한 여러 극우단체 중 하나에 불과했다. 뮌헨 폭동, 또는 맥주홀 폭동이라고

후 열린 폭도들에 대한 재판은 정치적 소극으로 타락했다. 법정의 허용 아래 피고와 변호사들은 극히 공격적이고 선동적인 언어로 정부를 모욕했으며, 결국 히틀러에게는 안락한 형태의 구류인 요새금고(Festungshaft) 5년이 언도되었는데, 실제로 그는 1년 미만을 복역했을 뿐이다. 불법적인 "방어 조직"이라는 명목의 준군사적 자경단체의 일원들에 의해 저질러진 페메(Feme) 살인[40]은 흉악한 범죄로 가득 채워진 세기에서도 가장 흉악한 범죄에 속한다. 실직중인 광신자와 취업 가망이 없는 전직 장교들이 단지 "비애국적 행위"에 대한 의혹을 근거로 남자들은 몽둥이로 때려죽이고 여자들을 교살한 사례가 종종 있었다. 재판에 회부된 몇 안 되는 살인자들 중에서도 극소수만이 유죄판결을 받았으나 구류기간조차 얼마 되지 않았고 어떤 방식으로건 이후의 범죄행위에 대한 제약을 받지 않았다. 실제로 페메 살인자 중 한 사람으로서 룀[41]의 친구였던 에드문트 하이네스Edmund Heines는 사실상 1년 반 동안 복역했는데, 1934년 6월 30일 나치 대숙청 때, 권선징악의 과시를 위해 마침내 처형되었다. 에르츠베르거를 살해한 두 암살자는 도피가 허용되었고, 음모자들의 모든 조직이 잘 알려져 있었지만 대체로 처벌을 받지 않았으며 주모자는 방면되었다. 법관들은 반동의 방향으로 법을 왜곡할 수 있다면 언제나 왜곡했다. 오스트리아인인 히틀러는 폭동을 일으킨 뒤 추방되어야 했는데, 자신을 독일인이라고 "생각

불리기도 한다.—옮긴이
40　페메 살인(Fememorde)은 1919년부터 1923년까지 극우파가 바이마르공화국에서 자행한 살인을 가리킨다. 그들 기준으로 반역 행위를 했다는 극좌파 행동가들이 대상이었다. '페메'라는 이름은 중세 독일에 있었던 자경단의 이름이었다. 사실상 베르사유조약에 따르면 이들이 불법이었다.—옮긴이
41　에른스트 룀(Ernst Röhm)은 나치 초기의 지도자이자 돌격대 사령관이었다.—옮긴이

한다"는 사실 때문에 독일에 머무는 것이 허용되었다. 반면 법정은 스파르타쿠스 단원, 공산주의자들, 정직한 언론인들은 최대로 엄하게 다루었다. 바이에른 소비에트 공화국과 최소한의 관련이라도 있다는 것이 알려지면 그 누구라도 가혹하게 처벌되었다. 국방군(Reichswehr)을 "모욕"하는 문필가는 자신의 진술이 사실로 판명된다 할지라도 유죄선고를 받았다.

아무리 냉정한 역사가라 할지라도 이러한 통계를 접하면 당황과 좌절을 느끼지 않을 수 없을 것이다. 사회주의와 공산주의 계열의 신문과 정치가들은 연설을 하고 경고하고 폭로했다. 〈세계무대〉나 〈타게부흐〉[42]와 같이 독립적이고 급진적인 잡지는 사실과 풍자로써 암살자들에게 대항했지만 아무런 소용도 없었다. 통계학자 굼벨E. J. Gumbel은 대단한 용기와 비난의 여지가 없는 학자적 태도를 갖고 이러한 범죄의 세세한 사실들을 수집하고 기록했지만 그 기록 중 어느 것도 효과가 없음을 알게 되었다. 1924년 〈타게부흐〉에서 그는 범죄와 그 결말의 또다른 목록을 정리해두고는 다음과 같이 결론지었다. "자료들이 산더미처럼 쌓이고 있다. 법정은 열정적으로 일하고 있다. 기소가 잇달아 시작되고 있다. 각 사건은 저마다 다른 구조를 갖고 있으나 그 결과는 언제나 동일할 뿐이다. 진정한 살인자들이 처벌받지 않고 남아 있다."[43]

---

42 〈타게부흐Tagebuch〉는 1920년부터 1933년까지 발간되었던 독일의 주간지이다. 참고로 '타게부흐'는 '일기'라는 뜻이다.—옮긴이
43 Emil Julius Gumbel, *Ausnahmezustand*, p. 119. 굼벨의 통계에 대해서는 그의 *Zwei Jahre Mord*, 1921, *Vier Jahre politischer Mord*, 1922, *Verräter verfallen der Feme*, 1929, *Lasst Köpfe rollen.*, 1932 등을 참조할 것. 역사가들은 그의 기록에 신빙성이 있음을 인정한다. 참고: Neumann, *Behemoth*, pp. 20~33, 478~9; H. & E. Hannover, *Politische Justiz, 1918-1933*, 1966, *passim*.

1934년 망명중에 사회민주당은 다소 후회하듯이 스스로의 비극적 과오를 인정했다. "전쟁중에 방향을 잃은 독일의 노동계급운동이 실제적으로 변하지 않은 옛 국가 조직을 양도받아야 했다는 것은 슬픈 역사적 과오이다."[44] 실로 옳은 지적이다. 바이마르인들은 트로이의 목마를 도시 안으로 가져오는 것에 만족하지 못하고 그 제작을 지켜보고 그 설계자를 자진하여 숨겨주었던 것이다.

---

44   Hannover, *Politische Justiz*, p. 34에서 재인용.

II. 이성의 공동체

: 절충자와 비판자

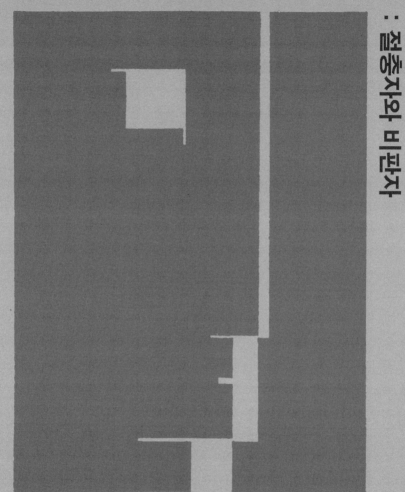

Weimar culture

The Outsider as Insider

I

　바이마르에는 나치를 증오했지만 공화국을 사랑하지는 않았던 수천의 교수, 기업가, 정치가가 있었다. 이들은 고등교육을 받았고 지성인이었지만 제국의 가치를 민주주의의 의심스러운 통치와 교환하기를 꺼렸다. 그중에는 자신들의 내적 갈등에 의해 마비가 되어 무능력하나 존경받는 공직 생활에 종사하던 자들이 많았다. 그들의 삶은 바이마르 시대를 지나는 동안 불규칙한 활동으로 손상되기도 했다. 이들은 공화국과 함께 살아가는 것을 배웠고, 공화국의 출현을 역사적 필연이라고 판단했으며, 그 지도자 중의 몇몇을 존경했지만 결코 공화국을 사랑하게 되지는 않았으며, 그 미래를 믿지도 않았다. 이들은 열정적 신념이라기보다는 지적 선택에서 출발한 공화주의자들이었기 때문에 "이성적 공화주의자(Vernunftrepublikaner)"라고 불리게 되었다. 나치가 집권한 지 3개월여가 지난 1933년 5월 7일, 프리드리히 마이네케는 동료 역사가 발터 레넬Walter Lenel에게 흉금을 털어놓았다. "독일 국민은,

특히 베르사유 평화협정의 압력 아래에서는 의회민주주의를 감당할 만큼 성숙하지 못했던 것이 확실하네. 나는 이것을 처음부터 몰래 혼자서 생각해왔다네."[1] 이것이 이성적 공화주의자의 참된 목소리이다.

다른 이성적 공화주의자들과 마찬가지로, 마이네케 역시 이런 관점을 황제가 퇴위하기 이전부터 준비해왔다. 1918년 가을, 그는 독일이 존속할 유일한 가능성이란 "민주주의화"하고, "보수적 관념이라는 무거운 선적물을 배 밖으로 던져버리고", 복고하려는 어떠한 시도에도 저항하면서 합리적이고 과감한 결단을 통해 진보에 몸을 맡기는 것이라고 확신하게 되었다. 이러한 확신은 1919년 초에도 계속되었다. "우리 모두가 지금 이 순간 겪어야만 하는 정치가다운 이성과 물려받은 이상들 사이의 갈등에서 나는 이성의 요구를 굳건히 따라야만 한다고 믿는다."[2]

이성이 요구하던 것은 강력한 대통령을 갖춘 공화국, 위대한 과거의 귀중한 유산을 보존할 준비가 되어 있는 신중한 실험적 체제, 그리고 무엇보다도 모든 계급을 서로 화해시킬 국가인 것처럼 보였다. 이러한 이성적 공화주의자들이 추론했듯, 과거 비스마르크 시대의 악의에 찬 반(反)사회주의적 정책은 계급 간의 조화를 좌절시켰다. 이제 계급 간의 조화는 사회민주주의자들의 과격한 웅변에 위협받고 있었다. 정부의 형태보다는 계급 간의 단합을 만들어내고 극단적인 정치적 대립을 방지하는 정부의 효율성이 한결 중요했다. 이 문제에 관하여 군주제를 사랑했던 마이네케는 군주제에 냉담했던 자유주의적 공학자

---

1   Friedrich Meinecke, *Briefwechsel*, p. 138.
2   부인에게 1918년 10월 5일 보낸 편지. *ibid.*, p. 95. 지크프리트 켈러 (Siegfried A. Kaehler) 에게 1919년 1월 말에 보낸 편지. *ibid.*, p. 335.

이자 기업가 로베르트 보슈Robert Bosch와 의견을 같이했다. 1923년 보슈는 "공화국 자체는 결정적인 문제가 아니다"라고 기술했다. 이전에는 "공화국이 우리에게 최선이라는 사실에 확신을 갖지 못하고 있다"고 고백한 바 있다. 그러나 "이제 우리는 공화국에 도달했기 때문에 공화국을 고수해야 한다는 것이 나의 견해"[3]라고 주장한 것이다. 이러한 분위기는 1920년대 내내 지속되었다. 이성적 공화주의자들에게 있어서 공화국이란 어떤 의미로는 귀족과 부르주아 독일인들이 받아 마땅한 벌이었다. 이것은 우익의 만행이나 좌익의 무책임보다는 훨씬 나은 것이었다. 공화국은 비록 정열을 얻어낼 수는 없다 할지라도 단결은 구해야 했다.

이렇듯 냉정한 합리주의에는 그 자체의 장단점이 있었으며, 그 합리주의는 탁월성보다는 결함을 찾아내기에 더 적합했다. 그것은 새로운 가능성에 대한 열정적 충성보다는 과오에 대한 냉정한 분석을 이끌어낼 가능성이 더욱 컸다. 또한 기묘하며 제한적인 의미의 마키아벨리주의를 조장했다. 즉 군부에도 그뢰너같이 교양 있고 온건한 장군들이 있지 않았을까[4] 하는 마음에 이성적 공화주의자들도 군부와 협력한다거나, 1930년 선거에서 나치가 승리함으로써 사회민주주의자들에게 "정치가답게" 되도록 강요하여 브뤼닝[5]과 합작하도록 만드는[6] 교훈적

---

3   Theodor Heuss, *Robert Bosch: Leben und Leistung*, 1946, p. 371을 참조.
4   펠릭스 길버트(Felix Gilbert)는 필자와의 대화에서 '그뢰너는 바이마르공화국에서 가장 과대평가된 인물'이라고 말했다. 이러한 견해가 마침내 공식적으로 기록되어야 할 시기가 도래했다.
5   하인리히 브뤼닝(Heinrich Brüning)은 독일 중앙당원으로서 1930년부터 1932년까지 바이마르공화국의 수상이었다.―옮긴이
6   마이네케는 자신의 딸과 사위인 자비네(Sabine)와 카를 라블(Carl Rabl)에게 1930년 10월 30일에 보낸 편지에서 1930년의 독일 정치에 대해 이렇듯 터무니없이 평가하고 있다. Friedrich Meinecke, *Briefwechsel*, p. 128.

가치를 발견하기도 했다. 이성적 공화주의자들은 현대성의 첫번째 교훈은 기꺼이 배우려 하였지만 두번째 교훈은 배우려 하지 않은 온건한 사람들이었다. 즉 그들은 제국에의 향수가 어리석은 것임을 인정했지만 공화국이 전적인 지지를 받을 가치가 있다거나 혹은 충분한 수의 훌륭한 사람들이 지지한다면 그런 가치를 얻으리라는 것을 이해하지 못했던 것이다.

이성적 공화주의자들의 지적 성향 자체도 당파를 만들거나 정강을 규정하는 것을 막았다. 실지로 이들 중 여럿은 짧았던 공화국 기간에 현저하게 변모했다. 그리고 그들 모두가 무력한 것은 아니었다. 이성적 공화주의자라는 이름이 그를 염두에 두고 만들어졌을 가능성도 있는 정치가인 구스타프 슈트레제만Gustav Stresemann은 독일 정치에서 적극적으로 중재자 역할을 했다.7 로비스트에서 정객으로, 정객에서 정치가로 슈트레제만의 변모는 끈질긴 현실의 압력 아래 확장된 이념의 꾸준한 성장이며, 통제되고 교육된 야망의 역사였다. 슈트레제만은 전형적인 독일인으로 출발하여 이례적인 독일인이 되었는데, 그가 자신과 비슷한 견해를 가진 사람들을 설득하여 탐색의 항해에 동참시키지 못한 것이 그의 비극이었으며 그 비극은 대부분이 그의 사후에 현실로 나타났다.

슈트레제만의 출신이나 초기 경력의 어느 곳에서도 이러한 잠재력을 찾아볼 수 없었다. 베를린의 부르주아 계급 출신인 슈트레제만은 자신의 배경에 대한 두드러진 애정을 유지하고 있었는데, 이 중산

---

7   이성적 공화주의자라는 명칭은 슈트레제만과 마찬가지로 독일인민당 일원이었던 빌헬름 칼(Wilhelm Kahl) 교수가 만든 것으로 보인다. Henry Ashby Turner, Jr., *Stresemann and the Politics of the Weimar Republic*, 1963, p. 112.

층 사람들은 독일의 고전을 읽고 더 고귀한 것을 갈망하긴 했지만 이들의 교육은 실무를 지향하는 것이었다. 1900년에 나온 그의 박사논문은 향수로 점철된 습작이었다. 아버지의 직업이었던 병맥주산업에 관한 논문으로, 소기업을 거대한 기업연합에게 위협받는 생활방식으로 묘사했다. 정계 진출 초기에 다시 아버지를 따라 제국과 독일 군국주의를 열광적으로 받아들였던 그는, 1848년의 혁명가들처럼 온건한 입헌주의를 지향하면서도 제국주의를 열렬히 지지하는 특수한 종류의 자유주의를 접하고 있었다. 제1차세계대전이 발발했을 때 제국의회에 있던 슈트레제만은 정부의 전쟁 목적에 그의 웅변으로 힘을 실어주었다. 그는 무비판적이고 지칠 줄 모르는 합병주의자로서 대부분이 벨기에 소유였던 아프리카의 방대한 식민제국을 요구했고 동유럽이 러시아로부터 분리되어 독일의 세력권 내에 종속되기를 주장했다. 그를 잘 아는 케슬러 백작은 이 당시의 슈트레제만을 인습적이면서 정치적 야심을 갖고 있고, 산업과 낡은 독일의 위선에 의해 타락한 슈테른하임의 매력 없는 극중 인물에 비유했다.[8] 독일의 붕괴와 혁명은 그를 실망시키고 불안하게 만들었다. 그가 새로운 정당인 독일국민당(Deutsche Volkspartei) 창당에 조력했을 때, 그와 그의 동료들은 계속적인 충성을 명백히 했다. 슈트레제만은 1919년 1월 6일, "나는 군주주의자였고 군주주의자이며 군주주의자로 남을 것"[9]이라고 기술했다. 군주주의자에 지나지 않았던 그의 정치노선은, 이제 불행한 혁명에 의해 세력을 얻고 굴욕적인 평화조약을 받아들인 바람직하지 못한 체제와의 협력

---

8   Kessler, *Tagebücher*, p. 396.
9   Turner, *Stresemann*, p. 30에서 재인용.

을 필요로 하게 되었다. 이러한 협력이 나라를 내란과 분할로부터 구출하여 과거로 회복될 수 있는 길을 열어놓게 될 것이었다. 1920년 카프 폭동 당시에 슈트레제만은 우익 폭동에 대해 사죄하면서 일종의 군주제를 위한 작업을 하고 있던 정치가 및 관리들과 긴밀한 관계를 유지했다.

그뒤 슈트레제만에게 어떤 변화가 발생했는데, 그 원인은 역사였다. 극적인 변화는 아니었기에 아마도 그는 변화의 과정을 자각조차 하지 못했을 것이다. 그의 당에서는 어느 틈에 오래된 충성심이 쇠퇴하면서 새로운 관계가 커가고 있었고 그것을 숨기려 했다. 슈트레제만의 변화는 당을 위해 점진적이고 정치적으로 적응하려는 의도된 방침이었을 것이다. 1919년에 이미 케슬러는 슈트레제만이 "문제 인물"[10]임을 예리하게 파악했다. 1923년 8월, 공화국의 수상이 된 날은 물론 그 이후에도 슈트레제만은 복고에 대한 집요한 희망을 암시하고 있었다. 그러나 바이마르를 옹호하는 그의 초기 발언에서 정치적으로 불성실성한 기미가 보였던 것만큼이나 후기의 왕당파식 발언 역시 피상적이었다. 극우파의 악행은 슈트레제만에게 바이마르의 장점을 가르쳐주었고 국내외 정치의 위기는 그를 책임 있는 정치가로 만들어주었다.

1923년 1월, 아르놀트 브레히트는 슈트레제만과 대화하면서 그를 설득하여 프랑크푸르트 성 바오로 성당(Paulskirche)[11]의 자유 혁명 75주년 기념식 계획에 동조하게 만들려 했다. 그 혁명에서 채택한 국기가

---

10   Kessler, *Tagebücher*, p. 138.
11   1848년 5월 1일 프랑크푸르트의 성 바오로 성당에서 독일 최초의 국회가 열렸다.—옮긴이

바이마르의 국기가 되었다.

"(이러한 기념식이 검정, 빨강, 노랑의 세 가지 색을 무대 중앙으로 가져다 놓을 것임을 즉시 알았기 때문에) 그가 주저했을 때, 우리는 그가 학생이 었을 당시 그 역시 3월의 희생자들을 위한 추념식에서 검정 빨강 노랑의 삼색기를 갖고 다녔다는 사실을 상기시켰다. 우리는 이것에 관한 신문철을 그에게 보여주었다. 그는 곧 웃으면서 진심으로 동의했는데, 특히 역사적 사실의 지지를 바탕으로 한 그 계획에 큰 관심을 가졌던 것이 확실하다. 그는 이것이 바이마르 연합 내각과의 적극적인 협력 정책에 기여하리라고 확신했다. 그곳에서, 그 순간에 슈트레제만은 감정적으로도 바이마르공화국을 지지하게 된 것이었다. 그는 그 이전 2년 동안 한편으로는 사회민주주의당의 몰락과 다른 한편으로는 장관들의 암살과 독재를 향한 탐욕 같은 것들이 원인이 되어 이성적 공화주의자가 되었던 것이다. 그러나 이제 그는 가슴으로부터 지지하게 되었고, 전략적 기회주의나 단순한 이성을 넘어서는 것이 작용하게 되었다. 우리가 그와 앉아 성 바오로 성당 사건을 이야기했을 때, 그는 갑자기 그해 3월에 죽어갔던 사람들을 추념하며 검정 빨강 노랑의 삼색기를 갖고 다녔던 젊은 이상주의자 학도로 되돌아간 것처럼 보였다. 민주공화국에 대한 은밀한 애착이 그의 눈에서 빛났다. 여전히 카프 폭동을 지원하며 빌헬름의 팽창정책을 지지했던 슈트레제만 1세는 오래전부터 죽어가고 있었다. 이제 더이상 단순한 이성적 공화주의자로서가 아니라 비록 자신의 당원들에게 솔직하게 말할 수는 없었다 할지라도 진심으로 싸우는 슈트레제만 2세가 태어났던 것이다."[12]

브레히트의 이러한 묘사는 어느 정도 감상적으로 들리지만, 이들 이성적 공화주의자에 대해서는 어느 누구도 결코 확실히 말할 수 없었다. 이들의 공화주의에는 자신들의 이성으로조차 알 수 없는 이유가 있었다.

II

이성적 공화주의자들은 그들의 이성을 화해를 위해 사용했다. 계급 사이의, 당과 국가 사이의, 독일과 다른 나라들 사이의 화해를 추구했으며 스스로는 공화주의에 만족하려 했다. 그러나 바이마르에는 지성적인 공화주의자가 아니라 공화주의적 지식인들이었던 다른 종류의 이성적인 사람들이 있었는데, 이들은 자신의 이성을 비판에 사용했다. 이들은 정부의 기밀, 무의식의 비밀, 역사의 전설 등을 폭로하려 하였다. 비스마르크를 포함하여 어떤 사실도, 어떤 인물도 이들로부터 예외가 될 수 없었다.

빌헬름 2세의 체제를 비판한다는 것은 새로울 것도 없었고 용기를 필요로 하는 것도 아니었으며, 사실상 황제를 속죄양으로 만드는 것이 유행했지만 공화국 시기에 와서는 비스마르크 자신도 공격을 받게 되었다. 유대인도 사회주의자도 아니었던 대학교수 요하네스 치쿠르슈

---

12   Arnold Brecht, *Aus nächster Nähe*, pp. 399~400.

는 1925년부터 1930년에 걸쳐 1871년에서 1918년까지 다룬 제국의 정치사를 출간했는데, 여기에서 그는 비스마르크의 권위주의를 공격하며 그의 업적에 뒤따른 재앙의 책임을 그에게 전가했다.[13] 바이마르 공화국은 여전히 비스마르크의 잔영 속에 있다는 그의 주장 이후로는 모든 것이 가능했다. 실로 당시에는 정통적 프로이트주의자였던 에리히 프롬Erich Fromm이 기독교 교리의 발생을 정신분석적으로 설명했다. 더 나아가 초기 기독교를 계급적 근거에서 "변명하려" 했던 트뢸치Ernst Troeltsch에게 프롬이 이의를 제기한 것은 치쿠르슈의 제3권이 나온 해이자 브뤼닝의 해였던 1930년이었다.[14] 그리고 탁월한 젊은 역사가 에카르트 케르Eckart Kehr가 1894년에서 1901년까지 고비의 기간 동안 독일 해군 정책의 국내 재정 출처를 더이상 비난할 수 없을 정도로 세부까지 냉혹하게 폭로했던 도발적인 박사논문 「전투 함대의 건조와 정당 정치Schlachtflottenbau und Parteipolitik」를 출간한 것도 역시 1930년이었다.

1933년 서른 살에 요절한 에카르트 케르의 비극적으로 짧은 생애는 공화국에서조차 이단자가 치러야 했던 비싼 대가를 설명해준다. 그의 가문에는 제국 후기 지식층의 유력 인물이 많았지만, 전쟁과 패배에 충격을 받은 그는 자신의 최측근이었던 프로이센의 보수주의에 반역했다. 케르의 경험과 성향은 내부자 출신이었던 그를 대학세계에서 자신을 인정해달라고 요구해야만 했던 외부자로 만들었다. 제국의 기

13   Johannes Ziekursch, *Politische Geschichte des neuen deutschen Kaiserreiches*, 3 vols., 1925~30.
14   *The Dogma of Christ and Other Essays on Religion, Psychology, and Culture*, 1966 ed., pp. 1~95.

업 지도자, 산업주의자, 외교 정책 입안가 사이의 긴밀한 관계를 다룬 그의 연구는 독일제국주의에서 독일의 사명에 대한 장엄한 생각보다는 이윤이 훨씬 더 중요한 동기였다는 결론으로 그를 몰고 갔다. 이 박사논문은 그에게 "혁명적 결과"를 가져왔다. 요컨대, "정치사와 철학"으로 출발한 그는 경건한 역사가들이 언제나 부인했거나 혹은 결코 알지 못했던 방식으로 사회구조와 경제적 이윤이 정치적 결정에 영향을 미친다는 것을 발견했다. 1920년대 말에 잇따라 신속하게 발표된 그의 소논문들도 박사논문만큼이나 폭로성이 강한 글이었다. 이 논문들은 신랄한 언어지만 결코 비난할 수 없는 박학다식함으로 프로이센 관료제의 성장, 제국 초기의 계급투쟁, 외교정책의 사회적·재정적 근거, 국방군의 사회학 등 민감한 문제들을 다루고 있었다.

케르의 동료 역사가들이 그를 어떻게 대해야 할지 알지 못했다는 것은 예상할 수 있다. 그의 논문은 주목을 받았고 그의 책에 경의를 표하는 훌륭한 서평이 몇 편 있기는 했지만 케르의 진정한 가치를 인정해주었던 자들은 몇 안 되는 독일의 젊은 학생들과 찰스 비어드Charles Beard 같은 미국의 진보적 역사가들이었다. 그 외에는 애국적 비난이나 우려에 찬 불신이 있었을 뿐이다. 헤르만 옹켄Hermann Onken은 케르를 역사학의 "무서운 아이(enfant terrible)"라고 불렀다. 케르의 스승이자 가장 강력하고 공정한 지지자들 중의 한 사람이었던 프리드리히 마이네케조차 심각한 불신이라기보다는 오히려 우호적인 경고를 담아 그에 대해 "모든 것을 이해하는 것은 곧 모든 것을 비판하는 것"이라고 믿었던 "완전한 허무주의자"[15]라고 말했는데, 이것은 물론 정곡을 찌

---

15   한스 울리히벨러(Hans-Ulrich Wehler)의 *Der Primat der Innenpolitik: Gesammelte Aufsätze*

른 말이었다.

III

케르는 독일 역사학계의 외로운 행동가, 황야의 늑대(Steppenwolf)
였다. 반대로, 모든 것을 이해하는 것은 곧 모든 것을 비판하는 것이라
는 명제를 케르처럼 내세웠던 동료 비판자들은 일반적으로 학교나 연
구소에 모여 온정, 상호 지원, 세련된 자기비판 등을 얻어내려 했다.
연구소의 설립이 특히 독일이나 바이마르공화국의 특징이 되어야 할
이유는 분명 없었다. 연구소의 목적을 설명하고 연구원을 자신들의 방
식대로 훈련시키며 이들이 연구한 것을 전파하려던 새로운 원칙은 때
때로 연구소를 고등교육의 옛 중심지와 분리시키거나 또는 느슨한 연
결만을 유지하도록 만들었다. 바이마르공화국 연구소들의 특징은 무
엇보다도 그 안에서 이루어진 업적의 질에 있었다.

이 연구소들은 유대인 비율이 높았다는 사실을 제외한다면 일견 공
통점이 별로 없는 것처럼 보인다. 함부르크의 바르부르크 문화사 도서
관(Kulturhistorische Bibliothek Warburg)은 외딴 곳에서 평온하게 작
업하고 있었고, 베를린의 정신분석연구소(Psychoanalytische Institut)

---

zur preussisch-deutschen Sozialgeschichte im 19. *und* 20. *Jahrhundert,* 1965, pp. 3~4의 서문. 케르의
연구가 미국으로 전파된 것은 바이마르의 업적이 미국의 지적 생활에 미친 영향을 보여주는 흥미
로운 예이다. 비어드는 독일인 사위인 알프레트 파크츠(Alfred Vagts)를 통해 케르에게 관심을 갖
게 되었다. 제2차세계대전 이후 프란츠 노이만은 컬럼비아대학교의 제자들에게 케르를 읽어보라고
충고했는데, 물론 그들은 충고를 따랐다. 그는 자신의 저서에서 케르의 논문들을 높이 평가하고 언
급함으로써 자신의 충고에 힘을 더했다. *Behemoth,* pp. 203, 206, 477, 488~9.

는 바르부르크 연구소와 마찬가지로 비정치적이었지만 정신분석협회의 회원들 사이에서 많은 반발을 일으켰다. 독일 정치학 전문대학(Deutsche Hochschule für Politik)은 당파를 초월하여 선의를 가진 모든 사람 사이의 의견합일을 확립하려 했는데, 공산주의자들과 나치만은 확실히 배제했다. 반면 프랑크푸르트의 사회조사연구소(Institut für Sozialforschung)는 바이마르가 사회주의로 이르는 중간역에 불과하다고 확신하던 헤겔 좌파의 구심점이었다. 그러나 이 모든 차이점에도 불구하고 이 둘은 근본적인 탐구에 전념했고, 인습에 젖은 전문가들에게는 불가능하거나 불경스럽게 보였던 관념들에 대해 개방적이었으며, 경건심을 배제하고 현대성을 냉정하게 추구하면서 과학을 통해 실재를 추구했다. 그 점에서 바이마르의 제도라기보다는 오히려 바이마르의 정신에 더욱 관심을 갖고 있던 이성의 진정한 공동체였다.

돌이켜보면 바르부르크 연구소는 바이마르 정신 최대의 영광이자 바이마르 정신을 가장 특징적으로 표현한 것이었는데, 반면 그 설립자는 충성스러운 군주주의자였고 연구소 자체는 한 인간의 개인적 산물로서 집착적 희망을 실현시킨 것이었다. 부유했고 학구적이었으며 특이할 정도로 예민해서 때론 정신병까지 이르렀던, 아비 바르부르크Aby Warburg는 서양문명 속의 고전 유물에 사로잡혀 있었다. 이러한 생각은 오랫동안 학자들의 관심을 끌어온 것이긴 하지만 그들에게는 바르부르크가 가졌던 절박성이나 세련된 판별력이 없었다. 그에게 고전주의의 정확한 형태나 그것이 르네상스에 미친 정확한 영향력은 메마른 학문적 문제가 아니라 거의 생사와 관련된 문제처럼 보였다. 파노프스키에 의하면, 그의 내부에는 "이성적인 것과 비이성적인 것 사이의 엄청난 갈등이 있었는데 이것은 몽상적인 구분이 아니었다. 그것은 찬란한 기지와 어두운 암울성, 가장 날카로운 이성적 비판과 가장 감정적인 봉사 정신의 매혹적인 결합을 그의 내부에 유발시켰다".[16] 바르부르크에게는 고전 유산의 범위가 고요한 사원이나 라틴어 시 정도가 아니었다. 그 고전 유산의 완전한 범위를 인식하는 것이 그의 특유한 업적이었다. 나는 그가 고전 유산을 다시 경험했다고 말하고 싶을 정도이다. 여기에는 밝고 어두운 면이 모두 있었으니 그 유산에는 조각과 시뿐만 아니라 미신 같은 신앙과 주술 의식도 포함되었다. 바르부르크의 귀감이었던 부르크하르트Jakob Christoph Burckhardt, 니체Friedrich Wilhelm Nietzsche, 우제너Hermann Usener 등이 문제를 설정하고 그 해결책을 시사해주었다. 고전 유산에 관한 연구는 문화사에 대한 광범위한 견해와 디오니소스 방식의 삶에 대한 존중은 물론 인간의 종교 경험에 대한 긴밀한 관심이 필요하다는 것이었다.

30년 동안 바르부르크는 여행을 했고, 르네상스와 종교개혁 시대의 예술과 사상에 관해 고도로 독창적인 논고를 집필했으며, 감명적일 만큼 다양한 장서를 수집했다. 1918년 패전과 함께 병에 걸린 그는 건강이 악화되어 2년 후에는 스위스의 요양소로 가게 되면서 신설된 함부르크대학과 제휴를 맺고 있던 그의 도서관을 프리츠 작슬Fritz Saxl에게 맡겼다. 작슬과 에르빈 파노프스키는 대학에서 교직을 맡고 있었지만 저술과 교육의 대부분을 바르부르크 도서관에서 했으며, 이 도서관은 훗날 일반 보급을 위해 인쇄하는 월례 강좌와 다른 출판물을 통해 곧 광범위한 명성을 얻게 되었다.

16   Erwin Panofsky, 'A. Warburg', *Repertorium für Kunstwissenschaft*, LI, 1930, p. 3.

에른스트 카시러Ernst Cassirer와 이 연구소의 관계는 이곳의 작업방식을 보여준다. 이미 저명한 철학자였던 카시러는 함부르크대학의 철학과 학과장을 맡게 되었다. 그는 1919년 10월에 함부르크로 옮겨왔으며 그 이듬해에 바르부르크 도서관을 보러 갔다. 다른 곳과 마찬가지로 이 당시의 함부르크 역시 혼란스러웠다. 프리츠 작슬은 후에 "비록 독일이 전쟁에 졌지만 분위기는 희망으로 가득차 있었다. 물질적 세력의 붕괴는 지적 분야에서 강력하고 바람직한 반동을 만들어냈다"고 술회했다. 함부르크대학의 신설과 카시러의 취임은 확실히 이러한 반동의 일부였다. 카시러는 "젊은 예술 교수들의 위엄을 더욱 높여주었으며, 전쟁 기간의 수많은 기만 끝에 찾아온 진리와 학문을 열망하면서 그의 강의를 들으러 오는 학생은 계속 증가했다". 카시러는 이런 분위기 속에서 바르부르크 도서관을 방문했다. 작슬은 다음과 같이 회상하고 있다.

"도서관의 책임자로서 나는 카시러를 곳곳에 안내했다. 정중한 방문객이었던 그는 내가 철학에 관한 책을 점성술, 주술, 민속에 관한 책 옆에 배치하고, 예술 부분은 문학, 종교, 철학 부분과 연결시켜놓은 바르부르크의 의도를 설명할 때 주의깊게 듣고 있었다. 바르부르크에게 있어서 철학 연구는 이른바 원시적 정신과 분리될 수 없는 것이었으며 또한 종교, 문학, 예술 속의 형상 연구와도 분리될 수 없었다. 이러한 개념은 서가의 책들이 비정통적으로 배열됨으로써 표현되었다.

카시러는 즉시 이해했다. 그러나 떠날 채비가 되었을 때, 그는 예의 친절하고 명확한 방식으로 말했다. '이 도서관은 위험합니다. 나는 이

도서관을 완전히 피하거나 아니면 몇 년 동안을 이 속에 묻혀 있어야
할 것 같습니다. 여기에 내포되어 있는 철학적 문제는 나의 문제와 유
사합니다만 바르부르크가 수집한 구체적인 역사 자료는 압도적입니
다.'"17

그러나 이것은 도서관을 거절한 것이 아니라, 그 서가에 확실히 있었
던 방대한 증거 자료로 인해 당시 진행중이던 자신의 저술이 압도당하
는 것을 막으려던 방편이었다. 당시 그는『상징 형식의 철학*Philosophie der
symbolischen Formen*』제1권을 집필중이었는데, 이것은 바르부르크의 철학적
사고와는 완전히 별도로 진행된 것이었음에도 불구하고 대체로 일치
했다.

　카시러의 저항은 오래가지 않았다. 그는 연구소로 되돌아왔고 많은
저술을 남겼다. 바르부르크 연구소에서 출간된 최초의 저술이 1922년
에 나온 카시러의『신화적 사유의 개념 형식*Die Begriffsform im mythischen Denken*』
이었다는 사실은 아주 당연한 일이었다. 실로 1920년대 카시러 최고
의 업적, 즉 상징 형식의 철학 세 권, 언어와 신화에 관한 논고, 바르부
르크에게 헌정된 르네상스 철학에 관한 대작은 모두 이 연구소의 후
원 아래 이루어졌다. 그는 홀로 연구하지 않았다. 생산적인 예술사가,
철학자, 문헌학자 들에게 둘러싸여 있었다. 에두아르트 노르덴Eduard
Norden의『어린이의 탄생*Die Geburt des Kindes*』, 퍼시 슈람Percy Schramm의『황
제와 로마와 혁신*Kaiser, Rom und Renovatio*』, 파울 레만Paul Lehmann의『중세의

17　Fritz Saxl, 'Ernst Cassirer', *The Philosophy of Ernst Cassirer*, ed. Paul Arthur Schilpp, 1949,
pp. 47~8. 확인하려면, Toni Cassirer, *Aus meinem Leben mit Ernst Cassirer*. 1950, pp. 106 ff.를 참
조할 것.

유사 고전문학*Pseudo-antike Literatur des Mittelalters*』, 에르빈 파노프스키의『관념 *Idea*』『뒤러의 '멜랑콜리 *I*'*Dürers 'Melancolia I'*』『기로의 헤라클레스*Hercules am Scheidewege*』 등은 이제 각기 그 분야의 고전인데, 모두가 바르부르크 연구소의 업적이었다.

바르부르크 방식의 엄격한 경험주의와 학문적 상상력은 1920년대에 독일의 문화를 야만화시키려 위협했던 천박한 반지성주의와 통속적 신비주의에 정면으로 대립되는 것이었다. 이것이 바이마르의 전성기였다. 아테네는 알렉산드리아의 손에서 거듭 회복되어야만 한다는 바르부르크의 유명한 표현은 연금술이나 점성술과 고투를 벌이던 르네상스를 이해하기 위한 예술사가의 처방을 넘어서는 것이었다. 그것은 비이성에 의해 위협받고 있는 세계 속 삶을 위한 철학자의 처방이었다. 바르부르크를 잘 알고 있던 한 사람은 "바르부르크는 이성의 능력을 믿고 있었다. 그는 고대 악마성의 유산을 잘 알고 있었다는 바로 그 사실 때문에 계몽주의자(Aufklärer)였다. 레싱*Gotthold Ephraim Lessing*의『라오콘*Laocoön*』은 그의 청년시절에 지대한 영향을 미쳤으며, 그는 18세기의 독일 계몽사상에 깊은 고마움을 느끼고 있었다"[18]고 말했다.

그러나 바르부르크 연구소의 영향은 심오했지만 제한적이었다. 생존자들은 모두 그 연구소가 고요하게 고립되어 있었다고 증언한다. 문화적 볼셰비키들(Kultur-Bolscheviken)을 추적하던 독일의 우익은 성 아우구스티누스의 세계관, 중세 백과사전의 내용, 뒤러의 판화에 대한 도상학 등에 관련된 바르부르크 연구소의 출판물 속에서 의심이 가는

18 Gerturd Bing, *Aby M. Warburg*, 1958, p. 29. 바르부르크의 표현에 대해서는 그의 논문 'Heidnisch-antike Weissagung in Wort und Bild zu Luthers Zeiten', 1920, *Gesammelte Schriften*, 2 vols., 1932, II, pp. 491~2, 534를 볼 것.

어떤 자료도 찾지 못했다.

　다른 종류의 신화 연구자들인 정신분석학자들의 상황은 달랐는데, 이들이 연구하던 신화란 때로는 그렇게 인정되지 않았다 할지라도 모든 사람의 소유물이었기 때문이다. 국제정신분석협회의 지부로서 1910년에 출발한 베를린의 정신분석 연구소는 1920년에 임상과 실습 설비를 완비하고 독립했는데, 프로이트Sigmund Freud가 인정하듯 잘 훈련된 분석가들의 집단 조직을 위해 내린 용단이었다.[19] 산도르 라도 Sandor Rado, 프란츠 알렉산더Franz Alexander, 카렌 호나이Karen Horney, 오토 페니헬Otto Fenichel, 멜라니 클라인Melanie Klein, 빌헬름 라이히Wilhelm Reich 등 이곳에서 훈련시킨 인물들의 이름으로 평가하건대 이 연구소는 바이마르 문화의 대단한 특징이었던 흥분 상태를 공유하고 있었으며, 설립자 막스 아이팅톤Max Eitington, 수석 훈련분석가 한스 작스Hanns Sachs, 창의적인 이론가 카를 아브라함Karl Abraham은 이들이 훈련시킨 정신분석가들에 못지않게 주목할 만했다. 이 학교는 엄격했으며 경직되어 있었다. 베를린에서 한스 작스에게 정신분석을 받은 루돌프 뢰벤슈타인 Rudolf Loewenstein은 이 학교가 "냉랭하고 대단히 독일적"임을 알았다. 그러나 이러한 모든 의구심에도 불구하고 뢰벤슈타인조차도 "진정한 경험주의자"인 작스는 훌륭하며, "훌륭한 선생"이자 "비범하게 지적인 인물"인 라도는 총명하다고 생각했다. 그리고 베를린 지방의 인재들에 의해 발생했던 자극에 더해 정신분석의 창시자인 프로이트가 베를린을 방문했던 잊을 수 없는 경험이 있었다. 프로이트가 마지막으로 참

19　Sigmund Freud, 'The Resistances to Psycho-Analysis', 1925, *The Standard Edition of the Complete Psychological Works of Sigmund Freud*, XIX, 1961, pp. 213~24.

석했던 1922년의 베를린 정신분석학회 총회에서 그는 「무의식에 관한 몇 가지 소견」이라는 논문을 읽었는데, 이것은 참석했던 사람들 모두가 결코 잊을 수 없는 것이었다. 뢰벤슈타인은 프로이트가 "전혀 새로운 접근, 즉 정신분석의 혁명"인 "초자아, 자아, 이드"의 "구조적 이론을 도입"한 것은 이 논문에서였다고 상기했다. 뢰벤슈타인은 이 강의가 "내가 평생 동안 경험한 미학적, 과학미학적 경험 중 가장 위대했던 것 중의 하나"라고 말했다.[20]

아무리 훌륭하다 할지라도 이러한 경험은 소수의 무리에 국한되어 있었다. 다른 곳에서와 마찬가지로 독일에서도 정신분석은 상당히 의심스럽게 여겨졌다. 어쩌면 독일에서 그 정도가 더했을지도 모른다. 정신분석학이 적대적인 동업자들의 호의적인 관심을 얻게 된 것이 전쟁 때문이라는 사실은 너무도 역설적이다. 정신병리학자들은 전쟁 신경증에 걸린 병사들을 다시 전쟁터에 보낼 수 있도록 신속히 치료하기 위해 독일의 정신분석가들에게 접근하였는데, 아브라함은 이러한 실용적 목적을 가진 접근이 달갑지 않았다. 그는 프로이트에게 다음과 같은 편지를 보냈다. "나는 순전히 실용적 동기 때문에 정신분석이 갑자기 유행되어야 한다는 생각을 좋아할 수 없네. 우리는 단지 입에 발린 말만을 하고 후에는 정신분석가를 자처할 수많은 동료들을 곧 얻게 될 것이야." 그는 단호하게 "외부자로서 우리의 위치는 당분간 계속될 것"[21]이라고 결론지었다.

20   Rudolf Loewenstein, 'The Reminiscences of Rudolf M. Loewenstein', Oral History Collection, Columbia University, 1965, pp. 19~25.
21   1918년 10월 27일 아브라함이 프로이트에게 보낸 편지. Karl Abraham, *A Psycho-Analytical Dialogue: The Letters of Sigmund Freud and Karl Abraham, 1907-1926*, eds., Hilda C. Abraham

변화의 조짐은 별로 없었지만 아브라함은 이것을 모두 낙관적으로 받아들였다. 그는 때때로 정신분석가들의 회합에 연사로 초빙되었고, 1920년에는 피셔출판사(Fischer Verlag)의 정평 높은 월간지 〈새로운 전망Die Neue Rundschau〉에 정신분석의 일반원리를 자세히 설명하는 긴 논문을 싣기도 했다. 1919년 10월, 아브라함은 프로이트에게 "베를린은 정신분석을 갈망하고 있다"[22]고 말했다. 그러나 그 갈망은 침묵 속에 사라졌다. 아브라함이 베를린대학의 정신분석학 객원교수로 임명될 것이라는 풍문이 한동안 떠돌았지만 프로이트가 예견했듯 아무 일도 일어나지 않았다. 뢰벤슈타인의 기록에 의하면, "지식인들과 자유로운 진보적 인사들은" 대단한 지지는 아니라 할지라도 "어느 정도의 관심을 갖고" 정신분석학을 바라봤던 반면 일반 대중의 태도는 여전히 적대적이었다. 정신분석을 연구하고 시술했던 의대생들과 젊은 의사들은 좋은 자리를 얻지 못하거나 혹은 기존의 자리를 잃을까 두려워 그 사실을 자신들만의 비밀로 했다.[23] 정치적 파벌을 초월해서 많은 지식인들의 불신 역시 계속되고 있었다. 역사가이자 수필가, 시인, 점잖고 지적인 보수주의자였던 리카르다 후흐Ricarda Huch는 괴테상의 수상자로 프로이트의 이름이 제안된 회의에 참석했었음에도 불구하고 그것을 "완전히 망각할" 정도로 대단히 적대적이었다. 이것은 프로이트를 제압하기 위하여 프로이트식 방법이 이용된 흥미로운 경우이다.

& Ernst L. Freud, tr. Bernard Marsh & Hilda C. Abraham, 1965, pp. 279~80.

22 1919년 10월 19일 아브라함이 프로이트에게 보낸 편지. *ibid.,* pp. 292, 299~300, 305. 아브라함의 논문은 'Die Psychoanalyse als Erkenntnisquelle für die Geisteswissenschaften', *Neue Rundschau*, XXXI, part II, 1920, pp. 1154~74.

23 'Reminiscences of Loewenstein', p. 32.

한 정신병리학자가 후흐에게 "프로이트에 관해 프로이트에 반대하는" 책을 보냈을 때 그녀는 이 책이 "대단히 훌륭하지만" 충분히 날카롭지는 못하다고 여겼다.[24] 좌익에서도 에카르트 케르는 정신분석이 순응을 유도하고 현실적 사회문제로부터의 도피를 초래하는 부르주아 이념이라고 비난했다.[25]

그러나 뢰벤슈타인에 의하면, 시간이 지남에 따라 프로이트의 가르침에 개방적인 자유주의자들과 진보 성향인 지식인들이 늘어났다. 펠릭스 길버트Felix Gilbert는 프로이트로부터 빌려온 무의식과 아버지 상 및 다른 개념들을 강조하고 있는 클라이스트Heinrich von Kleist의 연극이 공연되었던 것을 기억하고 있으며, 그와 그의 동료들은 프로이트와 융 Carl Gustav Jung을 진지하게 읽었다. 그는 "프로이트가 우리의 '일상 대화' 였다"고 기술했다. "이 당시 독일에는 개업을 한 정신분석의는 얼마 없었지만 중요한 지적 사건으로서의 프로이트가 그 모든 지식층에 깊이 침투해 있었던 것은 확실하다." 1929년, 파울 틸리히Paul Tillich는 "프로이트가 주도한 무의식의 철학"이 "나날이" 그 영향력을 증대시키고 있다고 단언했다.[26] 다음해에 베를린 연구소는 그 첫 10년간의 업적을 상세히 설명하면서 강사들의 이름을 나열하고 그 학과 과정을 분석했으며 약간은 고지식하게 치료된 사람들의 백분율 통계를 제시한 소책자를 자랑스럽게 내놓았는데, 여기에는 베를린 연구소의 세 가지 기능

24   Marie Baum, *Leuchtende Spur: Das Leben Ricarda Huchs*, 1950, pp. 329~30, 335~6.
25   Rudolf Loewenstein, 'Neuere deutsche Geschichtsschreibung' (1932년 시카고대학에서 있었던 강좌였다), in *Der Primat der Innenpolitik*, pp. 254~68.
26   Paul Tillich, 'The Protestant Message and the Man of Today', in *The Protestant Era*, ed. & tr. James Luther Adams, 1951, p. 190.

을 짧고 명료하며 우아하게 묘사한 프로이트의 인상적인 머리말이 실려 있었다.

"첫번째 기능은 정신병으로 고통받고 있지만 치료비를 감당할 수 없는 수많은 사람들이 부자들이나 다름없이 우리의 치료법을 이용할 수 있게 만드는 것이다. 두번째는 정신분석이 이론적으로 교육될 수 있고 동시에 노련한 분석가들의 경험이 배움을 갈망하는 학생들에게 전달될 수 있는 장소를 개설하는 것이다. 그리고 마지막으로 새로운 상황에서의 적용과 실험을 통해 신경증에 대한 우리의 지식과 치료 기술을 완성시키는 것이다."[27]

이러한 모든 것은 전도가 유망했지만 이에 대한 이해는 깊어지지 않았다. 그 원인은 특히 전문가들 사이의 논쟁이나 널리 퍼져 있던 대중적 무지에 있었는데, 교육받은 사람들조차도 프로이트와 아들러Alfred Adler 와 융 사이의 차이점을 쉽게 구분하지 못했다. 그들은 종교를 부인한 프로이트보다는 정신성이 있다고 생각되던 융을 선호했다. 에른스트 로베르트 쿠르티우스Ernst Robert Curtius가 지적하듯, 이것은 단지 최종적 형태의 계몽주의적 사고까지 극복하고 난 뒤에야 극복할 수 있었던 프로이트의 자연주의적 유산이었다.[28] 쿠르티우스는 탁월하고 명민한 학자였다. 이 논평이 명확히 설명해주듯, 소수의 엘리트는 차치하고, 최소한 심오한 심리학에 있어서 외부자는 외부자로 남아 있었다.

---

27 *Zehn Jahre Berliner Psychoanalytisches Institut* (*Poliklinik und Lehranstalt*), ed. German Psychoanalytical Society, 1930, p. 5.
28 Ernst Robert Curtius, *Deutscher Geist in Gefahr*, 1932, pp. 24~5.

IV

　예술사가나 정신분석가와는 달리 정치학에 종사하던 바이마르공화국의 지식인들은 도전적이라고 말하고 싶을 만큼 직접적이고 의도적으로 공화국의 정치적 삶에 개입하여 그 방향에 영향을 미치려 했다. 정확하게는, 그 방향을 설정하는 사람들에게 영향을 미치려 했다.

　정치학은 독일제국의 희생물이었다. 1850년대와 1860년대에 독일의 정치학(Staatswissenschaft)은 비교 정부론과 공공 행정학에서 선구적인 업적을 남겼다. 그러나 비스마르크의 제2제국의 출현과 함께 정치학자들은 다른 자유주의자들처럼 정치학에서 비교적 덜 위험한 분야인 공법에 집중하게 되었는데, 이에 따라 자유로운 지식인이라기보다는 복종적인 관리들이 양성되었다. 프란츠 노이만Franz Neumann은 후에 미국적인 관점에서 "사회적 정치적 현실에 대한 연구는 독일의 대학 생활에서 실질적으로 어떤 위치도 차지하지 못했다. 학문은 두 가지를 의미했는데, 사색과 도서 연구였다. 따라서 우리가 사회학, 정치학이라고 부르는 것들은 대체로 대학 외부에서 수행되었다"고 기술했다. 물론 한 명의 예외는 있었다고 노이만은 덧붙이고 있다. 막스 베버 Max Weber가 바로 그 인물인데, 그는 "방대한 양의 자료에 숙달했고 결합된 이론적 체계를 갖고 있었으며 동시에 학자의 정치적 의무감을 충분히 인식하고 있었던 독특한 인물이었다". 그러나 베버는 독일 국내에서 큰 영향력을 끼치지 못했다. "거의 전적으로 베버의 방법론에만 논의를 집중함으로써 실질적으로 베버를 파괴시킨 것이 독일 사회과학의 특징이었다. 경험적 연구에 대한 그의 요구나 학자의 의무에 대한 그의 주장 중 어느 것도 주목받지 못했다." 노이만은 "베버가 실제로 소생한 것은 미국에서였다"고 의미심장하게 결론 내렸다.[29]

개혁을 위한 추진력은 간절한 현실적 필요로부터 나왔다. 정치가와 대중 모두의 정치적 무지에 충격받은 몇몇 독일의 정치평론가, 역사가, 공공 관리 들은 1914년 이전에는 물론, 제1차세계대전 기간에 특히 개혁의 필요성을 절실히 느끼고 파리의 정치학 학교(École Libre des Sciences Politiques)로 관심을 돌렸는데, 이들은 이 학교가 1871년 프랑스 궤멸 이후 "지적, 민족적 재건"의 중심지라고 믿었다.[30] 프리드리히 마이네케, 프리드리히 나우만Friedrich Naumann, 공화국의 문화교육부 장관이 되었던 카를 베커Carl Becker, 외무부의 고위관리이자 높은 교양을 지녔던 리하르트 폰 퀼만Richard von Kühlmann, 정력적이고 설득력 있는 언론가 에른스트 예크Ernst Jäckh 등은 정치에 익숙하지 못한 독일인들에게 어떻게 정치의 실재를 가르칠 것인가를 찾으려 했다. 이들은 아낌없는 자선활동으로 자신의 진보적 확신을 유지해나갔던 로베르트 보슈를 설득했고, 1918년 초에는 나우만을 교장으로 하여 공민학교(Staatsbürgerschule)를 설립했다. 나우만이 수사법을 제공했다. 독일인들은 공직 생활자들에 의해 마련되어야 할 "정치학 교육"을 필요로 했다. 즉 주입이나 구호가 아닌 통찰을 제시할 훈련을 필요로 했다. "국민들은 정치적 사회적 진실과 명확성을 갈망하며" 국가나 개인 기부자로부터 자유로운 학교가 이 갈망을 충족시켜야 한다고 그는 논했다.[31]

1919년 8월 나우만이 사망한 후에는 에른스트 예크가 그 뒤를 이었

29   Franz Neumann, 'The Social Sciences', pp. 21~2.
30   Ernst Jäckh, Weltstaat: Erlebtes und Erstrebtes, 1960, p. 82.
31   Theodor Heuss, *Friedrich Naumann: Der Mann, das Werk, die Zeit*, 1937, pp. 538~42.

다. 그러나 전쟁 말기에 전선에 출정한 외아들이 첫날 부대 내의 유일한 희생자가 되었고, 아들을 잃은 예크는 커다란 비탄 속에서 싹튼 야심찬 계획을 갖고 나우만의 '정치학교'를 독일 정치학 전문대학으로 바꾸어놓았다. 1920년 10월 120명의 학생으로 간소하게 출발한 이 학교는 공화국의 마지막 해인 1932년에 이르면 재학생이 2,000명 이상에 달하는데, 이들 중 500명 이상이 정식으로 입학한 사람들이었다. 교과과정은 경험을 통해 점차 개선되었다. 대외 강좌나 세미나와 함께 정규적인 학사과정이 있었다. 전임과 시간제 교수진 모두가 최고 수준에 열성적이었다. 교수진 중에는 철학자 막스 셸러Max Scheler도 있었고, 테오도어 호이스Theodor Heuss는 5년 동안 이 학교의 초대 학장을 지냈다. 아르놀트 볼퍼스Arnold Wolfers와 한스 지몬스Hans Simons는 정치학을, 알베르트 잘로몬Albert Salomon은 사회학을 가르쳤다. 지그문트 노이만Sigmund Neumann은 신문 문서보관소를 책임졌다. 당시 베를린의 노동조합 법률가였던 젊은 프란츠 노이만은 임시 강사였다. 처음부터 이 학교는 외국 학자나 기관과의 유대 관계를 강화했다. 1920년대에 찰스 비어드, 니컬러스 머리 버틀러Nicholas Murray Butler, 구치G.P.Gooch, 앙드레 지그프리트André Siegfried 등이 연구를 위해 이 학교를 방문했다. 1931년에는 하이델베르크에 있던 하요 홀본Hajo Holborn이 와서 카네기 기금으로 설립된 역사와 국제관계 강좌를 맡았다.

교과목은 넓은 의미의 정치과학에 집중되어 정치사, 정치사회학, 외교정책, 국내정책을 비롯해 언론에 관한 강의를 포함하는 "문화정치학"과 정치의 법률적, 경제적 기초에 관한 이론 등이 있었다. 시기와 장소에 있어서도 정치학 전문대학의 출발은 급진적이었다. 즉 이

학교는 야간학교로 출발했고 이전에는 결코 고등교육을 누릴 수 없었던 사람들을 계속 불러들였다. 다양한 국적의 외교관과 유학생은 물론 노동조합 임원, 사무직 노동자, 언론인 등이 수강했다. 전통적으로 고등교육기관은 선망받는 졸업장인 아비투어(Abitur)를 지닌 김나지움(Gymnasium)의 졸업자만을 받아들였다. 그러나 1930년이라는 시간 자체도 혁명적인데, 이때에 이르면 정치학 전문대학 학생 중 3분의 1만이 김나지움의 졸업생이었고, 다른 3분의 1은 소위 이급 자격증(Sekundareife)만을 획득한 채 김나지움을 2년 일찍 떠난 자들이며, 나머지 3분의 1은 보통 어떠한 학술적 훈련도 받을 수 없었던 일종의 하급교육기관인 국민학교(Volksschule) 즉 무료 중등학교를 다녔을 뿐이었다. 그리고 이 전문대학은 급진적인 독립성을 가졌다. 평의회는 독일 정부로부터 예산의 20% 미만을, 프로이센 정부로부터는 건물만을 지원받았다. 그리고 고위 관리 알프레트 후겐베르크Alfred Hugenberg의 지배 아래 있던 일단의 기업가들이 학사 계획을 조정하고 그 책임자로 보수 혁명의 역사가 마르틴 슈판Martin Spahn을 지명하는 조건으로 학교를 아낌없이 후원하겠다고 제의했을 때에도 평의회는 이를 거절했다. 1933년 요제프 괴벨스Joseph Goebbels가 이 전문대학을 자신의 감독하에 두어야 했던 것은 당연한 일이었다.[32]

독일 정치학 전문대학은 이 학교의 자율성을 양보하는 유대가 아니라 정책 형성에 자발적으로 참여하기 위해 의도적으로 추진된 정부 고위 관리와의 유대 관계를 유지했다. 그 목적은 당파를 넘어 도약하려는 것이었다. 그 정규 교수들 중에는 "젊은 보수주의자" 막스

---

32   Jäckh, *Weltsaat*, p. 88.

힐데베르트 뵘Max Hildebert Boehm이 있었는데 그의 전공은 독일 국민의 정치(Deutschtums-politik), 즉 베르사유에서 정해진 국경선과 그 너머에 있는 독일인들에 관한 연구였다. 단적으로 그것은 회복주의(irredentism)를 가리키는 것이었다. 독일 정치학 전문대학은 부르주아 자유주의라는 근거 위에 서 있었다. 많은 독일인에게 이것은 지나치게 급진적이었다. 그렇지만 프랑크푸르트 사회조사연구소의 정치학자와 정치 이론가들에게는 그리 급진적으로 보이지 않았다. 왜냐하면 이 연구소는 마르크스주의자들에게 확고히 장악되어 있었기 때문이다.

이 연구소는 망명중에 국제사회연구소(International Institute of Social Research)라고 불리게 되었는데, 1930년대 중엽에 미국 독자들을 위해 쓴 이 연구소의 온건한 역사에는 "마르크스", "변증법", "계급투쟁"과 같은 불쾌한 단어들은 물론, "부르주아" 같은 단어조차 나타나지 않아서 우리는 이 연구소의 교수들을 베르톨트 브레히트의 작중인물이나 브레히트 자신과 비유하고 싶은 생각이 들 지경이다. 즉 관객이 듣기를 원하고 관객이 받아들일 준비가 되어 있다고 판단한 것만을 말했던 것이다. 여기에는 의심의 여지가 없는데, 프랑크푸르트 연구소는 철저한 헤겔 좌파였기 때문이다. 몇몇 개인기금으로 1923년에 설립되어 프랑크푸르트대학교와 연계되어 있던 이 연구소는 1924년 노련한 사회주의자 카를 그륀베르크Carl Grünberg가 책임을 맡기 전까지는 실제적인 활동을 하지 않았다. 사회문제연구소의 취임 축하 연설에서 그륀베르크는 연구 기관으로서의 기능을 힘주어 강조했는데, 그의 솔직한 논리에 따르면 그것이 혁명적인 기능이었던 것이다. 그는 대부분의 연구소가 "관료(mandarins)", 즉 공무원만을 양성한다고 논했다. 이것은 이해할 만하고 올바른 지적이었다. 즉 국가는 충복을 필요로 했다. 그러나 프랑크푸르트 연구소에서는 국가의 충복이 아닌 연구자를 양성할 것이라고 그는 주장했다. 또한 연구의 역할을 강조하고 교육이나 기술적 훈련의 역할을 축소함으로써 이 연구소는 학생들의 비판 능력을 무디게 하는 것이 아니라 연마시킬 것이며, 이들에게 세계를 이해하도록 가르치고 그 이해를 통해 세계를 변혁시키도록 가르치겠다는 것이었다. 그륀베르크는 세상에는 서구의 몰락에 대해 수다를 떨고 있는 비관주의자들이 있다고 말했다. 그러나 단지 새로운 사회적 질서가 오리라고 "믿고 바라고 희망할" 뿐만 아니라, 이러한 질서는 "사회주의"일 것이며 지금이 "자본주의로부터 사회주의로 전환"할 시기라고 "과학적으로 확신하는" 사람들이 많고 "그런 사람들의 숫자와 영향력은 꾸준히 증가하고 있다"는 것이다. 그륀베르크는 덧붙여 말했다. "주지하다시피 나 역시 이러한 견해를 갖고 있다. 나 역시 역사적으로 구시대적인 경제적·사회적·법제적 질서의 반대자 중 한 사람이며 마르크스주의 지지자 중 한 사람이다." 확실히 그륀베르크는 자신의 마르크스주의가 한 당파나 독단에 헌신하지 않을 것임을 청중에게 재확인시켰다. 즉 학생들은 자유로울 것이었다. 그러나 시급한 사회문제에 대해 이 연구소가 제공할 해결책이 마르크스주의에 따를 것임에는 의문이 있을 수 없었다.[33] 이보다 더 확실한 것은 없었다.

공인된 급진주의에도 불구하고 재임 기간 중 그륀베르크의 업적은 그의 후임자 막스 호르크하이머Max Horkheimer의 업적에 비해 덜 효과

---

33   Carl Grünberg, *Festrede, gehalten zur Einweihung des Instituts für Sozialforschung...Juni 22, 1924*, Frankfurter Universitätsreden, XX, 1924.

적이었다. 호르크하이머는 그륀베르크가 숙환으로 은퇴한 후인 1931
년에 이 연구소의 책임자가 되었다. 그륀베르크 재임 기간에 연구소의
후원 아래 두 권의 중요 저서가 발간되었는데, 그 하나는 이 연구소의
미국판 도서목록에는 『자본주의체제의 축적법칙*The Law of Accumulation in the
Capitalist System*』이라는 덜 도발적인 제목으로 되어 있는 헨리크 그로스만
Henryk Grossmann의 『자본주의체제의 축적과 붕괴 법칙*Das Akkumulations-und
Zusammenbruchsgesetz des Kapitalistischen Systems*』이었고, 다른 하나는 프리드리히 폴
로크Friedrich Pollock의 『소련의 계획 경제 시도, 1917~1927*Planwirtschaftlichen
Versuche in der Soviet Union, 1917-1927*』이었다. 두 책 모두 1929년에 발간되었다.
호르크하이머는 속도를 높였다. 그의 취임 연설은 전임자의 취임 연설
과 비교하면 이솝 우화 같았지만 주의깊은 청중에게는 충분한 실마리
를 제공했다. 호르크하이머에 의하면, 그륀베르크는 주로 "노동운동의
역사"를 구축해 훌륭한 장서를 수집했다. 그러나 새로운 임무가 앞에
놓여 있었다. 사회철학은 단순한 지적 논쟁을 넘어서 실제적 효용성을
향해 나아가야 한다. 이것은 "철학자, 사회학자, 경제학자, 역사학자,
심리학자 등이 지속적으로 협력하며 참여할 수 있는, 경험적 연구로의
전환을 통해서만 이루어질 수 있"을 것이었다.[34]

호르크하이머는 이것이 주어진 사실을 그대로 받아들이는 수동
적 경험주의가 되지는 않을 것임을 암시했다. 사회의 경제적 생활,
개인의 심리적 발전, 문화생활의 변화 사이의 관련성에 대한 이해를
요구하는 것은 물론 헤겔에 대한 거리낌없는 언급과 함께, 형이상학

---

[34]   Max Horkheimer, *Die gegenwärtige Lage der Sozialphilosophie und die Aufgaben eines
Instituts für Sozialforschung*, Frankfurter Universitätsreden, XXXVII, 1931.

적 독단이나 철학적 변명의 배격은 그륀베르크가 선언했던 마르크스주의가 프랑크푸르트 연구소에서 포기되지 않을 것임을 명백히 해주었다.

호르크하이머의 정확한 의미가 어떤 것이었든 그의 의도는 1931년에 창간되어 1933년 봄에 돌연히 폐간된 〈사회조사 잡지Zeitschrift für Sozialforschung〉에서 훌륭하게 드러나는데, 이 잡지는 그 짧은 발행 기간 중에도 중요 논문을 다수 게재했다. 호르크하이머 자신은 다양한 철학적 주제에 관한 글을 썼고, 에리히 프롬은 프로이트의 근거 위에 사회심리학을 전개하려 했다. 헨리크 그로스만은 마르크스에 대해, 레오 뢰벤탈Leo Loewenthal은 문학사회학에 대해, 테오도어 아도르노Theodor Adorno는 음악사회학에 대해 글을 썼다. 반면 헤르베르트 마르쿠제 Herbert Marcuse, 발터 베냐민Walter Benjamin, 프란츠 노이만, 파울 라차르스펠트Paul Lazarsfeld, 오토 키르히하이머Otto Kirchheimer 등은 연구소에서 강의, 평론이나 연구 작업을 하였으며, 연구소의 철학적 방식에 공감하는 정기간행물을 출간했다. 이것은 강력한 지성의 집단이었다.

V

그러나 이것이 강력한 지식인의 집단이었을까? 그것은 아주 다른 문제이다. 그들의 영향은 부인할 수 없지만 그것은 국내보다 국외에서 더 컸으며 바이마르공화국 시절보다는 그 이후에 더 널리 퍼졌다. 왜냐하면 이 사람들은 바이마르 정신의 정수이긴 했지만 공무의 핵심에 있지는 못했기 때문이다. 이들 자신은 실제로 내부자가 되지 못하면서 내부자들을 만났고, 그들과 관계를 쌓으면서 때때로 영향을 미쳤을 뿐이다.

그 내부의 성격은 당시의 학문 세계를 살펴봄으로써 더욱 뚜렷하게 밝힐 수 있다. 프란츠 노이만은 "1918년 봄, 내가 브레슬라우대학으로 왔을 때"라고 하며 다음과 같이 기록했다.

"이 대학의 저명한 경제학자는 자신의 첫 강의에서 (합병이나 배상금을 얻지 못한 조약인) 1917년의 평화조약이 무효라고 선언하고 롱위와 브리[35]를 합병할 것과 벨기에를 독일의 보호령으로 만들 것, 동부 유럽과 해외의 독일 식민지를 확장할 것을 주장했다. 더 저명한 문학 교수는 칸트의 관념주의에 경의를 표한 뒤 독일의 승리, 독일의 군주제, 본질적으로 동일한 평화 조건 등이 정언명령이라는 주장을 칸트의 철학으로부터 이끌어냈다. 1918년 가을, 내가 라이프치히로 왔을 때 이곳의 경제학 교수는 같은 해 10월 범게르만 연합과 군사 참모진의 평화 조건을 승인하는 것이 필요하다고 말하며 민주주의란 독일 인종의 관념주의와는 양립될 수 없고 물질주의적 영미인들에게나 적합한 것으로 근본적으로 비독일적인 형태의 정치조직임이 역사적으로 증명되었다고 논했다. 1919년 여름, 로슈토크로 옮겨갔을 때 나는 대학교수들이 공개적으로 설파하고 있던 반유대주의에 저항하기 위해 학생들을 규합해야만 했다. 최종적으로 프랑크푸르트에 정착했을 때, 내가 마주친 첫번째 과업은 새로 임명된 사회주의자 교수들을 학생들의 정

---

35   롱위와 브리는 프랑스의 지명이다.—옮긴이

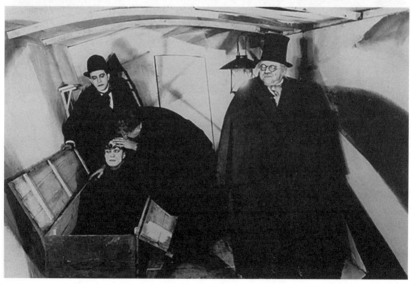

〈칼리가리 박사의 작은 방〉(1920)의 두 장면. 역사적인 표현주의 공포영화. 세 명의 표현주의 예술가 허르만 웜, 발터 로리그, 발터 레이만이 제작한 세트. 베르너 크라우스는 광기에 찬 칼리가리 박사를, 콘래드 베이트는 칼리가리 박사가 살인을 부추기는 몽유병자 체자레를 연기한다. (Museum of Modern Art Film Stills Archive)

1922년 초 칸에 있는 발터 라테나우. 1922년 독일 외무장관이자 우익 암살자들의 순교자, 미학자, 백만장자, 정치가, 이상주의자, 유대인인 발터 라테나우. 사진에서 그의 문제적인 성격이 언뜻 드러난다.

1923년 드레스덴에서 질서를 회복하는 군대. 1918년과 1923년, 1929년과 1932년 사이에 많은 도시에서 이러한 장면이 펼쳐졌다. (New York Public Library Picture Collection)

인플레이션이 극심한 시기에 급료를 받는 제빵사. 1923년 여름과 가을, 우스꽝스러움의
절정에 달했던 이 장면들은 그 당시에는 결코 웃지 못할 일이었다. (AP/Wide World)

치적·신체적 공격으로부터 보호하는 데 힘을 더하는 것이었다. 이 학생들은 상당수 교수들에게서 비밀스러운 지원을 받고 있었다."[36]

베를린도 마찬가지로 오염되어 있었다. 1922년 11월 15일, 케슬러 백작은 베를린대학에서 게르하르트 하웁트만Gerhart Hauptmann의 육순을 축하하는 기념식에 참석했다. 그는 자신의 일기에 다음과 같이 기록했다.

"새 강당(Aula)은 장엄하였고 아르투어 캄프Arthur Kampf의 보기 흉한 벽화가 있는 미켈란젤로식 강당이었다. 하웁트만은 에베르트와 뢰베 Paul Löbe 사이의 연사석에 앉아 있었다. 페터젠이라는 이름을 가졌다고 생각되는 어떤 문학 교수가 특징 없이 지루하게 연설을 했고 몇 개의 전문적 논문들이 계속되었다……

무엇인가 말할 만한 것이 있었던 인물은 학생 한 명과 뢰베뿐이었다. 그 학생은 대단한 열의와 젊은이다운 생기를 발산하여 청중을 압도했다. 단지 한 교수만이 무엇인가를 중얼거리며 불만을 나타냈는데, 그는 금테안경을 쓴 흔한 독일놈(Boche)의 전형이었다. 그는 내 곁에 서 있었는데, 기념식이 진행되는 내내 자신의 분노를 억누르지 못했다. 하웁트만은 그리 심오한 것은 없지만 다행스럽게도 인간성과 화해를 단호하게 옹호하는 짤막한 연설을 했다.

이 기념식에서 가장 주목해야 할 사실은 학생들과 교수들이 이상할 정도로 속좁게 굴었다는 점이다. 베를린대학 학생위원회는 하웁트만이 공화주의자임을 공언한 이후로 더이상 신뢰할 만한 독일인이라고

36   Neumann, 'The Social Sciences', pp. 15~16.

생각할 수 없기 때문에 그의 기념식에 참석하지 않기로 엄숙하게 결의했는데, 나는 이 결의안이 2 대 1 정도의 비율로 통과되었다고 믿고 있다. 그리고 공식연설을 한 페터젠이 이틀 전에 피셔Samuel Fischer에게 와서 에베르트를 초청하지 말 것을 요구했다는 사실을 전해들었는데, 그 이유란 공화주의자 국가원수가 나타나는 것은 대학에 좋은 일이 아니기 때문이라고 했다. 피셔가 거절하자 페터젠은 최소한 뢰베라도 초청하지 말아달라고 요청했는데, 요컨대 두 명의 사회민주주의자를 한꺼번에 초청한다는 것은 너무 많지 않은가 하는 말이었다.

기념식 말미에 달베르트가 열정 소나타를 아름답게 연주했다. 그러자 내 옆에 있던 교수들 중 한 사람이 또다시 옆 사람에게 불만스럽게 속삭여서 남의 눈에 띄었다. '물론 연주자 자신이 작곡한 곡이겠지. 그렇지 않아?' 베토벤도 베를린대학에서는 에베르트만큼이나 낯설게 보였다."[37]

대부분의 독일인이 무엇을 갈망했든, 그것은 절충적 형태건 비판적 형태건 이성이 아니었던 것만은 확실했다.

---

37   Kessler, *Tagebücher*, pp. 347~8.

III. 비밀스러운 독일

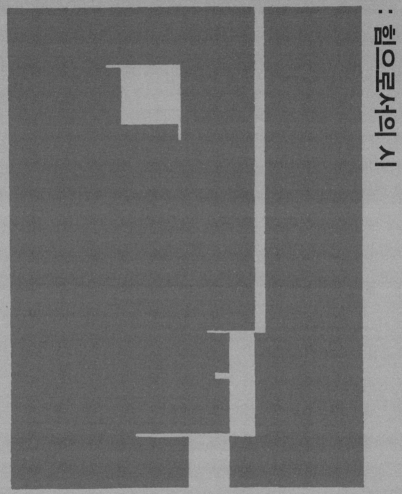

Weimar culture
The Outsider as Insider

: 내부인으로서의 외부인

I

"1913년 어느 더운 봄날 정오에 젊은 학생 하나가 하이델베르크시의 큰 거리를 걸어가고 있었다. 이제 막 브룬게슬라인가를 넘어선 그는 인도와 차도에서 평소에는 시끄럽게 이야기하며 아무렇게나 무리를 지어 대학교와 루트비히플라츠 사이를 오가는 보행자들의 행렬이 지금은 때 이른 더위로 탈진하여 뜨거운 붉은 보도 위에서 게으르게 움직이고 있는 것을 보고 있었다. 갑자기 이 지친 사람들이 정신을 차린 것처럼 보였다. 쾌활한 몸짓과 가벼운 발걸음으로 한 사나이가 홀로 걸어오고 있었다. 아무것도 그의 전진을 방해할 수 없는 양 모든 사람들은 비켜섰고 날개를 달고 떠다니는 듯 그는 모퉁이를 돌아 브레데플라츠로 향했다.

관찰자는 움직이지 않고 그 자리에 뿌리박힌 것처럼 서 있었다. 한층 높은 세계로부터의 숨결이 그를 스치고 지나갔다. 그는 무슨 일이 일어났는지, 자신이 어디에 있는지조차 알지 못했다. 방금 군중 사이로 지나간 것은 인간이었을까? 그러나 그 사람은 무의식적인 고결성이나 여유 있는 힘 때문인지 그가 헤치고 지나간 사람들과 구분되어서 그의 옆에 있던 모든 보행자들은 연약한 벌레, 영혼이 없는 나무토막처럼 보였다. 번잡한 무리를 둘로 가르며 여유 있는 걸음으로 피안을 향해 서둘러 간 자는 신이었을까? 그러나 그는 비록 이상한 종류이긴 하나 인간의 옷을 입고 있었다. 얇은 노란색 비단 웃옷이 그의 가냘픈 몸 주위에서 펄럭거렸다. 이상할 정도로 밝고 이국적인 커다란 모자가 그의 머리 위에 얹혀 있었고 풍성한 갈색 머리칼은 그 밑에서 솟아오를 듯하였다. 그의 손에는 짧고 가는 지팡이가 들려 있었다. 이것은 헤르메스 신의 지팡이였을까, 인간의 회초리였을까? 그리고 얼굴은? 관찰자는 단 한 가지 특징을 흐릿하게 기억할 뿐이었다. 이목구비가 뚜렷했으며 하얀 뺨이 특이해 조각이나 신 같은 인상을 더해주었다. 그리고 눈은? 관찰자는 갑자기 깨달았다. 그를 매혹시켰던 것은 눈의 광채였다. 번개처럼 빠르게 그에게로 꽂혀왔던 시선이 관찰자의 가장 깊은 존재에까지 침투하여 희미하고 순간적인 미소와 함께 여운을 남겨놓은 것이다. 이제 확실하다. 만일 그가 인간이라면 그는 슈테판 게오르게Stefan George이다."1

실지로 이 사람은 시인이자 예언가이며, 엄격하고 유머가 없으며 젊은 문학동호인 집단의 지도자로서 성적·정신적 매력으로 제자들을 이끌었던 현대판 소크라테스 슈테판 게오르게였다. 자신의 알키비아데스

1　Edgar Salin, *Um Stefan George: Erinnerung und Zeugnis*, 2nd ed. 1954, pp. 11~2. 잘린은 이 묘사가 훗날 창작한 것이 아니라 그날 썼던 편지에 근거한다고 주장한다. *ibid.*, p. 303.

를 최소한 부분적으로는 외모로 선택했던 이 소크라테스는 고대의 전형보다는 더 잘생겼다. 슈테판 게오르게는 비밀스러운 독일의 왕이었으며 비영웅적 시대에 영웅을 찾고 있던 영웅이었다. 1913년, 젊은 에드가 잘린Edgar Salin이 기록한 것처럼 그에게 남은 게오르게의 인상은 결코 이례적인 것이 아니었다. 게오르게에게 매혹되지 않을 수 없었던 유형의 독일인들이 있었다.

슈테판 게오르게는 나치란 붙잡기 어려운 자신의 이상을 소름끼칠 정도로 희화한 것일 뿐이라고 경멸하면서 나치의 승리에 자신의 명성을 더해주기를 꺼리며 1933년 자발적인 스위스 망명중에 사망했다. 가장 잘 알려져 있으며 동시에 가장 잘생겼고 가장 업적이 많았던 그의 제자 프리드리히 군돌프는 1931년에 그보다 먼저 죽었지만 대부분의 제자들은 몇몇은 나치 당원으로, 몇몇은 나치의 희생자로, 몇몇은 황량한 침묵 속에서, 몇몇은 망명을 하며 그보다 오래 살아남았다. 마법사의 제자(Sorcerer's apprentice)였던 그들은 자신들이 도와서 불러냈던 악령을 몰아낼 수 없었다.

바이마르 정신을 이루고 있는 다른 원인들과 마찬가지로 게오르게 집단 역시 공화국보다 앞서며 독일과 외국 모두에 기원을 둔다. 1868년에 태어난 게오르게는 자신이 경멸하던 문화와 결별하여 자신의 시대를 저주하던 저주받은 시인 보들레르Pierre Charles Baudelair, 실험가이자 언어의 음악가이며 예언가였던 말라르메, 독일의 외부자로서 편향적 고전주의자였던 횔덜린Friedrich Hölderlin, 새로운 이단적 귀족주의를 열렬히 옹호했던 니체 등으로 돌아섰다. 1892년 자신이 창간한 시와 평론 잡지인 〈예술지Blätter für die Kunst〉나 자신의 제자들과 조심스럽게 연출된 대화에서 슈테판 게오르게는 자신의 계획을 펼치면서, 섬세하게 다듬은 시를 읽어줄 독자를 구했다. 스스로 이해한 그의 임무란 문화적 가치를 지속시키는 것이었다. 게오르게 집단은 괴테를 해설하고 셰익스피어와 단테를 번역하며 삶의 귀족주의적 의미를 쇄신시키는 데 큰 힘을 쏟았다. 이는 여러 가치들을 초월적 가치로 전이시키면서 선한 유럽인이 된다는, 바로 니체의 임무였다. 그러나 니체와 달리 게오르게는 독자적인 길을 택하지 않았다. 다가올 새로운 제국을 위해 비밀스러운 제국을 세우고, 따뜻한 우정과 과거의 정선된 정신 속에서 힘과 영감을 얻는다는 것이 그가 택한 방법의 핵심이었다.

이것은 엘리트에 의한 지배라는 한계까지 도달한 엘리트주의적 계획이었다. 비밀스러운 독일이란 새로운 구성원이 하나하나 선출되어 양성되는 단체였다. 많은 사람이 지명되었지만 뽑힌 자는 드물었다. 호프만슈탈 같은 사람들은 잠시 동안 이 단체와 조화를 이루었지만 곧 떠났다. 이것은 지도자에게 봉사하기 위해 헌신하던 배타적이고 비장한 소 군단이었으며, 그 지도자는 자신의 사랑스러운 추종자들에게 외부인 눈에는 당황스럽게 보일 정도의 온정이 깃든 감정적인 시로 보답했다. 그 생존자들은 게오르게 집단이 쾌활했다고 말하지만 게오르게 집단이 남긴 수백 장의 사진에서 이들 중 어느 누구도 웃고 있지 않다. 그러나 구성원들 개인의 성격이나 엄선된 품성을 향한 광적인 매력이나 극단적인 예찬에도 불구하고 슈테판 게오르게 자신은 인종주의자가 아니었다. 전쟁 당시 군돌프의 열정은 그의 흥미를 끌지 못했다. 발터 메링이 그린 게오르게의 잔인한 초상화는 과녁을 빗나간 것이었다. 메링은 게오르게가 테우톤 전쟁 시인들의 올림포스에서 하프를 켜고 있는 반면 친애하던 지그프리트 "루스트크나벤(geliebten Siegfried-Lustknaben), 즉 늙은이들의 쾌락을 위해 봉사하던 사랑스러운 소년들"은 전쟁터로 행군하고 있는 모습을 보여준다.[2] 사실상 게오르게는 전쟁이 그의 젊은이들을 죽이고 있다는 바로 그 이유 때문에 전쟁을 두려워하고 혐오했다. 의식적이건 무의식적이건 하나같이 공화국의 무덤을 파고 있던 이 독일의 예언가들은 때때로 자신들의 경쟁자가 얼마나 우둔한지 대단히 잘 파악하고 있었다. 게오르게는 애국자들의 우둔성을 잘 알고 있었으며, 다른 많은 사실들에 대해서는 우둔했던 오스발트 슈펭글러Oswald Spengler도 게오르게의 우둔성에 대해서는 잘 파악하고 있었다. 1917년, 그는 "이 '집단'이 게오르게를 신성한 바보로 바꾸어놓았다는 사실은 차치하더라도 게오르게의 근본적인 약점은 지성의 결핍이다"[3]라고 기술했다.

이러한 지성의 결핍이 아무리 심각한 것이었다 할지라도 게오르게 집단은 믿지 못할 정도로 분주했다. 이들은 번역을 했고, 시를 가다듬었으며, 문학비평에 관해 비밀스럽고 논쟁적인 논문을 출간했고, 의복과 인쇄술에서 중요한 특이성을 길러냈고, 아마도 가장 중요하게는 역사 속에서 가치 있는 주제를 찾았다. 즉 슈테판 게오르게의 시대에 살았더라면 그의 집단에 확실히 들어왔을 엄선한 인물들을 찾았던 것이다. 군돌프는 카이사르, 괴테, 셰익스피어를 찬양했고, 에른스트 베르트람Ernst Bertram은 니체에게서 새로운 의미를 찾았으며, 막스 코머렐Max Kommerell은 괴테와 헤르더Johann Gottfried von Herder를 문화의 지도자

2   Mehring, *Die verlorene Bibliothek*, 1964 ed., p. 151.
3   한스 클뢰레스(Hans Klöres)에게 1917년 1월 6일에 보낸 편지. Oswald Spengler, *Briefe, 1913-1936*, ed. Anton M. Koktanek, 1963, p. 63.

로 격상시켰다. 이 전기 작자들은 의식을 거행하고 있었다. 자신들의 주인공을 분석하기보다는 그들을 평생 신화로 둘러싸여 있는 창시자, 재판관, 초인으로서 새로운 철기시대인 20세기의 독일을 부끄럽게 만들 인물들로 다루며 찬양했다. 1930년 에카르트 케르는 "플루타르크 르네상스"에 주목하여 이것을 개탄하면서 군돌프의 열광적인 카이사르 전기가 이러한 "역사적 순문학 주의(historical belles-lettrism)"의 현저한 사례라고 인용했다. 게오르게 집단은 물론 한층 광범위한 대중 사이에서 플루타르크의 인기도 케르에게는 방향 상실의 징조였다. 신과 영웅과 위인에 대한 플루타르크의 기술은 정확하지 못한 경우가 자주 있었으며, 이제 현대판 플루타르크들은 마찬가지로 정확성을 경멸하면서 굶주린 대중에게 새로이 숭배할 거인을 헌납하고 있었다. 에밀 루트비히Emil Ludwig는 물론, 울슈타인(Ullstein)출판사의 잘 팔리던 다른 전기 작가들도 이러한 유형에 무리 없이 들어맞는다. 루트비히는 전문가의 차가운 정확성보다는 우아하고 믿을 수 없는 이야기를 택하겠다고 차분히 언명했다. 게오르게 집단의 전기 작가들은 그들 자신이 전문가인 경우가 많았지만 이들은 전문가를 자신들의 주제로 택하지는 않았다. 이들은 완전한 인간을 택했다.[4]

게오르게 집단에서 만들어진 가장 주목할 만한 전기는 에른스트 칸토로비치Ernst Kantorowicz가 13세기 호엔슈타우펜가의 위대한 황제 프리드리히에 대해 쓴 『카이저 프리드리히 2세Kaiser Friedrich der II』였다. 상권은 1927년에 나왔고, 사료를 세세히 나열하며 기술적 문제를 분석했던

---

4   Eckart Kehr, 'Der neue Plutarch: Dei "historische Belletristik", die Universität und die Demokratie', *Die Gesellschaft*, VII, part 2, 1930, pp. 180~8; 루트비히의 인용문은 pp. 185, 187. (*Der Primat der Innenpolitik*, pp. 269~78을 볼 것)

하권은 1931년에 출간되었다. 이 전기는 즉각적으로 논쟁을 불러일으켰고 대단히 광범위한 독자층을 얻었는데, 그럴 만한 가치가 있었다. 펠릭스 길버트가 기술했듯 이것은 "숨막히는 중세 역사 속의 한 줄기 신선한 바람"이었다. "정치적 성향을 막론한 모든 젊은이들은 물론 케르까지도 기존의 중세 상에 대립되는 저작으로" 이 책을 환영했다. 유명한 중세 전문가로서 칸토로비치와는 매우 상이한 견해를 가진 카를 함페Karl Hampe조차도 "모범적인 자료 처리", 인내심 있게 조사한 세부 사실들, 박식한 학자만이 가질 수 있는 종류의 통찰력 등을 인정했다.[5]

이 당시 칸토로비치는 조야한 선전가가 아니었다. 실은, 전혀 선전가가 아니었다. 그는 단지 자신의 전기에 자신의 모든 경험과 기대를 부어넣었을 뿐이었다. 유대인 출신으로 프로이센의 관리를 지낸 칸토로비치는 전쟁 이후 의용군에 합류했으며 좌익에 대항하여 무기를 들었다. 그에게 있어서 공화국은 범용한 자들의 승리를 뜻하던, 지도자가 없는 시대였다. 그는 소양을 갖춘 학자였지만 게오르게 집단의 일원으로서 현대적인 과학적 연구의 차가운 실증주의에 경멸을 표하였고, 분석이 아니라 생동하는 직관을 통해 위인과 역사적 순간을 역사적으로 이해하려 했다. 모든 권위를 무시하며 삶의 모든 것을 탐욕스럽게 맛보았고 자신의 시대에 전설이 되었던 프리드리히황제야말로 이러한 역사가의 확실한 소재였다.

적대적인 비평가들도 인정했듯, 어떤 측면에서는 칸토로비치의 세계관이 그에게 큰 도움이 되었다. 이성주의적 역사가들은 프리드리히

---

5   Karl Hampe, 'Das neueste Lebensbild Kaiser Friedrichs II', *Historische Zeitschrift*, CXXXXVI, 1932, pp. 441~75.

2세를 둘러싼 신화를 과소평가해왔지만 칸토로비치는 이 신화를 인식하고 13세기 정치에 있어서 이것이 가진 역할을 이해할 완벽한 준비가 되어 있었다. 한편 그는 신화를 탐지하고 여기에 침투하는 것으로 만족하지 않았다. 칸토로비치는 간략한 머리말에서 더이상 황제가 없는 시대에 "비밀스러운 독일은 황제와 영웅을" 갈망한다고 말했다. 그의 책의 본문은 그 비밀스러운 독일에 구미에 맞는 자양분을 많이 공급하였다. 칸토로비치의 프리드리히 2세는 르네상스의 아버지이며 알렉산더대제와 위상을 겨루는 지도자였다. 그는 고전을 부활시켰고, 아찔할 정도로 높은 인간 정신에 도달했으며, 원시적 힘을 구현하였고 강력하고 빈틈이 없으며, 지성과 더불어 활력을 갖췄고, 종합적인 능력으로 볼 때 카이사르나 나폴레옹보다도 우월했던 철저한 독일인이었다. 그는 죽었지만 반쯤은 신과 같은 그의 참된 위대성을 아직도 파악하지 못하고 있는 독일 국민들을 구제하려고 기다리며 살아 있다. 칸토로비치는 중세의 전설을 보고하는 것에 멈추지 않았다. 그의 과장된 언어와 가물거리듯 모호하지만 열광적인 인정은 자신의 주인공에 대하여 색정적이라고 말하고 싶을 정도로 대단히 편향적인 몰입을 보여준다. 그는 이 전설이 고통받고 있는 독일과 관련된 심원한 진리라는 믿음을 갖고 있다. 칸토로비치는 자신의 전기 속에 신빙성 있는 역사 사실들을 풍부히 도입함으로써 교양 있는 사람들에게 그의 신화를 훨씬 더 설득력 있게 만들었다. 그렇지만 그것은 공화국에 대해서는 위험했다. 그것은 정치적 시로서의 역사였다.

이러한 책의 추종자들, 또는 전체적인 게오르게 집단을 헤아린다는 것은 불가능하다. 게오르게의 제자들은 자신의 영향력을 과장했다. 그러나 이에 매력을 느낀 자들은 많았다. 이것은 대학의 숨막히는 대기 속으로 불어온 신선한 바람이었고 정치가들의 일상적인 상투어에 대한 자극적인 대안이었다. 테오도어 호이스는 후에 "슈테판 게오르게 집단에서 나온 위대한 역사 저작들은 내게 대단히 중요하게 부각되었다"고 술회했다. 호이스는 지도자 자신에 대해서는 어떤 진정한 정열도 결코 느끼지 못했다. 이 집단의 밀교와 같은 모든 주술(Drum und Dran)이나 "자의식이 가득한 언어 구조"를 갖춘 시 모두가 그를 당황케 했다. 그러나 그는 "셰익스피어에 관한 군돌프의 훌륭한 업적 이래로 이어진 그의 저술들"과, 볼터스Friedrich Wolters, 콤머렐 그리고 다른 이들의 글이 그에게 대단히 큰 의미를 갖게 되었다고 고백했다. "비록 슈테판 게오르게의 영향이 무시할 정도는 아니라 해도 나의 평가에 결정적이었던 것은 그로부터 배울 수 있는 것이 아니라 그 집단이 부과한 높은 기준이었다."[6] 호이스조차도 이들에게 속았거나 이러한 전기의 신경질적인 과장이 오늘날에는 거의 참을 수 없는 것이라 할지라도 게오르게 방식이 압도적인 매력을 주었다는 사실은 확실했다.

6   Heuss, *Erinnerungen*, p. 354.

II

슈테판 게오르게가 죽은 자와 벌인 경쟁도 대단했지만 영향력에 있어서 그와 견줄 수 있었던 살아 있는 경쟁자는 단 한 명, 시인 라이너 마리아 릴케뿐이었다. 게오르게와 달리 릴케는 형식적인 동인 모임에 제약받지 않았다. 사람들은 단지 그의 글을 읽음으로써 그에 대한 숭배에 합류할 수 있었다. 그리고 모든 사람이 그의 글을 읽었다. 젊은 병사들은 그의 시를 읊으며 죽으러 갔다. 바이마르 이전부터 당시에 이르기까지 독일의 생활 속에서 매우 뚜렷한 역할을 수행해온 청년운동에 힘입어 릴케는 가장 사랑받는 시인의 한 사람이 되었다. 그들은 모닥불 옆에서 릴케의 시를 낭송했고, 잡지에 그의 시를 게재했다. 그는 동료 예술가들에게도 대단한 감명을 주었다. "당연히" 토마스 만은 그가 "최고급 서정시인"[7]이라고 인정했다. 그의 말년과 1926년 사망 후에 릴케는 독일 문학비평의 덕을 입었다고 할 수도 있는데, 특기할 만한 몇 가지 예를 제외한다면 이것은 비평이라기보다는 찬양 투의 글로서 직관적인 방법, 지나친 수사, 과장된 주장, 감수성, 유사철학과 비슷한 신비 설정 등으로 점철된 종류의 글이었다. 발터 무쉬크Walter Muschg가 릴케는 "어른이 없는 세대의 우상"이 되었다고 말한 것은 조소가 담기긴 했지만 정당한 평가였다. "대부분 보라색 잉크로 써서 숙녀들에게 보냈던" 그의 편지들이 출간되자 "한 무리의 남녀 열성팬들(Schwärmer und Schwärmerinnen)"이 생겨나 마침내 "릴케 열풍은 전

---

7 푸치크(B. Fucik)에게 1932년 4월 15일 보낸 편지. Thomas Mann, *Briefe, 1889-1936*, p. 316.

세계적 광신자 집단으로 성장했다". 그러나 외국의 반응을 볼 것도 없이 국내 상태는 더욱 나빴다. 대다수의 사람들이 그를 신격화하는 동안 한 줌의 급진주의자들만이 그가 점잔빼는 것을 비웃고 그의 감상주의를 조롱했다. 쿠르트 투홀스키Kurt Tucholsky는 "당신은 다락방에서 추위에 떨어본 적이 있는가?"[8]라고 묻기까지 했다. 릴케가 만년인 1922년 2월, 창조적 광기 속에 쏟아낸 유명한 시 〈오르페우스에 보내는 소네트Sonnets to Orpheus〉와 〈두이노 비가Duino Elegies〉는 "일부분은 원전으로도 이해가 거의 불가능할 정도로" 어렵다. 그런데 어렵다는 바로 그 사실 때문에 그 시들은 "릴케를 악용하고 왜곡했다. 그리하여 릴케의 시는, 시인이 뒤로 지워진 일종의 서정적 라스푸틴으로 만들려는 유치하고 사이비 종교 같은 필요성을 위한 이상적인 지주가 되었다". 예언자와 성인으로서, '복음의 전달자와 종교의 창시자로서', 서양을 천년 동안 지배해왔던 지성을 정복하였고, 동시에 불신하였던 독창적인 인물로서 릴케가 천상으로 격상된 것은 불가피한 일이었다. 무쉬크는 번역하긴 어렵다 할지라도 아주 적절한 표현을 써서 이를 "청년운동 신비주의(Wandervogelmystik)"라고 결론지었다.[9]

이는 잔인한 평가이긴 하지만 그렇다고 하여 독일을 장악한 나치의 승리의 원인을 추적하며 환멸을 느낀 관찰자의 뒤늦은 평가라고 일축할 수는 없다. 그 당시의 사료가 이를 명백히 입증하고 있다. 대표적 경우에 국한시켜 말하자면, 1927년 2월 20일 슈테판 츠바이크Stefan Zweig는 뮌헨에서 "릴케여 잘 가시오"라는 릴케 추도 연설을 했다. 아무

8   Kurt Tucholsky, 'Auf dem Nachttisch', 25 March 1930. *Gesammelte Werke*, eds. Mary Gerold-Tucholsky & Fritz J. Raddatz, 3 vols., 2nd ed., 1967, III, p. 392.
9   Walter Muschg, *Die Zerstörung der deutschen Literatur*, 3rd ed., 1958, pp. 215~6.

리 추모하는 표현이었다 할지라도 지나칠 정도로 수식적인 과장을 한 긴 연설이었다. 하지만 그 당시 츠바이크는 시인을 애도했던 것이다. 츠바이크는 청중에게, 릴케는 진정한 시인이었다고 말했다.

"우리의 의심스러운 시대에, 원초적으로 신성하고 청동처럼 중후하며 대단히 오만하기까지 한 시인이라는 단어는 한층 저급하고 불확실하고 단순한 개념인 저자나 작가라는 말과 너무도 쉽게 혼용되어왔지만 릴케에게는 완벽하게 들어맞는 말이었다. 라이너 마리아 릴케, 그는 횔덜린이 그에게 부여한 바 순수하고 완전한 의미에서 '신처럼 들어올려진 그 자신은 비활동적이고 미약했지만 정령에 의해 숭앙되며 경건했던', 언제나 새로운 시인이었다."

그는 언제나 시인이었다. "우리는 그가 시인이 아니었던 시간을 알지 못한다." 그가 썼던 모든 글씨, 그가 행한 동작과 미소와 필체 모두 그의 사명을 증언한다. 그리고 "우리를 청년기부터 줄곧 그의 소유로 만들고 그를 숭앙토록 만든 것은 사명감에 대한 릴케의 범할 수 없는 확신"이었다. 어떻게 그는 시인이라는 "훌륭한 이름"에 합당하게 되었을까? 어느 누구도 이러한 비밀을 말하지 않도록 하자. 연조 깊은 귀족 가문 출신이라는 릴케의 주장은 사실상 완전히 거짓이고 순전히 속물 근성에 연유하긴 하지만 "오랜 세대 이후 낡은 고대 귀족 핏줄의 마지막 여파가 이 최후의 시대에 다시 한번 펼쳐진 것일지도 모른다". 그러나 사실이 어쨌든 츠바이크는 어느 누구도 시인의 기원을 온전히 설명할 수는 없다고 생각했다.

"[시인이란] 인간들 사이에서는 이해될 수 없는 이방인이라, 사라지고 생겨나는 모든 사물을 다채롭게 감싸주는 여명과 같은 모습으로 바라보는 유일한 존재인 신과 같다. 그가 강림할 때까지, 마치 천년 묵은 단어들이 수백만의 입술로 죽도록 말해지지도 수백만의 편지로 마모되지도 않았던 것처럼 그로부터 이런 단어들이 다시 한번 완전히 새롭게 나타난다."

더구나 츠바이크는 "수천의 우둔한 존재들 속에서 어떻게 단지 한 존재만이 시인이 되는가를 세속적 인과관계로는 결코 설명할 수 없지만" 릴케는 실지로 그러한 시인이 되었으며, 릴케의 작품에 나오는 시구나 혹은 단어 같은 "음악의 숨결"을 무의식적으로나마 지니고 있지 않은 독자는 한 명도 없을 것이라고 덧붙였다. 미미하게 출발하여 서정시의 정상에 오르고, 이를 넘어 다시 새롭게 출발하여 한층 더 영웅적으로 뻗어나가면서 신을 추구하고 있는 이 시인의 성장은 더 젊은 세대에게는 "불가사의" 바로 그 자체였다. 릴케가 만년에 쓴 난해한 시들의 의미는 그가 작고한 뒤에야 비로소 알려지게 되었다. "놀랍게도 이전 시대에 우리는 이 시들에 담긴 의미를 거의 파악하지 못했다." 그러나 후에 무쉬크가 치명적 결함이라고 생각했던 바로 그 난해성이야말로 슈테판 츠바이크가 보기에는 천부적 재능이었다. 츠바이크에 의하면 릴케는 〈두이노 비가〉에서 단순히 살아 있는 인간에게 말을 거는 것이 아니라 "사물이나 감정을 초월한 다른 존재"와 대화하고 있었다.[10] 이러한 표현은 단순히 기계적인 추모사가 아니었기 때문에 이해

10   Stefan Zweig, 'Abschied von Rilke', in *Begegnungen mit Menschen, Büchern, Städten,*

에 도움이 된다. 의도적인 부정확성이나 부끄러워하지 않는 과장에 있어서 이 추모사는 많은 독일인들이 인정했고 향유했고 실지로 시인과 시를 논할 때 불가결하다고 여기던 사고방식을 대변해준다.

릴케를 변호하기 위해서는 그가 예언을 매우 꺼려했다는 사실과 함께 경고를 하는 편지를 쓸 때도 그들을 반박하는 체하면서 자기 쪽으로 이끌어들이려는 유혹적 자세를 취하지 않았다는 것이 언급되어야만 한다. 그는 자신의 신념에 충실했다. 그는 모르는 사람들로부터 받은 편지에 둘러싸여 있었는데, 1921년 여름 한 친구에게 보낸 편지에서 "얼마나 많은 편지인가!"라고 썼다.

"나조차 알지 못하는 도움과 충고를 나로부터 기대하는 사람들이 아주 많다. 긴급한 삶의 위기에 직면하여 너무도 당황하고 있는 나로부터 말이다! 그러나 비록 그들이 자신을 속이고 있거나 오해하고 있다는 것을 내가 안다고 할지라도 여전히 나는 나의 경험, 즉 오랜 고립 생활에서 얻은 얼마간의 결실을 그들에게 나누어주고 싶은 생각이 드는데, 이게 나의 허영심 때문이라고 생각하지는 않는다."

그들 중에는 고독한 소녀와 젊은 여인들도 있으며, "대부분이 혁명가로서 혼란에 빠져 국사범 교도소를 나와 선동적이고 사악한 시를 지으면서 '문학'으로 잘못 들어온 젊은 노동자들이었다. 그들에게 나는 무슨 말을 해야할까? 어떡해야 내가 그들의 절망적인 마음을 고양

1937; 1956 ed., pp. 59~73, *passim*.

시킬 수 있겠는가?"[11] 의식적인 고립과 유럽 귀족처럼 세심하게 가꾼 교양에도 불구하고 릴케는 사회적 양심과 자신의 한계를 인식하고 있었다. 또한 삶과 시 사이의 차이를 완전히 인식하고 있었다. 1922년의 한 편지에서 언급한 바와 같이, 그는 "너무도 흔히 예술의 매력(call of art)을 예술에의 사명(call to art)으로 오해하던" 시대적 혼돈 속에서 커다란 위험을 발견했다. 따라서 이 당시의 예술 행위는 삶에 긍정적 영향을 미치기는 고사하고 더욱더 많은 젊은이들을 삶으로부터 멀어지게 만들었다.[12] 확실히 릴케는 그를 숭배하고 그의 시로부터 생활방식이나 종교를 구하려 할 뿐 다른 것을 원하지 않았던 그의 제자들보다 훌륭했으며, 릴케에 관한 진실은 그리도 급속히 그의 주위에 생겨난 전설들에 비해 대체로 더욱더 매력적이었다. 릴케는 한동안 로댕 Auguste Rodin을 위해 일하며 지내서 그를 잘 알았는데, 릴케가 그에 대하여 말했던 것을 릴케 자신에게도 적용시킬 수 있을 것이다. "요컨대 명성이란 새로운 이름의 주위에 모여드는 모든 오해의 정수에 불과하다."[13]

사실 시인으로서 릴케의 능력은 괄목할 만한 것이었다. 모든 유파의 비평가들은 그가 독일어의 범위를 확장시켰고, 이로부터 새로운 운율을 이끌어냈으며, 은유와 뛰어난 형상화의 대가였다는 사실에 동의

---

11   1921년 여름, 불어로 한 여자 친구에게 보낸 편지. Rainer Maria Rilke, *Briefe*, 2 vols., 1950, II, p. 245. F. W. van Heerikhuizen, *Rainer Maria Rilke: His Life and Work*, 1946; tr. Fernand G. Renier & Anne Cliff, 1951, p. 347에서 재인용.

12   루돌프 보들렌더(Rudolf Bodländer)에게 1922년 3월 13일에 보낸 편지. Rainer Maria Rilke, *Briefe*, II, p. 333. (Heerikhuizen의 *Rilke*, pp. 349~50을 참조).

13   Hans Egon Holthusen, *Rainer Maria Rilke: A Study of His Later Poetry*, tr. J. P. Stern, 1952, p. 8에서 재인용.

한다. 특히 초창기의 릴케는 자신의 시를 고된 작업과 지칠 줄 모르는 경험 축적의 결실로 이해했다. 소설 『말테의 수기』*The Notebooks of Malte Laurids Brigge*에서 그는 "시란 사람들이 생각하듯 어릴 때부터 충분히 갖출 수 있는 감정이 아니라 경험이다. 시를 위해 사람들은 많은 도시와 인간과 사물을 보아야 하고, 동물들에 대해 알아야 하고, 새들이 어떻게 나는지를 느껴야 할 뿐 아니라 아침에 피어나는 작은 꽃의 움직임을 알아야 한다"[14]고 기술하고 있다. 사람들은 이보다 더 많이 알아야 한다. 경험의 소비자로서 시인이 되어야 한다는 릴케의 요구는 대단히 광범위하다. 즉 어린이들과 죽어가는 자와 사랑의 밤을 알아야 하고 바다의 소리를 듣는 법을 알아야 한다는 것을 포함한다. 말년에 이르러 릴케는 실로 그 어느 때보다도 영감을 신봉할 준비가 되어 있었다. 그는 환각을 보았고 환청을 들었지만 1922년 2월에 쏟아져나왔던 환상적인 시조차도 그가 10년 동안이나 머릿속에 지녀왔고 공책에 기록해왔던 구절들과 심상들의 압축된 표현이었다. 말년의 릴케는 여전히 작업에 열심이었지만 그 작업은 대체로 무의식적인 것으로 바뀌었다.

끝으로 지적할 것은 릴케가 어떠한 체계도 갖지 않았다는 사실이다. 체계적인 의도 없이 많은 저술을 남긴 여러 작가들과 마찬가지로 릴케도 자신의 말과 모순되었다. 궁극적으로 철학이 아니라 시를 만들기 위해 글을 썼던 대부분의 시인들처럼 그도 자신의 사고방식을 구현했지만 어떤 학파에도 속하지 않았다. 언어에 대한 그의 훌륭한 재능은 논리학보다는 오히려 음악으로의 길을 터주었다. 사람들은 스스

---

14   흥미롭게도 슈테판 츠바이크는 이 구절을 자신의 연설('Abschied von Rilke', pp. 62~3)에서 인용하면서 여기에서 어떤 중요한 결론도 이끌어내지 않고 있다.

로의 심상에 잠긴 채 단지 즐거움을 얻기 위해 릴케를 읽을 수 있었다. 사람들은 릴케를 소외의 시인으로 읽을 수도 있었고, 혹은 인간적 감정과 무생물, 사랑과 고통, 삶과 죽음이 조화로운 전체를 이루고 있는 이단적인 우주의 찬미자로서 읽을 수도 있었다. 그의 정신 속에서 특히 두드러진 것은 삶과 죽음의 조화였다. 릴케는 자신이 죽기 1년 전에 쓴 한 중요한 편지에서 "〈두이노 비가〉 속에서는 삶의 긍정과 죽음의 긍정이 하나로 나타난다"고 기술했다.[15] 실제로 그는 〈두이노 비가〉의 제1장에서 이러한 요점을 강력하게 말하고 있다.

"사람들은 말한다. 천사는 때로 모른다고,
자신이 산 사람 사이를 걷는지 죽은 사람 사이를 걷는지를.
영원의 강은 이 양측을 통해 모든 시대를 싣고
항상 이 모두를 떠내려보낸다."[16]

그러나 이러한 몰입조차도 타인을 위한 규칙이라기보다는 순수하게 개인적인 추구였다. 릴케 개인의 범신론은 모방할 필요가 없었다 할지라도 즐길 수는 있는 것이었다. 그의 시에서 한 사물은 너무도 쉽게 다른 사물로 바뀌지만 그의 피땀어린 수련이나 정확성 때문에 대단히 명료하게 바뀌는 것이어서 모든 사물은 동일한 숨결을 지닌 생명체로 보이며 단일한 유기체적 통일성에 합류한다. 즉 도시는 여행자들에게 그

---

15 비톨드 홀레비치(Witold Hulewicz)에게 1925년 11월 13일에 보낸 편지. Rainer Maria Rilke, *Briefe*, II, p. 480(Hans Egon Holthusen, *Rainer Maria Rilke in Selbstzeugnissen und Bilddokumenten*, 1958, p. 152를 참조).

16 Rainer Maria Rilke, 'First Elegy', *Sämtliche Werke*, 6 vols., 1955~66, I, p. 688.

팔을 내밀며, 인간은 바다를 닮아가는 것이 아니라 바다 그 자체이다. 프로이트에 의하면 릴케가 갖고 있지 않았다는 대양과 같은 감정을 실지로 릴케는 갖고 있었으며, 이로써 그는 그리도 아름다운 서정시와 편지를 썼고, 언어의 그림을 그렸으며, 슈테판 츠바이크가 말한 바와 같이 잊히지 않을 언어의 음악을 작곡했다. 그러나 이렇듯 충분한 사실들도 정신성에 빠져 있던 릴케의 열렬한 숭배자들을 만족시키지는 못했다.

III

특히 릴케는 발레리Paul Valéry나 엘리엇T. S. Eliot과 같은 위대한 현대인들과 교류한다고 표명한 적이 있지만, 그럼에도 불구하고 그는 슈테판 게오르게와 함께 그들의 독일이라는 과거에 사로잡혀 있었다. 게오르게와 릴케는 괴테 시대의 규범화된 고전을 의무적으로, 때로는 진실로 찬미했지만 이들이 실질적으로 발견한 사람은 이들이 망각에서 구해주기 전까지는 거의 잊혔던 횔덜린이었다. 횔덜린은 독일 문학사에 있어서 괴테나 실러Johann Christoph Friedrich von Schiller와 친분이 있었고, 독특한 서간체 소설 『히페리온Hyperion』과 미완성 비극 〈엠페도클레스의 죽음The Death of Empedocles〉을 썼으며, 고전주의 시대의 독일에서 번성했던 그리스 애호자 중의 한 사람이었다고 애매하게나마 말할 수 있는 흥미로운 서정시인이었다. 그가 1800년 무렵 이전에 대부분의 시를 썼으며, 그 이후 건강을 해쳐 감상적인 광증 속에서 1843년까지 연명했다는 사실도 잘 알려져 있다. 그의 독자들은 소수였지만 유명인들이었다. 하지만 딜타이Wilhelm Dilthey나 니체도 그를 독일 대중의 의식 속에 되돌려놓지 못했다. 이것은 20세기 들어 그에 심취한 숭배자들에 의해 비로소 이루어졌다.

횔덜린 르네상스의 가장 과감한 선구자는 아마도 슈테판 게오르게 집단의 충실한 일원이었던 노르베르트 폰 헬링그라트Norbert von Hellingrath였을 것이다. 그는 횔덜린의 후기 작품 일부를 재발견했고, 그의 난해한 찬가들을 재해석했으며, 그의 저술에 대해 비평 연구판을 내기 시작했다. 에드가 잘린이 적절하게 말했듯 슈테판 게오르게는 자신을 "만들고 색칠할 힘"으로 횔덜린을 받아들이기에는 스스로가 너무도 성숙한 상태였지만 새로 발견된 시에 대하여는 "깊은 동질감을 경험"했다. "이는 마치 신성불가침의 장소로부터 장막이 걷힌 것 같았고 여전히 말로 표현될 수 없던 것이 시야에 드러난 것 같았다."[17] 바꾸어 말하자면, 게오르게와 그의 추종자들은 열정을 갖고 횔덜린을 읽었고, 그들의 문집에 횔덜린을 재수록했으며, 그를 대신하여 선전 활동을 한 셈이다.

릴케는 게오르게 집단의 이런 작업을 지원했던 것처럼 보인다. 그는 헬링그라트를 통하여 횔덜린을 알게 되었는데, 헬링그라트를 1910년에 만나 그 이후 그의 작업을 면밀하게 따라갔다. 1914년에 이르면 릴케는 위대한 횔덜린을 찬미하는 시에서 그를 "찬란한 당신"이라고 지칭할 수 있을 정도로 되었고, 그리하여 이런 복음을 더 많은 대중에게 전파시킬 수 있었다. 대중은 전쟁중에는 물론, 전쟁 후 더욱더 그

17   Edgar Salin, *Hölderlin im George-Kreis*, 1950, p. 13.

를 받아들일 준비가 되어 있었다. 바이마르 시대에 이르면 슈테판 츠바이크 같은 문필가들은 비판적 전기 에세이를 써서 그를 더욱더 대중화시켰고, 학자들은 전공 논문에서 그들 나름의 역할을 하였다. 청년운동을 하고 있는 독자들에게 휠덜린은 분열된 세계에 있는 통합의 설교자였다. 이들은 히페리온의 탄식을 몇 번이나 반복하곤 했다. "하기 힘든 말이지만 사실이기 때문에 나는 이것을 말한다. 나는 독일인보다 더 분열된 국민을 상상조차 할 수 없다. 당신들은 노동자는 보되 인간은 보지 못하며, 사색가는 보되 인간은 보지 못하며, 성직자는 보되 인간은 보지 못하며, 주인과 노예, 청년과 숙련가는 보되 인간은 보지 못한다."[18] 이러한 감상은 베르사유조약에 의해 독일이 문자 그대로 해체되지는 않았다 해도 여러 독일어 사용권과 확실하게 분리된 1920년대에는 특히 신랄하게 느껴졌다. 더구나 18세기 터키의 지배에 대항해 반란에 참여하는 현대 그리스인 히페리온의 이야기는 바이마르 시대에 그들의 국가가 처했던 "대외적 압박"을 매우 유감스럽게 생각하던 독일인들에게 호소력을 발했다. 다른 독자들은 다른 면에서 휠덜린이 대단히 만족스러웠다. 철학자 하이데거Martin Heidegger가 가세한 게오르게 열광자들은 시인의 사명에 대한 휠덜린의 고양된 견해, 새로운 신에 대한 요구, 그리고 그것이 내포하듯 새로운 독일에 대한 요청을 높이 평가했다. 게오르게 집단은 무엇보다도 휠덜린에게서 발견한 고대 그리스와 현대 독일 사이의 유사성이라는 운명적인 결합을 좋아했다. 이들 중 한 사람이 기록했듯, 이들은 "한 세기 동안 이해되지 못했고 지나치게 대담했던 휠덜린의 본질적인 그리스적 독일

18   Walter Z. Laqueur, *Young Germany: A History of the German Youth Movement*, 1962, p. 5.

(Griechendeutschen)의 선언을 찬양했다".[19] 그러나 횔덜린은 어느 한 사람의 소유물이 아니었다. 펠릭스 길버트가 회상하듯, 그는 "우익으로부터 극좌에 이르기까지 모든 독일 지식인들이 찬미하던 유일한 독일 문학계 인사"였다. 그리고 이들이 특히 찬미했던 것은 "삶의 새로운 전체성에 대한 그의 호소"였다.

공격당하고 혼란스럽던 20세기 독일에서 횔덜린이 가진 매력의 비밀은 여기에 있었다. 횔덜린은 시, 철학, 사회학, 정치학적인 관용어가 된 소외라는 말을 오히려 암울하게 진술한 최초의 인물 중 한 사람이었는데, 그에 의하면 현대 세계는 인간을 분열시키고 파괴하여 사회와 자신의 진정한 내적 본질로부터 소외시킨다는 것이었다. 횔덜린의 명확한 표현에 의하면 그가 쓴 〈엠페도클레스〉의 주인공은 "기질적으로 자신의 철학에 의해 문명 혐오(Kulturhass)를 지향하고" 쾌적한 환경 속에서도 단지 이 환경이 보편적이 아니고 특수하다는 사실 때문에 비참하고 고통을 받는 존재로서 "모든 일면적 존재에 대한 불구대천의 적"이다.[20] 이 비극의 주인공이 에트나 화산에 몸을 던졌을 때, 그는 자기 자신과 같은 존재들에게만 부여된 특권이자 더이상 가능하지 않은 전체성에 대한 증언으로 자신의 "자유로운 죽음"을 꽤 확실히 선택한 것이다. 그 저자에게와 마찬가지로 엠페도클레스에게 자살이란 거의 생활방식이라고 말할 수 있을 정도로 깊이 생각하여 도달한 편견이었다.

훗날 릴케에게서도 보이는, 삶과 죽음이 뒤엉겨 거의 구분조차 되

19   Berthold Vallentin, *Winckelmann*, 1931, in *Der George-Kreis*, ed. Georg Peter Landmann, 1965, p. 370.
20   Friedrich Hölderlin, *Werke*, ed. Fritz Usinger, n. d., p. 341.

지 않는 세계에 관한 이런 종류의 감정은 바이마르 시인들에게 큰 매력이었다. 정상 상태의 짧은 낮시간보다는 광기의 밤시간을 더 살았던 횔덜린의 광증은 그에게 몰입했던 20세기 대부분의 독자에게 또다른 형태의 죽음이었고, 단순히 어떤 정신 파탄이 아니라 문명에 대한 논평이자 스스로의 "철학"에 대한 확인이었다. 이것만으로도 20세기 횔덜린의 부활은 의미가 깊지만 더 나아가서 이것은 그러한 발굴에 대한 널리 퍼진 열정의 일부였다. 횔덜린의 부활은 누구보다도 클라이스트와 뷔히너Georg Büchner의 부활을 동반했다. 빌헬름 제국 후기에는 마치 당시의 문화적 토대가 부실해서 그 위에 서거나 무엇을 세울 장소가 되지 못하는 양, 사람들은 이러한 재발굴을 전문으로 했던 것처럼 보인다. 그리고 이 점에서도 바이마르 문화는 이전에 시작된 동향을 이어나가고 확립했던 것으로서, 그 논리적·감정적 결론에 맞추어 1900년대의 재발굴을 따라갔다.

클라이스트는 잊힌 인물이라고 말할 수는 없었다. 그의 소설은 19세기에 독자를 만났고, 희곡은 많지는 않다 해도 몇몇 제작자들을 구할 수 있었다. 실제로 후대의 모든 저술가들이 클라이스트가 충분한 자격이 있으며 마침내 서서히 그 마땅한 평가를 받는다고 주장하면서 클라이스트를 횔덜린과 결합시키려고 했던 것처럼 니체는 오만한 교양, 즉 그 저주스러운 독일식 교양의 희생자로서 클라이스트를 횔덜린과 결합시켰다. 학자들이 클라이스트의 저술을 모아 신뢰할 만한 선집을 만들고, 잔존하는 자료를 통해 클라이스트의 생애를 연구하며, 또한 클라이스트가 살던 시대에 대한 의미는 물론이거니와 더욱 중요한 것으로서 오늘날에 대한 의미를 논하기 시작한 것은 니체가 저작을 멈춘 세기 말 이후였다. 극작가이자 비평가로서 평생 클라이스트를 옹호했던 헤르만 바르Hermann Bahr는 1927년에 다음과 같이 적었다.

"유년기 동안 클라이스트는 나의 기억 속에서 거의 사라져 있었다. 우리는 학교에서 그 이름을 별로 듣지 못했다. 그를 안다는 것은 교양(Bildung)의 일부가 아니었다. 그의 시대는 1870년 이후에야 비로소 도래했다. 셰러Wilhelm Scherer와 그의 제자들이 그를 기억해냈다. 오토 브람Otto Brahm은 그에 관한 글을 썼고, 독일극장(Deutsches Theater)의 감독을 맡은 뒤에도 그를 잊지 않았다. 그러나 이 모든 것에도 불구하고 클라이스트는 여전히 대중적이지는 못했다. 전쟁중에야, 사실 전쟁이 끝난 뒤에야 즉 괴테 여명의 희미한 빛이 처음 빛나기 시작한 것과 거의 같은 시기에야 사람들은 그를 회상하기 시작했다. 전쟁을 경험한 새로운 젊은이들에게 괴테는 지나치게 차갑고 딱딱했다. 이들이 보기에 괴테는 자신의 내부에 충분한 혼돈이 없었던 것이다. 이 청년들은 자신이 이해할 수 없었던 경험에 의해 심각한 고통을 받고 있다고 느꼈으며, 따라서 공정치 못한 고통에 대한 설명을 요구하면서 클라이스트로부터 위안을 찾았는데, 요컨대 클라이스트는 자신의 혼란스러운 운명에 대한 설명을 계속 추구했던 것이다. 이뿐만이 아니었다. 클라이스트는 국민들이 단지 그를 통해, 그 속에서만 알게 되는 인간 유형, 즉 프로이센인을 작품 속에서 언어로 구체화시키고 표현했다. 그는 단순히 시인으로 부활한 것이 아니라 그의 시가 우리의 한가운데로 실체화되어 걸어들어온 것이다."[21]

[21] 1927년 10월 18일자 〈오데르 신문Oder-Zeitung〉의 질문 회람 "클라이스트에 대한 당신

이것은 과장된 말 같지만 사실과 동떨어지지 않았다. 바이마르 시대에 클라이스트 연구는 정열이, 클라이스트 숭배는 성스러운 전쟁이 되었다. 바이마르의 위대한 연극 연출가들은 정신분석에서 애국까지, 감상주의에서 표현주의까지 이르는, 모든 범주의 해석을 시도하면서 클라이스트의 희곡을 부활시켰다. 극작가와 비평가는 논문을 양산했다. 토마스 만, 슈테판 츠바이크 그리고 이들과 비슷한 다른 자들은 마치 클라이스트에 혼을 빼앗긴 듯 강박적으로 그를 다시 찾았다. 바이마르공화국 14년 동안 클라이스트에 대한 책이 약 30권 정도 출판되었는데, 이는 이전 한 세기 동안 출판된 것보다 많은 듯하다. 1920년, 클라이스트는 최고의 영예를 얻었다. 그를 기념하기 위한 협회가 설립된 것이다. 클라이스트 협회(Kleist-Gesellschaft)는 가장 저명하고 다양한 회원과 후원자를 갖춘 단체임을 자랑할 만한데, 여기에는 현존 최대의 고전학자 울리히 폰 빌라모비츠묄렌도르프Ulrich von Wilamovitz-Möllendorf, 게르하르트 하웁트만과 후고 폰 호프만슈탈 등 유명한 시인들, 발터 하젠클레퍼와 같이 더 젊고 급진적인 극작가, 철학자 에른스트 카시러, 유명하고 대단히 대중적인 인상파 화가 막스 리버만Max Liebermann 등이 속했다. 이렇듯 다양한 집단은 단지 클라이스트를 향한 숭배, 즉 "클라이스트를 지지하는 것은 곧 독일인이 되는 것이다!"[22]라는 확신에 동조할 필요가 있었을 뿐이다.

남은 유일한 문제란 클라이스트를 지지하는 것이 무엇을 뜻하는가로, 어떤 클라이스트를 말하는가 하는 것이었다. 일부 독자들은 클라

의 태도는?(Wie stehst du zu Kleist?)"에 대한 대답. *Heinrich von Kleists Nachruhm*, ed. Helmut Sembdner, 1967, pp. 440~1.

22 1922년 2월 클라이스트 협회의 선언문. *ibid.*, p. 410.

이스트에게서 고통받는 기독교인을, 다른 독자들은 시대를 잘못 만난 귀족을, 또다른 자들은 반역자를 발견했다. 토마스 만은 이들 독자들과는 대조적으로 클라이스트의 신고전주의 희극 〈암피트리온 Amphitryon〉의 흥미로운 해학을 즐겼다.[23] 나치는 클라이스트가 순수하고 강한 독일인이라고 주장했고, 게오르게 집단은 고독한 엘리트 시인이라고 했고, 공산주의자들은 초기 혁명가라고 주장했던 반면, 그의 자손 한스 위르겐 폰 클라이스트Hans Jürgen von Kleist는 이러한 모든 왜곡에 반대하며 자신의 선조가 "해방 전쟁의 찬미자"[24]로 단순하게 읽힐 권리가 있다고 주장했다. 클라이스트의 작품 속에는 특이한 유연성이 내포되어 있어 누구나 자신의 필요에 따라 그의 작품을 이용할 수 있었다. 실로 발터 무쉬크는 1925년 자신이 점점 분명해지는 이해의 증거를 감지했다고 생각했지만 그가 말하는 이해는 단지 오래된 열정을 새롭게 만든 것뿐이었다. 무쉬크는 클라이스트 협회 출간물이 단지 "현학적 빈곤"일 뿐이라고 경멸했지만, "학자들 중의 예술가"나 "시인들 중 사색적 경향을 가진 자들"에게 진정한 희망이 있다고 생각했다. 즉 양측은 마침내 "아마추어식의 공원 동상"을 한결 가치 있는 기념비로 대체시켰다는 것이다. 횔덜린과 클라이스트를 뗄 수 없는 한쌍으로 묶으면서 무쉬크는 "횔덜린 곁에 있는 클라이스트는 국가가 감춘 가장 깊은 비밀의 입구를 열정적으로 찾던 독일인들에게 우상이 되고 있는

---

23   Thomas Mann, 'Kleists *Amphitryon*', 1926. Mann, *Essays of Three Decades*, tr. H. T. Lowe-Porter, 1947, pp. 202~40에 수록되어 있다.

24   Hans Jürgen von Kleist, 'Kleist und die Kleists', 1927년 10월 20일자 *Vossische Zeitung*. *Kleists Nachruhm*, p. 434에 수록되어 있다.

듯 보였다"[25]고 기술했다.

이 해석은 사람들을 안심시키려 했겠지만 실지로는 불길한 징조였다. 이른바 더 우수한 클라이스트 해석자들은 독일인의 정신에 크게 자리잡은 죽음에 대한 애정에 새로운 경의를 표했을 뿐이기 때문이다. 냉철한 문학사가 프리츠 슈트리히Fritz Strich는 클라이스트의 비극 〈홈부르크 태자The Prince Frederick of Hamburg〉에서 작가 자신만이 "죽음을 위한 성숙, 죽음을 위한 준비성을 가진" 영웅으로 표명되었다고 보았다. 클라이스트에게 이 비극은 "생명에 대한 탐욕을 죽음을 위한 열락의 소망으로 바꾸어놓게 될(Lebenssucht in Todesseligkeit)" 운명이었기 때문이다. 슈트리히에게 클라이스트의 자살은 이 비극이 무대 위에서 가르친 것을 생활 속에서 실천한 것이었다. 그의 자살은 "그의 최후의 작품"[26]이었던 셈이다. 무쉬크가 격려의 장을 발견한 바로 그해인 1925년에 슈테판 츠바이크는 클라이스트를 자신 속의 악마와 싸우고 있는 시인이라고 묘사했다. 그는 슈트리히와 견해를 완전히 같이하면서 "클라이스트의 생애는 삶이 아니라 전적으로 종말을 추구하는 과정이었으며, 피와 관능, 냉혹함과 공포에 짐승처럼 도취된 거대한 사냥이었다"고 기술했다. 클라이스트에게서 절정은 또한 종말이었다. 죽음에 몸을 바친 자만이 위대한 비극을 쓸 수 있었다. "그의 자발적인 요절은 〈홈부르크 태자〉만큼이나 그의 걸작이다."[27] 만일 이러한 음울함이 바이마르 정신으로 충만한 비평가들을 지배했던 것이라면 우익의 클라이스트 독자들을 고무시켰던 감흥은 상상이 가능할 것이다. 클라이스트

25   1925년 9월 13일자 *Neue Zürcher Zeitung, ibid*, p. 419에 수록되어 있다.
26   Fritz Strich, *Deutsche Klassik und Romantik*, 1922, *ibid.*, p. 416에 수록되어 있다.
27   Stefan Zweig, 'Heinrich von Kleist', *Baumeister der Welt*, 1951, pp. 251, 300.

를 옹호하는 운동에 관해서는 단지 세 가지 사실만이 명백했다. 강렬함, 혼란, 그리고 비이성의 격상, 즉, 기쁨에 찬 죽음의 소망이다.

이에 대조적으로, 뷔히너의 부활은 언제나 공화주의자, 또는 좌익의 일이었다. 뷔히너의 연극에는 아무리 최상의 철학적 의미를 붙인다 할지라도 가난한 자들에 대한 공감과 권위주의에 대한 혐오와 사회에 관한 강건한 사실주의 때문에 애국자들과 반동주의자들은 그를 이용할 수 없었다. 실로 일관된 급진파였던 아르놀트 츠바이크Arnold Zweig 는 "사후에 승리를 거둔 독일 문학의 세 청년"[28] 중의 한 사람으로 클라이스트와 횔덜린이라는 확실한 한쌍에 뷔히너를 추가했지만, 최소한 뷔히너가 바이마르 시절에는 민주주의자, 사회주의자, 공산주의자에 속했던 것은 확실하다.

클라이스트와 달리 뷔히너는 1837년 망명중에 23세의 젊은 혁명가로 요절한 뒤 거의 잊혔다. 한 편의 희곡 〈당통의 죽음Danton's Death〉이 그의 생전에 출간된 유일한 작품이었다. 미완성의 희곡 〈보이체크Woyzeck〉, 단편소설 〈렌츠Lenz〉, 희곡 〈레옹스와 레나Leonce and Lena〉 등은 젊은 한 작가의 저작으로서는 대단히 방대하고 훌륭하게 구현된 작품들로서, 사망 이후에 출간되었으나 어떤 관심도 끌지 못했다. 한두 독자를 제외하고는 어느 누구도 몇십 년 동안 뷔히너를 읽지 않았다. 신뢰할 만한 첫번째 선집은 1879년에야 나왔고, 젊은 게르하르트 하웁트만이 뷔히너를 발견하여 자신의 감동을 대중과 나눈 것은 1880년대 말에 이르러서였다.

28　1927년 10월 18일자 〈오데르 신문〉의 질문 회람 "클라이스트에 대한 당신의 태도는?"에 대한 대답. *Kleists Nachruhm*, p. 440에 수록되어 있다.

뷔히너는 처음에 어떤 반응도 없이 무시되었고, 나중에는 그가 야기할 수 있는 반응이 위험하다고 판단되어 발간이 금지되었다. 1891년 베를린의 한 사회민주당 소식지가 〈당통의 죽음〉을 게재했고, 그 편집인은 이 위법 행위로 4개월 형을 선고받았다.

1890년, 베를린 자유 민중극단(Berlin Freie Volksbühne)은 이 작품을 공연한다고 공지했지만 감히 무대에 올리기까지는 12년 동안을 신중하게 기다려야 했다. 당국은 신성함이 전혀 없는 반역자 베데킨트가 채택한 극작가를 필요로 하지 않았던 것이다. 그러나 1900년에 이르러 해금 조치가 내려지고, 연출가들은 뷔히너의 희곡을 무대에 올리기 시작했다. 1909년과 1923년 사이에 그의 전집은 5판을 거듭할 정도로 수요가 있었다.[29]

다시 한번 공화국은 사멸한 제국이 시작했던 것을 완수했다. 카를 추크마이어Carl Zuckmayer는 혁명 발발과 함께 재능과 흥분과 욕구로 가득차 있던 젊은이들이 진실로 찬미할 수 있는 인물을 찾고 있을 때 뷔히너가 "반역적이고 활기에 차 있으며 공적 책임에 대한 의식을 절감하고 있던 이 훌륭한 젊은이들의 수호성자"가 되었다고 회상했다.[30] 뷔히너 희곡의 한 버전인 알반 베르크Alban Berg의 오페라 〈보체크 Wozzeck〉는 1925년에 초연되었는데, 이것은 훨씬 더 급진적이었다. 이것은 쇤베르크의 12음계와 서창(Sprechgesang)[31]을 한층 관습적인 음악 기법과 결합시켜 사용했다. 영웅이라기보다는 반(反)영웅인 주인공

---

29   Karl Viëtor, *Georg Büchner: Politik, Dichtung, Wissenschaft*, 1949, p. 266을 참조.
30   *Als wär's ein Stück von mir*, 1966, p. 272.
31   서창(敍唱)은 오페라에서 말하듯 노래 부르는 기법을 말하는데 표현주의자들이 많이 사용
      했다.─옮긴이

은 뷔히너의 가장 감동적인 인물 중 하나였는데, 이 가난하고 무식한 병사는 상관에게 모욕당하고 애인에게 배신당하며 살인과 자살로 끝을 맺는다. 베르크의 오페라에 대한 명성이 뷔히너의 희곡에도 명성을 부여했다. 에른스트 톨러Ernst Toller와 같은 표현주의적 극작가와 〈바알〉의 젊은 베르톨트 브레히트는 그들 나름대로 자신이 찬양해 마지 않던 극작가에 대한 회상으로 그들의 희곡을 가득 채웠다. 유력한 비평가 알프레트 커는 브레히트가 뷔히너의 후예이자 "뷔히너의 아류(Büchneroid)"[32]라고 말했다. 횔덜린, 클라이스트와도 유사성이 있었고 게오르게, 릴케와도 비슷했지만 시인 뷔히너는 자기 자신의 방식으로 바이마르 세계에서 살아 있는 영향력이었다.

IV

시인들이 독일에서 중요한 위치를 차지하고 있었다는 사실을 입증하기란 쉬운 일이지만 이것이 무엇을 의미했는지를 진단하는 것은 어려운 일이다. 요컨대, 시에 대한 열정이 모든 독일인을 군국주의자나 반동주의자로 만들어놓은 것은 아니었다. 릴케는 기대하고 있던 세계에 훗날 후회했을지라도 1914년 8월에는 실지로 전쟁의 신과 고통을 불러내면서 환호했지만, 릴케에 못지않게 웅변적으로 전쟁과 전쟁 도발자들을 비난하면서 모든 시적 능력을 완전히 발휘한 시인들도 있었

---

32   1924년 10월 30일자 Berliner Tageblatt에 실린 브레히트의 *Im Dickicht der Städte*에 대한 커의 논평. *Theater für die Republik*, 1917~1933, ed., Günther Rühle, 1967, p. 567에서 인용.

다. 우익 민족주의자들이 자기네 시인을 갖고 있었다면 사회 민주주의자들도 마찬가지였던 것이다. 그리고 많은 사람들이 시인을 장엄한 예언가나 입법자로 보았다 할지라도 시인을 사회의 비판자, 자신이 바라보는 사회상에 대해 이야기하는 현실주의자, 사회 개선을 꾀하는 선동가로 이해한 사람들도 있었다. 더구나 시의 효과란 보편적인 것도 균일한 것도 아니었다. 청소년에게 광적 열정을 불러일으킬 수 있는 것은 성인들이 냉정한 분석을 하게 만들거나 아니면 그들을 당혹감 혹은 지루함 속에 남겨둘 것이다. 다른 곳에서와 마찬가지로, 바이마르에서도 성인들은 자신의 감정과 생활을 구분할 수 있었기에 프란츠 노이만과 같이 강건하고 매우 정치적인 지식인은 횔덜린을 당쟁의 세계에 있어서 자신의 지도자로 삼지 않고도 그를 인용할 수 있었던 것이다.

프란츠 베르펠은 제1차세계대전 시기를 "언어가 여전히 영향력을 가졌던" 시기로 애정을 갖고 회상했는데, 그가 말한 언어란 안심하고 권위를 부여할 수 있는 신성한 인물인 시인의 언어였다.[33] 그러나 사실은 이처럼 단순하지 않았다. 언어적인 인간은 언어의 힘을 과대평가하는 경향이 있다. 이것은 시나 연극이 독자나 관객의 행동을 유발시키는 즉각적이고 직접적인 효과를 갖는다는 신고전주의 이론으로부터 연유한 낡은 허상이다. 그러나 바이마르에서조차 많은 사람에게 시나 연극은 확신이나 행동에 어떤 영향도 미치지 않았거나 간접적이고 미미한 영향만을 미쳤을 뿐인 오락과 교양의 힘이었다. 시인들이 두려워했거나 열망했던 것이 무엇이었든 시란 단순한 선전만이 아니었다. 더구나 내가 제시했던 것처럼 독일인이 가장 사랑하던 시인이란, 상충적

33   Franz Werfel, *Die Welt von Gestern: Erinnerungen eines Europäers*, 1955 ed., pp. 222~3.

인 해석이 가능하고 여러 당의 당원들에게 받아들여져 낭송될 수 있는 종류의 시인이었다. 그리고 최종적으로 시인이 전달하려던 바가 명확하다 해도 독자의 성격을 형성한다는 것은 결코 확실하지 않다. 또한 독자는 시 속에서 자신이 원하는 의미를 찾으려 하지만 시가 아닌 다른 곳에서 그 의미를 찾을 수도 있다. 시인은 원인이라기보다는 거울이 아니었던가?

그것은 대답하기 어려운 문제지만 바이마르공화국 이전과 공화국 기간 동안 시가 독일인의 상상력에 특이한 영향력을 행사했다는 사실 정도는 명백하다. 독일인만이 시인을 숭상한 것이 아니었듯, 독일인만이 신념이나 동성애의 유대로 결합된 강력한 동인 집단을 형성한 것도 아니었다. 블룸즈베리 집단의 사건은, 영향력 있는 젊은이 사이의 성적 기행이 문제가 될 때, 옥스퍼드나 케임브리지의 졸업생들이 게오르게 집단보다 훨씬 더 적극적이고 은밀했음을 시사해준다. 그러나 영국인의 이러한 비밀주의와 외견적인 인습 존중은 최소한 부분적으로나마 그들을 구제하는 데 기여했다. 즉 은밀했다는 바로 그 사실 때문에, 최소한 그 행동반경에 있어서 이들은 독일의 과시적인 광신자들보다 대중에 대한 영향이 적었다.

그러나 증언으로 가득찬 회고록 속에 반복되어 나타나듯 바이마르인은 특히 시에 민감했다. 1920년대 베를린의 영화비평과 문학편집의 중요한 인물이었던 빌리 하스Willy Haas는 젊은 날 프라하에서 "프리드리히 실러의 격정적인 청년기가 다시 탄생한 것"[34]에 못지않다고 말하면서, 역시 젊었던 발터 하젠클레버의 등장을 환영했다. 마르틴 부

---

34 Willy Haas, *Die literarische Welt: Erinnerungen*, 1960 ed., p. 60.

버Martin Buber는 18세에 처음으로 슈테판 게오르게를 읽고 23세에 다시 읽었을 때, 이 경험은 "잊을 수 없고 어쩌면 남에게 말할 수도 없는 두 가지 사건"으로, 자신에게 결정적인 발견이었다고 훗날 고백했다.[35] 슈테판 츠바이크는 후고 폰 호프만슈탈의 시 낭송이 청중을 충격으로 침묵하게 만들었다고 기록했다. 이것은 이루 말할 수 없을 정도로 완전히 매혹적인 사건이었다. "이보다 더 매혹적인 것이 젊은 세대에게 있을 수 있겠는가? 도달할 수 없을 만큼 이미 반쯤은 꿈이나 환상이 되어버린 휠덜린, 키츠John Keats, 레오파르디Giacomo Leopardi처럼 전설적인 형상으로만 상상할 수 있었던 천부적이고 순수하며 숭고한 시인을 가까이, 물리적으로 가까이 느낀다는 것이 말이다."[36] 젊은 베르펠과 그의 표현주의적 시의 출현도 비슷한 인상을 남겼다. 그리고 세련된 청년 시인들의 시낭송과 마찬가지로 괴테도 현존하면서 경험을 형성하고 있다는 듯이 인식한 자들도 많았다. 언론인이자 전기 작가인 구스타프 마이어Gustav Mayer는 "입센과 니체를 포함하는 어떤 현대 시인이나 사상가도 괴테보다 더 확고하게 나의 발전을 인도해주지는 못했다"고 회상했다. 자신의 독일성(Deutschtum)에 대해 생각해보라는 외국인의 질문을 받을 때마다 마이어는 두 개의 독일을 언급하며 "나를 독일인으로 만든 것은 포츠담의 정신이 아니라 바이마르의 정신"[37]이라고 말하곤 했다. 괴테 혹은 호프만슈탈, 휠덜린 혹은 릴케, 그런 것은 문제가 되지 않았다. 이들은 모두 독일의 신전에서 동년배였다.

35   *ibid.*, p. 180에서 재인용.
36   Stefan Zweig, *Die Welt von Gestern*, pp. 54~5.
37   Gustav Mayer, *Erinnerungen: Vom Journalisten zum Historiker der deutschen Arbeiterbewegung*, 1949, pp. 47~8.

그렇다면 상상력이 풍부한 산문 작가까지 포용하는 독일어 단어 시인(Dichter)의 확장된 의미로 볼 때 "시인은 세계의 비공인 입법가"라는 셸리Percy Bysshe Shelley의 포괄적이고 유명한 금언을 진지하게 받아들인 유일한 국가는 독일이었다고 말할 수 있을 것이다. 제2차세계대전이 남겨놓은 폐허와 미증유의 범죄에 대한 수치심 속에서 고령의 역사가가 "작은 소망의 그림"을 그려낸 프리드리히 마이네케의 마지막 작품 〈독일의 비극The German Catastrophe〉은 이것을 얼마나 심각하게 나타내고 있는가! 그는 "같은 문화적 기질의 동료들이 모인 공동체가 미래의 모든 도시와 읍락에서 나타나기를 우리는 희망한다. 그것은 괴테 공동체라고 부르는 것이 가장 적합할 것"이라고 기술했다. "언제나 가장 고귀한 음악과 시를 제공했던 위대한 독일 정신의 가장 생생한 증거를 음성을 통해 청중의 가슴에 전달하는 것이 이 공동체의 임무가 될 것이다." 수많은 도서관이 불타버렸기 때문에 젊은이들은, 우리 주위 어느 곳에나 상설기구로 있기 바라는 괴테 공동체의 정규 음악축제와 시축제 기간을 통해 횔덜린, 뫼리케Eduard Friedrich Mörike, 마이어C. F. Meyer, 릴케 등이 남긴 불멸의 시에 처음으로 접하게 될 것이며, 이것은 아마도 매주 일요일 늦은 오후, 가능하다면 교회 안에서 열리게 될 것이다. 이런 종류의 상징적 과정을 통해 우리 시의 종교적 근거는 그 자체가 명확해지기를 정당화할 뿐 아니라 요구하고 있다. 이러한 독서회는 정선된 "올바른" 산문을 포함해야겠지만, 이런 축제의 정수가 "서정적이고 사유적인 시"로 이루어져야 할 것은 확실하다. "이것은 영혼이 자연이 되고, 자연이 영혼이 되는 괴테와 뫼리케에서 정점에 달하는 경이로운 서정시와 괴테와 실러의 시처럼 감성적이고 사유적인 시를 말하는 것이다."38

자기를 고발하는 독일의 인상적인 문헌 중에서 나는 이보다 더 자세하고 애처로운 구절을 알지 못한다. 시와 종교 사이의 경계선을 흐리게 함으로써 마이네케는, 고전주의 시대의 시인과 사상가들이 계몽주의의 "경박한 사고"를 "극복"하는 것이 필요하다고 생각했던 치명적 시기인 18세기 말 이래로 전반적인 독일의 철학적 사색의 성격을 특징지어왔던 모호한 종교성을 고수했다. 교회 안에서 지정된 시간에 시를 읽는다는 것은 시를 종교적으로 중요한 위치로 격상시키고, 반대로 종교는 시적 감정 정도로 격하시키는 지적인 방식을 보여주는 개념이다. 그것은 모든 사람이 단순한 미신으로 알고 있는 기독교의 특정 교리에 얽매이지 않고도 경건하게 느끼고, 신자들이 유물론자가 되지 않고도 교양을 얻었다고 느끼게 해주는 것이다. 그렇다면 그것은 어떤 시가 되어야 할까? 무엇보다도 소재 선택에서 완전하게 비정치적이며 시를 영웅적 행위에 딸려오는 것으로 취급했던 괴테와 실러의 시가 그 대상이었다. 괴테의 정치학은 냉담이었고 실러의 정치학은 전제 타도였는데, 이 두 가지 중 어느 것도 인간에게 의회주의적 타협을 준비시키게 의도된 방법은 아니었다. 오히려 이 양자의 방법은 정치학보다 고상한 어떤 것을 요구함으로써 오히려 한결 저속한 것, 즉 야만으로의 길을 터놓는 데 기여했던 것이다. 시를 구원의 도구로 취급한다는 것은 의심스러운 약을 처방해주는 것과 같았는데, 왜냐하면 시는 무엇보다도 독일을 파멸시킨 도구 중 하나였기 때문이다. 마이네케가 이러

---

38   Friedrich Meinecke, *The German Catastrophe: Reflections and Recollections*, tr. Sidney B. Fay, 1950, pp. 119~20.

한 절망적인 처방을 내리기 한 세기 반 이전에 스탈 부인Madame de Staël 은 독일을 시인과 사상가(Dichter und Denker)의 나라라고 칭했다. 스 탈 부인과 마이네케 사이의 시기에 독일에서 시인은 사상가보다 격상 되었거나 혹은 사상가들이 자신의 사유를 해치면서 시인으로 전향했 다. 마르틴 하이데거의 해석자 중 한 사람은 최근 이것을 의식하지 못 하면서 자인하고 말았다. 프라이부르크에서 하이데거는 "헬링그라트 판의 횔덜린 작품과 함께 살고 있다".

"횔덜린과의 이러한 근접성은 우연이 아니라 하이데거 자신의 철학 을 이해하기 위한 핵심적인 열쇠이다. 왜냐하면 횔덜린은 동일한 지역 출신이고 동일한 정신적 문제에 당면하였으며 무(nothingness)를 노래 로 표현할 수 있던 다른 어떤 사람보다도 무의 궁극적 □를 명확하고 신랄하게 경험할 수 있었기 때문이다. '노래'가 '사상'으로 대체된 것 이라면 하이데거와 매우 유사했다."[39]

실제로 이 과정은 정확하게 역방향으로 진행되었다. 즉 사상이 노 래로 대체되었던 것이다.

39   Stefan Schimanski, 'Forward', Martin Heidegger, *Existence and Being*, tr. Douglas Scott, R. F. C. Hull & Alan Crick, 1949, p. 9.

IV. 전체성의 갈망

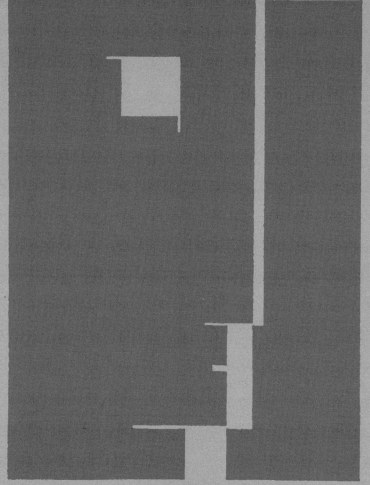

Weimar culture
The Outsider as Insider

I

시인들은 자신만을 위해 말한 것이 아니었다. 이들의 정치 비판과 전체성의 요구가 광범위한 호응을 보장받을 수 있었던 것은 이들이 향유하던 높은 권위에도 원인이 있었지만, 다른 한편으로는 이들이 독일의 과거 속에서는 물론 바이마르공화국 시대에도 여전히 강력한 여러 관념을 공고히 하고 미화시켰기 때문이었다. 공화국에는 정치에 대한 깊은 불만이 만연해 있었다. "우리 젊은이들은 그 당시에 신문을 읽지 않았다"고 한나 아렌트는 술회하며 다음과 같이 말했다. "게오르게 그로스의 만평은 우리에게 풍자가 아니라 사실적 보고문처럼 보였다. 우리는 그러한 유형들을 알고 있었다. 이런 것들은 우리 주위 어느 곳에나 있었다. 그러나 그런 것 때문에 우리가 바리케이드를 넘어야 했을까?"

이러한 정치 거부는 옛 정신 습관의 새로운 형태였을 뿐이다. 한 세기 넘도록 독일인들은 매혹과 혐오가 뒤엉긴 채 정치를 바라보았다. 엄청나게 많은 신문, 일단 검열을 통과했을 때 신문들마다 정치에 할

애했던 넓은 지면, 그리고 높은 투표 참여율 등은 독일인들이 열정을 갖고 정치에 전력했다는 사실을 강력하게 시사한다. 이들은 기회가 있을 때마다 정치에 관심을 보였다. 이렇듯 끊임없는 정력 낭비의 대부분은 독일인들 스스로도 불치의 단체를 결성하는 경향을 기꺼이 풍자하듯이 자기만족으로 중요하게 여기는 바쁜 일이거나, 혹은 개인적 열정의 공공연한 과시일지도 모른다. 그렇지만 최소한 이것은 정치 행위라고 보편적으로 불리는 것, 즉 정치적 대화, 선거 유세, 투표 등에 소비된 것이었다. 어리석은 정치라도 정치이다. 그러나 이러한 사고의 지류 옆에는 교통량이 많고 조심스럽게 깊이 판, 또다른 수로가 흐르고 있었는데, 이것은 특정 정당이나 정책이 아닌 정치 그 자체에 대한 반감이었다.

정치를 추구하는 것은, 모든 습관이 그렇듯, 연습으로 강화하고 사용하지 않으면 위축되는 하나의 습관이다. 독일인들은 정치 훈련을 거의 받지 못했다. 18, 19세기의 크고 작은 권위주의적 국가들은 대체로 지배자의 인가 아래 존속했다. 신문은 별로 없었고, 있다 해도 정치 뉴스는 거의 없고 정치적 독립성은 기대할 수 없었다. 단지 손꼽을 수 있을 정도의 국가들만이 의회라고 하는 공개 토론장을 자랑할 수 있었다. 비스마르크는 1871년에 설립한 제국의회를 한층 우월한 것처럼 보이게 만들려 했으나 결과는 더 나쁘게 되었을 뿐이다. 노련한 사회민주주의자 빌헬름 리프크네히트Wilhelm Liebknecht의 유려한 표현대로 독일의 의회제도란 "절대주의라는 치부를 가리는 무화과 잎"이었다. 새로운 독일제국의 연방주의적 구조는 프로이센의 우월성을 감추려 하지도 않았다. 연방의회의 성인 남자 보통선거권은 모든 힘을 권력자의 수중에 두었던 프로이센의 반동적 3계급 선거제도와 졸렬하게 절충되었다. 의회는 단지 허상에 지나지 않았다. 수상은 의회가 아니라 황제에 대해 책임을 졌기 때문이다. 의원들은 대체로 실권자들에게서 수동적으로 지령을 받던 자들이었다. 스스로를 가리켜 완전히 정치적 동물이라고 고백한 바 있는 위대한 로마사가 테오도어 몸젠Theodor Mommsen은 비스마르크가 행하고 있던 폐해에 대해 경고했다. 그는 "우리의 부패한 대의제도는 공포스러운 수준이다"라고 기록했다. 국가는 "사이비 입헌주의적 절대주의"에 만족하고 있었다. 의회는 "사용 후에 폐기될 임시 용도의 건물"처럼 보였다. 요컨대 "비스마르크는 국가의 근간을 파괴한 것이다".[1] 몸젠만큼 지각 있던 자들은 손꼽을 정도로 소수였다. 더구나 1890년에 비스마르크가 해임된 후 그의 제도는 더욱 무능력한 사람들의 손에 남겨졌다. 즉, 훗날 마이네케가 "군국보수연합"[2]이라고 불렀던 자들이 지배했던 것이다. 물론 정치적 심리는 끊임없는 좌절적 분위기나 모든 것이 거짓이라는 의식 속에서는 단련될 수 없었다. 민주적인 바이마르 헌법이 현실 정치로의 문을 열었을 때, 독일인들은 궁전에 초대받은 농부처럼 어떻게 처신해야 할지를 몰라 입을 벌린 채 그 문 앞에 서 있었던 것이다.

현실이 보통 그러하듯, 이러한 현실도 그 자체를 설명하고 정당화시킬 이념들을 만들어냈다. 유력한 독일의 지식인, 시인, 교수 등은 그들의 국가와 대부분 비공식적인 묵약을 맺고 있었다. 국가가 이들에게 어느 정도 비정상적인 사생활을 영위하고 철학이나 종교에 있어서 상

1   Albert Wucher, *Theodor Mommsen: Geschichtsschreibung und Politik*, 1956, pp. 157, 180에서 재인용.
2   본서의 제1장 3절을 참조.

당히 이단적인 견해를 지닐 자유를 허용했음에도 불구하고 이들은 비판은 물론 일반적인 정치 행위조차 자제했다. 실러가 요구했던 유명한 사고의 자유(Gedankenfreiheit)는 겉보기만큼 과격한 것이 아니었다. 하요 홀본은 "사고의 자유에 대한 절대적 필요성은 직접적으로 느껴진 반면, 사회적·정치적 권리는 바람직하긴 하지만 단지 부차적인 정도로만 필요하다고 간주되었고, 사실상 18세기 독일의 모든 지적 운동은 개인의 교육을 거의 유일한 목표로 삼을 정도였으며, 모든 정치적 요구는 이에 종속되었다"[3]고 기술하였다. 시인들이 그 전형이자 대변인이었던 독일인의 세계는 이제 자기완성과 교양(Bildung), 정치가 배제된 문화 자체를 위한 문화의 달성이라는 고급한 영역, 그리고 현실적 문제와 타협 등으로 얼룩진 인간사라는 저급한 영역으로 분리되기에 이르렀다. 알렉산더 폰 훔볼트Alexander von Humboldt와 같은 교양인들에 의해 19세기 초에 설파되었던 인문주의적 이상(Humanitätsideal)은 고귀한 것이었으며, 어떤 의미로는 국내정치건 국제정치건 간에 인문학적 정치학을 위한 교육이었다. 이것은 기존제도와 정책시행에 대한 비판의 역할을 했다. 그러나 정치적 냉담을 우월한 형태의 실존으로 격상시켰고 영국과 프랑스 정치가들의 장사꾼 같은 심리상태를 교양 높은 독일인의 정신성과 비교한다는 우를 범하게 되었던, 이러한 이원론은 단순한 슬로건 정도로 쉽게 통속화될 수 있었고 실제로 그렇게 되었다. 실지로 "서구의" 가치로부터 독일을 분리시켜 독일을 서구보다 격상시키려던 시도가 독일적 이념의 중요한 부분을 이루었던 것

3   Hajo Holborn, 'Der deutsche Idealismus in sozialgeschichtlicher Beleuchtung', *Historische Zeitschrift*, CLXXIV, 2 October 1952, p. 365.

이다. 또한 이러한 통속적 이상주의(Vulgäridealismus)[4]는 정치적으로 중립적인 것도 아니었다. 복종과 권위를 토론과 정당 행동보다 높이 평가함으로써 이것은 기존 질서에 대한 독선적이고 보수적이며 때로는 반동적인 조류의 소중한 보루가 되었다.

제1차세계대전 동안 비정치적인 독일인들은 웅변적인 대변인을 발견하여 기억에 남을 만한 전쟁을 했는데, 그것이 바이마르의 짧은 생애에 큰 반향을 일으켰다. 1918년 토마스 만은『비정치적 인간의 고찰Betrachtungen eines Unpolitischen』이라는 제목과 600페이지나 되는 내용을 통해 자신은 비정치적 인간이며 그것을 자랑스럽게 여긴다고 언명했다. 실로 과도하게 두꺼운 논쟁적 팸플릿이었던 이 책은 공개적으로 벌어진 가족 싸움에 대한 핑계였다. 전쟁 초기에 여전히 독일의 문화적 사명에 대한 확신에 사로잡혀 있던 토마스 만은 모든 결함에도 불구하고 독일 자체를 구현했던 역사적 영웅인 프로이센의 프리드리히대제를 독일인들에게 상기시키는 논문을 발표했다. 즉 프리드리히가 자기 방어라는 명분 아래 작센을 침공한 후 1756년 프로이센에 대항하여 결성된 대동맹은, 같은 이유로 독일인들이 벨기에를 침공한 후 1914년 독일에 대항하여 결성된 대동맹의 전조였다는 것이다. "오늘날 독일은 프리드리히대제이며 우리의 내부에 다시 깨어난 것은 그의 영혼이다."[5] 이러한 공격적 방어라는 독일 문화와 독일의 행위에 대한 반박은 토마스 만의 형인 하인리히 만Heinrich Mann으로부터 나왔다. 그의 논

---

4   나는 이 적절한 표현을 프리츠 스턴(Fritz Stern)에게서 차용하였는데, 이것은 물론 '통속적 마르크스주의' '통속적 자유주의'와 같은 친숙한 독일어의 표현에 대한 모방이다. Fritz Stern, 'The Political Consequences of the Unpolitical German', *History*, no. 3, 1960, p. 122를 참조.
5   Kurt Sontheimer, *Thomas Mann und die Deutschen*, 1961, p. 22.

고는 외견적으로는 졸라_{Emile Zola}에게 헌정한 것이지만 실지로는 자신의 동생과 독일의 정책에 빗대어 말하는 것이 명백했으며 토마스 만이 고수하고 유지하려 했던 바로 그 이상에 대한 비타협적 비난이었다. 하인리히 만에 의하면, 진정 찬양해야 할 본보기는 공화주의자이자 민주주의자, 부정과 착취에 대해 논박하는 자, 무자비한 사실고발자, 관념주의자, 이상주의자였던, 한마디로 계몽된 시민이었던 졸라였다. 이러한 설전은 1915년에 벌어졌다. 이때 시작하여 3년 후에 출간된 토마스 만의 『비정치적 인간의 고찰』이 최소한 당시엔 이 분쟁에서 승리를 거둔 듯했다. 이 책에서 하인리히 만은 본명이 아니라 번역하기 어려운 수식어인 문명의 지식인(Zivilisationsliterat)으로 등장한다. 문명의 지식인이란 합리주의적·부르주아적·물질주의적·피상적·낙관주의적 문명의 저주받은 가치에 몰두해 있고, 인간 영혼의 심연, 문화(Kultur)의 신비, 진보이론의 음험한 유혹, 민주주의의 위험 등을 보지 못하고 있으며, 그리고 이것이 최악인데, 문화와 정신의 영역을 정치로 오염시키기를 고집하는, 한마디로 교양은 있되 천박한 문인이라는 것이다. "정치는 인간을 오만하고 독선적이며 완고하고 비인간적으로 만들기 때문에 나는 정치와 정치에 대한 믿음을 혐오한다."[6] 1920년대에 토마스 만이 공화국과 민주주의로 전향했을 때 그는 정치에 대한 견해도 바꾸었다. 이제 그는 "정치와 사회 분야도 인간적 영역의 일부"[7]임을 인정하게 되었다. 당시로서 이것은 다소 뒤늦은 감이 있었고 특별히 감명적일 것도 없었다. 만의 태도 변화를 배신과 완전한 무책임으

6   *ibid.*, p. 39.
7   *ibid.*, p. 95.

로 해석하여 그를 따르기를 거부하며 후기의 주장을 논박하기 위해 초기의 주장을 악의적으로 인용하는 자들도 많았다.

그렇지만 바이마르에 필요한 것이 있다면 그것은 합리적인 정치였다. 공화국의 출현과 함께 정치적 행동의 가능성은 그 필요성과 마찬가지로 갑자기 극적으로 증가했다. 그러나 가능성은 실현되지 않았고, 필요성은 충족되지 않았다. 비정치적인 사람들에게만 문제가 있는 것이 아니었다. 비정치적이었던 사람들 다수는 약간의 무관심을 갈망하게 만드는 종류의 정치를 채택했다. 어떤 자들은 표현주의 선언을 개혁안으로 오해했으며, 또 어떤 자들은 자신에게 가장 유리한 선거 운동의 형태로서 살인을 택했다. 좌익조차도 때로는 이에 못지않게 현실적인 합리적 행동과 거리가 먼 것으로 보였다. 즉 1932년 〈세계 무대〉의 주변 인물들은 실지로 하인리히 만을 독일 대통령 후보로 천거했는데, 만은 히틀러에 반대하면서 힌덴부르크Paul von Hindenburg에게 유리하도록 사퇴했던 것이다.[8] 동시에 뒤늦은 생각을 반영하는 문학인 회고록에서 분명히 나타나듯이, 비정치적 경향은 여전히 지속되고 있었다. 많은 사람들은 단지 정치에 개입되기를 귀찮아했다. 명석한 철학자인 루트비히 마르쿠제Ludwig Marcuse는 자서전에서 "나는 그 당시 내가 투표를 했는지조차 기억하지 못하며 누구에게 투표했는지는 두말할 것도 없다"[9]고 기록했다.

8   나는 조지 모스(George L. Mosse)와 견해를 같이한다. '〈세계 무대〉의 인물들과 오시에츠키를 분석한다면 예를 들어 이들이 대통령 후보로 하인리히 만을 추대하려 했던 것처럼 이들이 얼마나 현실과 동떨어져 있던가 하는 사실이 나를 놀라게 한다'고 모스는 기술했다.

9   Ludwig Marcuse, *Mein zwanzigstes Jahrhundert: Auf dem Weg zu einer Autobiographie*, 1960, p. 82.

대단히 널리 퍼져 있고, 대단히 치명적이었던 이런 태도가 인식의 왜곡을 발생시켰다는 점에는 의심의 여지가 없다. 즉 수고할 가치조차 없다고 예단된 것은 정말로 수고할 가치도 없는 것으로 보였던 것이다. 그럼에도 한나 아렌트나 루트비히 마르쿠제로 대표되는 정치 배격은 단순히 낡은 태도를 새롭게 한 것 이상이었다고 지적해야 한다. 여기에는 상당한 현실이 내포되어 있었던 것이다. 즉, 공화국의 정치 생활이 삶과 동떨어지고 약간은 우스꽝스러운 구경거리였다고 생각할 만한 이유가 있었다. 율법주의에 때로는 맹렬하기까지 했던 의회 토론에는 묘하게도 비현실적인 분위기가 있었다. 수백만 명이 굶주리고 있는데 정당의 늙은 정객들은 변명과 웅변을 하면서 서로를 모욕했다. 정치는 모두가 참여해야 하지만 정치가들만이 이길 수 있는 경기인 것처럼 보였다. 내각의 위기 뒤에는 또다른 내각의 위기가 따랐다. 15년이 못되는 바이마르 역사에서 내각은 17번이나 바뀌었다. 이러한 숫자가 시사하는 것보다 더 큰 연속성이 있었다는 것은 사실이다. 사회 민주당, 가톨릭 중앙당, 민주주의당 출신의 연합각료들로 구성된 이른바 바이마르 연합 내각이 이러한 내각 중 다수를 지배했다. 그리고 어떤 자들은 내각의 일반적 성격에 상관없이 내각이 바뀌어도 다시 나타났다. 1923년 8월부터 11월까지 두 내각에 걸쳐 수상을 역임한 슈트레제만은 그 이후 1929년 10월 3일 자신이 죽는 날까지 일곱 내각에 걸쳐 외상직을 역임했다. 실지로 가톨릭 중앙당이라는 당명은 잘 붙여진 이름이었다. 이 당은 바이마르 기간 대부분에 걸쳐 의회의 구심점 역할을 했다.

그러나 나치와 같은 극단적인 당파의 성장과 이러한 내각 교체는 연합내각이 그저 깊은 균열 위에 벽지를 바르는 데 불과했다는 사실을 시사해준다. 연합내각은 합의가 없는 연합이었다. 일반의지에 대한 개념이 불분명하거나 완전히 결여되어 있던 자들이 너무도 많았다. 당 기관지 증가도 독일 사회의 분열상을 완화시키지는 못했다. 수백만의 유권자들은 "자신이 속한" 정당의 신문만을 읽었고, 따라서 기존 사고방식을 더욱 굳힐 뿐이었다. 예컨대 중앙당은 전국에 걸쳐 300개 정도의 신문으로부터 지지를 받았는데, 이들 대부분은 발행 부수가 그리 많지 않았고, 모두 지방색과 편협성을 짙게 띠었다. 중앙당에 나치의 〈민족의 관찰자Völkischer Beobachter〉나 사회민주당의 〈전진Vorwärts〉에 상응하는 신문이 없었듯이 그 신문들 중 어느 것도 공식적 당지가 아니었고, 이 신문들은 경영에 있어서는 완강하리만큼 독립적이었지만 정치 기사 처리에 있어서는 신뢰할 만큼 편파적이었다.

물론 예외는 있었다. 많은 발행 부수를 갈망하던 대도시의 일간지들과 지방에서 이성의 소리를 분출시킨 〈프랑크푸르트 신문〉이 그 예외였다. 〈프랑크푸르트 신문〉은 민주주의적·자유주의적이었지만 당파로부터는 자유로웠다. 논조는 합리적이었고, 보도는 광범위했으며, 정치적 성향은 지적이면서 완전히 독립적이었다. 조판이나 기사를 통해 유행에 부응하는 선정주의에 영합하기를 거부했으며, 베를린에 주요 지국을 두고 있었기에 의회 관련 사건 보도는 빈틈이 없었다. 또한 현대 시인과 극작가를 옹호한 점과 지그프리트 크라카우어Siegfried Kracauer에 대한 수준 높은 기사 등에서 최고의 현대 문화에 대한 신문의 열정이 드러났다. 1931년, 편집장이던 하인리히 지몬Heinrich Simon은 자신의 신문이 대표하고 있는 "다른 독일"에 대해 감동적인 연설을 했다. 지몬은 이 신문의 창간자인 레오폴트 존네만Leopold Sonnemann의 업적을 돌이켜보면서 청중에게 다음과 같이 상기시켰다.

"자유와 인문적 독일 옹호자들이 적대시되고 박해받았던 시절을 기억하는 것은 바람직하다. 또한 이러한 박해에도 불구하고 그들은 자신의 확신을 조금도 굽히지 않았음을 기억해보는 것도 좋은 일이다. 이러한 용기는 어디로부터 나오는가? 이것은 수 세기 동안 무력이 침묵을 강요하려 했을 때조차 전쟁에 의한 자기 파멸을 계속 막아왔던 다른 독일에 대한 신념으로부터 나오는 것이다. 이 신문은 오늘날까지 이러한 다른 독일, 자유와 인간성의 독일에 대한 신념 위에서 존속해 왔다."[10]

비장하지만 용감하게 말하며, 자신이 여전히 외부자라는 것을 알고 있던 외부자, 다른 독일의 대변인, 최고의 바이마르 정신이 여기에 있다. 〈프랑크푸르트 신문〉은 이성으로써 파당적인 독일의 분열을 치유하고자 했던 것이다. 그러나 이것은 대부분의 독일인이 추구하던 전체성은 아닌 것으로 드러났다. 나치는 이것을 알고 있었다. 이들에게는 국가사회주의 독일 노동당이라는 정당이 있었지만 그들은 이것을 운동(Bewegung)이라고 부르기를 선호했다. 유기적인 전체성을 반영하는 것처럼 들렸던 것이다.

---

10   1931년 10월 29일 행한 이 연설의 발췌문은 'Ein Jahrhundert *Frankfurter Zeitung*, begründet von Leopold Sonnemann', *Die Gegenwart*의 특집호, XI, 29 October 1956, p. 39에 수록되어 있다.

II

전체성을 향한 갈망은 청년들 사이에서 가장 날카롭게 표현되었다. 불안과 당혹 속에 빠져 있던 전후의 독일 젊은이들은 때로 공화국과는 돌이킬 수 없을 정도로 멀어졌다. 이들은 시인에게서 구원을 찾았지만 동시에 시인만큼이나 강렬하면서도 한결 평범한 다른 지도자들도 발견했다. 세기가 바뀔 무렵 소박하게 시작되어 20년대를 지나며 강력하게 번져나갔던 청년운동의 대열과 그 경험자 중에는 통합적인 생의 철학을 추구하던 자칭 철학자들이 많이 모여 있었다.

청년도보운동(Wandervögel)과 그 많은 아류들의 이념적 초상화를 그린다는 것은 불가능하다. 청년운동에는 어떤 실제 철학도 없었다. 많은 청년운동단체는 반유대주의적이었고 몇몇 단체는 유대인들을 받아들였다. 많은 단체들이 공인하지는 않았어도 동성애적 우정 속에 단원들을 결속시켰던 반면, 어떤 단체에서는 소녀들의 참가를 권장했다. 많은 단체들은 자연에 대한 범신론적인 사랑과 조국에 대한 신비적 사랑을 설명했던 반면, 건강에 유익한 산책에 전념하며 가볍게 모인 단체들도 있었다. 많은 단체들이 정치를 도입하려는 시도를 거부했던 반면, 어떤 단체들은 특히 1918년 이후로 공산주의, 사회주의 혹은 나치 집단과 동맹을 맺었다. 그러나 가장 비정규적인 단체를 제외한 모든 청년운동은 자신들의 운동에 큰 중요성을 부여했는데, 그것은 모호하긴 하지만 열정과 확신 속에서 드러낸 중요성이었다. 이들은 거의 모두가 부르주아였던 바, 진지하고 반역적인 부르주아로서 자신들의 산책과 노래와 모닥불 주변의 모임이나 유서 깊은 고적 답사가 자신들이

칸딘스키, 리소그래프(1925년 경). 추상주의 화가 중 가장 영향력 있는 예술가인 칸딘스
키는 1922년부터 1933년까지 바우하우스에서 일했다. 그곳에서 강렬한 기하학적 추상
화 몇 점을 작업했는데, 이 작품들은 바이마르 정신의 현대성을 잘 드러낸다.

에리히 멘델존이 만든 포츠담의 아인슈타인 탑(1919), 멘델존의 가장 잘 알려진 표현주의 건물 중 하나. 알버트 아인슈타인은 이 천문대를 지나가며 단 한마디로, 그러나 매우 정확하게, 감상을 일축했다. "유기적이군." (Museum of Modern Art, New York)

1926년에 완공된 데사우의 바우하우스 건물. 아마도 바이마르공화국 시기에 지어진 가장 유명한 구조물로, 멘델존의 급강하하는 곡선과 뚜렷한 각도와는 현저한 대조를 이룬다. (월터 그로피우스, Museum of Modern Art, New York)

마르셀 브로이어, 최초의 파이프식 의자(1925). 바우하우스의 특징인 화려한 디자인은 이 의
자가 생산된 그로피우스 건물만큼 영향력이 있었다. (허버트 베이어 기증)

1925년부터 1933년까지 바이마르공화국의 두번째이자 마지막 대통령으로 재임한 파울 루트비히 폰 베네켄도르프 운트 폰 힌덴부르크 장군. 소박하고 품위 있는 시민의 면모가 드러난다. (Gray Collection of Engravings 재단 기증)

오스카르 코코슈카가 그린 발터 하젠클레버. 화가와 극작가였던 두 표현주의자는 제1차 세계대전 끝 무렵에 친구가 되었다. 인류애가 넘쳤던 두 친구 중 코코슈카만 해외로 망명해 살아남았고, 하젠클레버는 1940년 6월 프랑스 남부에서 스페인 국경 수비대에게 쫓겨 스스로 생을 마감했다.(Courtesy of the Fogg Art Museum, Harvard University)

1930년의 토마스 만. 노벨문학상을 수상한 지 1년 만에 바이마르공화국으로 뒤늦게 전향했다. (New York Public Library Picture Collection)

영화 〈푸른 천사〉(1930)의 한 장면. 마를레네 디트리히는 카바레 가수 롤라 롤라 역을, 에밀 야닝스는 롤라를 노예처럼 사랑하는 고등학교 교사 운라트 역을 맡았다. 이 영화의 원작인 하인리히 만의 1904년작 소설은 독일의 부르주아 생활을 우스꽝스럽게 풍자한다. (Museum of Modern Art Film Stills Archive)

존경할 수도 이해할 수도 없는 독일로부터의 피신처라고 생각했으며 압도적 사건들과 교활한 세력에 의해 방기되고 파괴되었던 원초적 유대를 복구시킬 실험이라고 생각했다. 한마디로, 성인들의 세계에 대한 비판이라고 생각했던 것이다.

청년운동의 선도적 대변인의 미사여구는 이러한 고상한 이상주의와 끊임없는 탐색과 구제할 수 없는 혼란을 보여준다. 대다수의 청년 지도자들은 상업주의와 분열로부터의 도피처로서 이상화되고 낭만화된 중세 독일을 환영했다. 20세기 독일의 최고 베스트셀러 중 하나인 청년운동 노래 모음집을 엮은 한스 브로이어Hans Breuer는 서문에서 "상속권을 빼앗긴" 청년, "자신의 반쪽뿐인 정체성(Halbheit) 속에서 선함과 온전하고 조화로운 인간성에 대한 갈망을 느끼는" 청년을 위해 그 민요들을 모았다고 주장했다. "유서 깊은 고전 민요란 무엇인가? 그것은 온전한 인간, 그 자신으로 완전한 인간(in sich geschlossen)의 노래이다"라고 문답한다.[11] 이러한 노래를 부르던 젊은이들은 그들의 아버지에 대해 의식하고 있던 반역자였다. 실로 청년운동을 최초로 다룬 역사가이자 그 사춘기 식의 에로티시즘을 옹호했던 한스 블뤼어 Hans Blüher는 "청년운동을 만들어냈던 시기는 청년과 연장자의 대립이 특징"이라고 명백하게 말했다. 소외된 아들들은 다른 소외된 아들들을 찾아 거대한 "우정의 동맹"을 결성했다.[12] 이러한 저술가들의 말로 판단할 때 청년운동은 온정과 동지애, 프티부르주아 문화에 의해 만연하게 된 기만으로부터의 도피, 술과 담배 없는 깨끗한 생활방식, 그리

---

11   Hans Breuer, *Der Zupfgeigenhansl*, 1913, 제10판의 서문, *Grundschriften der deutschen Jugendbewegung*, ed. Werner Kindt, 1963, pp. 67, 68.
12   Hans Blüher, *Geschichte des Wandervogels*, vol. I, 1912, in *Grundschriften*, p. 47.

고 무엇보다도 자기 이익이나 비열한 정당정치를 초월할 수 있는 공동적 실존을 추구했다. 지도자와 추종자 모두가 약칭을 사용했는데 그것은 자신들의 감정적 친밀도의 상징이자 지표였다. 혁명을 환기시키는 시적 용어인 개간(Aufbruch)이나 공동체(Gemeinschaft)와 같은 단어는 이들에게 부적과 같아서 열정적인 공감과 주술적인 능력까지도 지니고 있는 주문이었던 것이다.

철학자 파울 나토르프Paul Natorp가 1920년에 공감과 우려에 찬 경고를 한 것처럼 그들의 갈망이나 관행의 가치는 의심스러웠다. 청년운동의 손쉬운 반이성주의, 즉 정신(mind)을 불신하고 영혼(soul)을 추구하는 것은 그릇된 이상을 만들어내어 반사회적 행위로 이어지리라는 것이었다.

"당신들은 인간적 소망과 인식이라는 작은 작업 속에서 당신들의 존재가 분할되지 않을까 두려워하며, 모든 인류에게 할당된 거대하고 본질적인 부분을 거부한다면 전체성을 획득하지 못하게 되리라는 것은 알지 못한다. 당신들은 인간 존재의 불가분성을 추구하지만 오히려 인간 존재의 분열에 동의하고 있다."[13]

나토르프의 경고는 헛된 것이었다. 제1차세계대전 이전의 고삐 풀린 신낭만주의와 감상적 사고는 전쟁이나 그에 뒤따른 평화의 경험을 통해 치유되지 않았다. 청년지도자들이 천착했던 이러한 사건들은 혼

---

[13]　1913년 처음 행해진 강연. Paul Natorp, 'Hoffnungen und Gefahren unserer Jugendbewegung', *Grundschriften*, 3rd ed., 1920, p. 145.

란을 더욱 악화시켰을 뿐이었다. 그 결과는 대단히 비독단적이며 비분석적인, 실로 비정치적인 사회주의였다. 한 관찰자는 청년운동 속의 모든 사람들이 사회주의자가 되는 것은 "자명한 명제"였다고 기록했다.[14] 순수성과 회복을 추구하던 젊은 남성과 여성들은 본능적으로 사회주의자가 되었다. 민족주의적인 우익집단은 "독일 땅에서의 진정한 독일성(deutsches Volkstum)의 부흥"을 요구했던 반면, 좌익집단은 "공동체로 건설된 사회인 소시에타스(societas)의 부활"을 요구했다.[15] 집단의 무한한 분열과 재결합을 향한 부질없는 노력의 와중에 청년들은 자신의 경험에 병적일 정도로 집착했다. 학교와 청년 집단에 관한 소설들이 이러한 집착을 예증하면서 그것을 강화시켰다. 프로이트주의자와 그 밖의 몇몇 사람을 제외한 많은 심리학자와 사회학자가 청소년을 집중적으로 연구했던 반면, 유아심리학은 무시되었다. 청년에 대한 집중적 연구는 실제적인 필요성과 관심을 반영하는 것이었지만 그 연구조차도 그 자체가 파악하려던 집착의 일부였다. 과거로의 도피를 통한 미래로의 도피, 향수를 통한 개혁 등의 사고는 궁극적으로 청소년 자체를 이념의 화신으로 만들려던 결정에 불과한 것이었다.

III

청년운동의 지도자들은 자신의 사상을 직접 만들어낼 필요가 없었

14   Elisabeth Busse-Wilson, 'Freideutsche Jugend 1920', in *Grundschriften*, p. 245.
15   Ernst Buske, 'Jugend und Volk', in *Grundschriften*, p. 198을 참조.

다. 왜냐하면 바이마르에는 상호 모순적이고 때로는 자기모순적이며, 분석되지도 않고 될 수도 없는 사상들이 지나치게 많았기 때문이다. 바이마르는 제1, 제2제국의 거짓 영광과 미래의 제3제국의 계획된 영광에 비해 공화국 문화의 열등성을 폭로하기 위해 고안된 논쟁에 빠져 있었다. 그리고 독서라고는 책의 표지만을 읽는 독자들을 위해 저자들은 구호와 같은 제목을 달았다. 베르너 좀바르트Werner Sombart는『상인과 영웅*Händler und Helden*』이라는 매력적 제목에서 보이는 바와 같이 (서구의) 상인들과 (독일의) 영웅들을 대비시킴으로써 상업적 정신을 비난했다. 이것은 전쟁의 특징적인 산물이긴 했지만 1920년대에도 여전히 독자층을 유지할 수 있었다. 1887년에 처음 발간된 페르디난트 퇴니스Ferdinand Tönnies의 사회학 고전『공동사회와 이익사회*Gemeinschaft und Gesellschaft*』는 진정으로 유기적 조화를 이루는 공동체와 물질주의적으로 분열된 기업 집단을 편파적으로 대비시킴으로써 바이마르공화국에서 성공을 거둘 수 있었다. 한스 그림Hans Grimm이 1926년에 발표한 뒤 오랫동안 베스트셀러였던 소설『토지 없는 국민*Volk ohne Raum*』은 그 제목 자체에서 당시 만연하던 폐소공포증이라는 감각을 표현하고 있다. 이것은 "불충분한 생활 공간", 즉 적대적이고 보복적인 인접국들에 "포위"당한 독일에 대해 독일인들이 느끼던 불안감으로, 우익의 정치가들이 이용하던 것이었다. 1931년 민족 작가 한스 프라이어Hans Freyer는 『우익으로부터의 혁명*Revolution von Rechts*』에서 자유주의 사상에 대한 반역을 거의 황홀경에 빠진 듯 요구함으로써 좌익이라는 혁명의 평상적 출발점이 아닌 우익으로부터의 혁명이라는 인상적이고도 새로운 시도를 했다. 아마도 가장 효과적이었던 것은 초기에 게오르게 집단에 속

했던 반유대주의자 루트비히 클라게스Ludwig Klages가 삼부작의 제목에
서 제시하고 있는 대비였을 것이다. 『영혼의 적으로서의 정신Der Geist als
Widersacher der Seele』은 영혼과 정신을 대립시켰고, 반이성주의의 이름 아래
지성을 공격했다. 이러한 제목을 만든 이들은 자신이 귀족이라고 생각
했지만, 이들은 대중적인 상투 어구를 경멸하지 않았고 사실상 그런
것을 즐겨 만들어냈다.

　책은 운동들을 낳았는데, 이 운동이란 보수주의 혁명, 청년 보수주
의, 국가 볼셰비즘, 프로이센 사회주의 등 의도적으로 모순적인 명칭
에 뒤덮여 대중 앞에서 행진하던 것을 말했다. 이것은 표면적으로는
전통적인 정치 용어와 결별하려는 책임 있는 시도처럼 보였지만, 실제
로는 역설에 대한 심술궂은 쾌락이나 이성에 대한 고의적이고 치명적
인 공격에 대한 증언이었다. "좌익"이나 "우익"이라는 자유주의적 정
치학의 전통적 명칭을 넘어섰다거나, 혹은 익숙한 단어로 표현하자면
"극복"했다고 자신 있게 공언하던 학자들이 일반적으로 우익으로 귀결
되었다는 것은 이상한 일이었다. 마이네케는 이것을 1924년에 정확하
게 간파했다. "삶의 모든 법칙과 사건들이 내적 통일과 조화를 이루어
야 한다는 깊은 갈망이 독일의 영혼에 강력한 힘으로 남아 있다."[16]

　이러한 갈망의 대표자들은 그들이 주장하던 사상만큼이나 다양하
고 모순적이었다. 마르틴 하이데거는 이성에 대한 반역에 자기 자신의
새로운 언어로 옷을 입혀서 의도적으로 심오하게 말하는 것으로 보였
을 만큼 난해한 철학자였다. 후고 폰 호프만슈탈은 우아한 교양을 갖
춘 문학가로서 쇠락의 시대에 문명의 기치를 드높이려 했다. 에른스

16　Friedrich Meinecke, *Staatsräson*, p. 490.

트 윙어Ernst Jünger는 자신의 모험과 참전 경험, 즉 반쯤은 진실이고 반쯤은 거짓인 전쟁 경험을 행동과 죽음에 대한 허무주의적 찬미로 바꾸어놓았다. 산업가이자 경제학자이며 공상가였던 발터 라테나우Walther Rathenau는 기계문명에 대해 정교하고도 야심차게 비난하고 새로운 생활을 예언하면서 자신의 재산 기반인 산업에 반기를 들었다. 오스발트 슈펭글러는 박학함의 과시, 거리낌없는 예언, 조야한 교만함을 통해 쉽게 휘둘리는 자들을 감동시켰다.

이러한 예언자 중에서 하이데거는 아마도 영향이 가장 작아 보이는 후보자였을 것이다. 그러나 그의 영향력은 지대했던바, 마르부르크 대학의 철학 세미나보다 훨씬 광범위했다. 그의 영향력은 대단히 모호한 책인 『존재와 시간Sein und Zeit』(1927)의 영향력보다도 훨씬 광범위했고, 조심스럽게 구축한 고독과 다른 철학자들에 대한 숨김없는 경멸을 품고 하이데거 자신이 소망했던 영향력보다도 훨씬 광범위한 것이었다. 그럼에도 불구하고 가장 명민한 하이데거 비평자 중의 한 사람인 파울 휘너펠트는 다음과 같이 말했다. "처음 나왔을 때에는 의미를 거의 파악조차 하지 못했던 책들이 이제는 탐독되고 있다. 그리고 2차대전 동안 배낭 속에 횔덜린과 하이데거의 작품을 넣고 러시아나 아프리카 어딘가에서 죽어간 젊은 독일 병사의 숫자는 헤아릴 수 없을 정도였다."17 하이데거 철학의 핵심 용어들은 결국 소원한 것들이 아니었다. '불안', '근심', '무', '실존', '결정' 그리고 가장 비중이 큰 것으로 '죽음'과 같은 단어들은 키르케고르Søren Kierkegaard의 저술을 한 줄도 읽지 않았다 할지라도 표현주의적 시인과 극작가들에 의해 이미 완전히 친

17   Paul Hühnerfeld, *In Sachen Heidegger*, 1961, p. 14.

숙해진 용어라는 것을 여러 비평가들이 지적했다.

하이데거가 한 일이란 이렇듯 어려운 시기에 매우 많은 독일인을 지배했던 반이성과 죽음에의 사랑에 철학적 진지성과 학문적 품위를 부여한 것이었다. 이리하여 하이데거는 그의 독자들 속에 찬동과 정의에 대한 모호한 감정을 불러일으켰다. 하이데거가 자신의 용어에 부여한 기술적 의미와 그가 제기한 추상적 의문은 그러한 감정의 반향 앞에서 소멸했다. 그 감정의 일반적인 취지는 아주 단순해 보였다. 즉 인간은 세계 속에 던져져 방황하고 두려워하며, 무와 죽음에 직면해야 함을 배워야 한다는 것이다. 이성과 지성은 존재의 비밀을 알려주는 안내자로서는 가망이 없을 정도로 불충분하다. 하이데거는 사고가 이해의 치명적인 적이라고 말하지 않았던가? 공화국 시대에 인간이 처해 있던 상황은 하이데거가 말한 전복적 상황(Umsturzsituation)으로, 인간이 행동해야만 하는 혁명적 상황이었다. 건설이 뒤따를 것인가, 완전한 파괴가 뒤따를 것인가 하는 것은 전혀 문제가 되지 않았다.[18] 그리고 하이데거의 삶, 즉 그의 고립, 농부와 같은 외모, 의도적인 지방주의, 도시에 대한 증오 등은 그의 철학과 일치하는 것으로 보였는데, 그의 철학이란 현대 도시의 합리주의적 문명을 경멸적으로 거부하는 폭발적 허무주의였던 것이다. 『존재와 시간』과 부차적인 다른 저술들의 정확한 철학적 의미가 어떤 것이었든 하이데거의 작업은 이성의 산물인 바이마르를 훼손하기에 이르렀으며, 피로써 사고하고, 카리스마적 지도자를 숭배하며, 살인을 찬양하고 실행하였을 뿐만 아니라 죽음 자체인 삶을 취한 듯이 포용함으로써 이성을 영원히 근절시키기를

---

18   Paul Hühnerfeld, *In Sachen Heidegger*, pp. 54~5.

희망했던 나치 운동 같은 것을 찬양하기에 이르렀다. 하이데거를 읽은 자들이 모두 나치라든가 혹은 그를 읽었기 때문에 나치가 되었다는 것은 결코 아니다. 존재라는 궁극의 문제에 관심을 갖고 있던 기독교 실존주의자들이나 철학자들은 그가 흥미롭고 때로는 중요하다고 여겼다. 그러나 하이데거는 나치가 되지 말아야 할 이유는 하나도 말하지 않은 채 나치가 되어야 할 훌륭한 이유들만을 말했다. 파울 틸리히는 니체와 하이데거의 이름이 "파시즘이나 국가사회주의의 반도덕적 행동들과 관련되어 있다는 사실에는 어느 정도의 정당성이 있다"고 조심스럽게 말했다.[19] 그리고 이 두 사람 중에서 시간이나 사상적인 면에서 하이데거보다는 니체가 현대판의 야만인 나치와는 분명히 훨씬 멀리 떨어져 있었다.

이렇듯 간략한 설명으로 하이데거의 철학을 충분히 요약했다고 말하려는 것이 아니다. 오히려 나는 이러한 설명이 대체적으로 하이데거의 독자들이 생각하고 하이데거에게서 읽어낸 것이며, 거기에 어느 정도의 정당성이 있다고 말하려 한다. 나치가 집권했을 때, 하이데거는 후세의 많은 사람이 그에게는 걸맞지 않다고 생각했을 정도의 굴종을 새로운 지배자에게 보여주었다. 예컨대, 그는 나치 시대에 발간되었던 『존재와 시간』의 판본에서 그가 많은 배움을 얻었지만 거북하게도 유대인이었던 철학자 후설Edmund Husserl에 대한 헌사를 제외시키지 않았던가? 그러나 프라이부르크대학 총장에 취임하며 행한 1933년 5월 27일의 악명 높은 연설은 단순한 굴종이 아니었다. 영도자(Führer)와 민족에의 호소, "자기 결정" 같은 단어의 남용, 객관적 과학에 대한 공격, 피

19   Paul Tillich, 'The Transmoral Conscience', in *The Protestant Era*, p. 166.

와 토양의 힘에 대한 열광적 선언을 내세운 것은 물론 더 중요한 것을 추구한다는 명분 아래 학문적 자유를 종식시킬 것을 요구하는 등 그의 철학의 논리적 결과였다. 그는 독일 대학교의 본질이란 "무엇보다도 단지 지도자들 자신이 지도를 받을 때에만 명료성과 지위와 힘에 도달하게 된다. 즉 지도자들 스스로가 독일인의 운명이 그 역사의 승인을 받도록 강요하는 냉혹한 정신적 명령에 따라야 한다는 것이다"라고 말했다. 이 명령은 세 가지 종류의 봉사로 이루어진다. "노력 봉사, 군사적 봉사, 지식 봉사의 세 가지는 동등하게 필요하며 동등한 위치에 있다." 학생들의 의지와 민족의 의지는 모두 상호보완적으로 투쟁에 대비할 준비가 되어 있어야 한다. "의지와 사고의 모든 능력과 심장의 모든 능력, 신체의 모든 능력은 투쟁을 통해 전개되고, 투쟁 속에서 상승되며 투쟁으로써 보존되어야만 한다." 의문은 있을 수 없다. "우리는 우리 민족이 자신의 역사적 사명을 충족시키기를 바란다. 우리는 우리 자신을 원한다. 왜냐하면 우리를 넘어서서 파악하고 있는 민족의 젊은, 가장 젊은 힘이 그것을 이미 결정하였기 때문이다."[20] 여기의 단어들은 〈민족의 관찰자〉에 실린 사설이나 괴벨스가 한 연설의 잔존물처럼 약간 모호하다고 할 수 있지만, 하이데거의 정상적 문체보다는 덜 모호했고 그 취지도 충분히 명확했다.

후고 폰 호프만슈탈이 1927년 뮌헨대학에 모인 청중에게 제시했던 현대 세계에 관한 고민에 찬 명상은 이렇듯 어두운 반이성주의와 멀리 떨어져 있는 것처럼 보인다. 그러나 호프만슈탈의 사상은 한눈에

20   Martin Heidegger, *Die Selbstbehauptung der deutschen Universität*, Freiburger Universitätsreden no. II, 1933, passim.

보이는 것보다는 더 큰 공통점을 반이성주의와 함께하고 있다. 호프만슈탈의 연설 제목은 "국가의 정신적 공간으로서의 문학(Das Schrifttum als geistiger Raum der Nation)"이라는 신기한 것이었다. 예상했던 대로 이것은 수준 높은 연설이었다. 언어는 우아했으며, 그 문화적 목적은 비난할 데가 없었다. 그러나 이것 역시 파악하기 힘들고 대단히 모호한 신비화였다. 호프만슈탈은 구도자와 예언자에 대해 말했으며, 그 당시의 독일에서 "지금까지 유럽 역사 속에 존재하지 않던 규모의 보수주의 혁명"을 식별해냈다. 그러나 그는 구도자와 예언자를 규정하지는 않았으며, 보수주의 혁명의 목표를 단지 "모든 국민이 참여할 수 있는 형상, 새로운 독일적 실재"라는 식으로 설명했을 뿐이다. 이러한 모호성은 비록 의도적인 것은 아닐지 몰라도 그 자체가 정치적 행위였는데, 왜냐하면 1927년의 독일이 필요로 했던 것이 있다면 그것은 명료성, 구체성, 탈신비화였기 때문이다.

그러나 호프만슈탈의 연설을 조심스럽게 읽는다면 정강은 아니라 할지라도 최소한 일관적인 태도 정도는 알아챌 수 있었다. 호프만슈탈은 독일이 정신과 생활, 문학과 정치, 교육받은 자와 교육받지 못한 자가 문화적 자산의 공동 소유에 참여하고 모두가 즐길 수 있는 현존하는 전통에 참여하는 문화적 유기체가 되기에는 실패했지만 그것을 필요로 한다는 것을 믿고 있었음은 확실하다. 호프만슈탈은 우리는 물리적인 공존이나 친밀성이 아닌 어떤 "정신적 응집력에 의해 공동체와 관련을 맺는다"고 논했다. 실로 "실존의 전체성이 있다고 믿어지는(geglaubte Ganzheit des Daseins)" 곳에만 실재가 있다는 것이다. 그리고 이제 1920년대의 독일에는 이러한 실재를 두 가지 방식으로 모색하던 구도자와 예언자들이 있었다. 이들은 "자유가 아닌 결속을 추구" 했으며, "믿고 있는 전체성이 없이 살아간다는 것은 불가능하고", "삶은 단지 정당한 결속을 통해서만 살아갈 가치가 있는 것이 되었으며", "분산되어 무가치한 개인들이 국가의 핵심"으로 바뀌어야 한다는 통찰을 얻었다. 한마디로, "삶을 분열시켰던 모든 장벽은 정신 속에서 극복되어 영적인 통일로 바뀌어야 한다"[21]는 것이다. 호프만슈탈은 다행히도 자유에 대한 염증과 개인성의 손상이 도달하게 될 결과를 스스로 목도하기 이전인 1929년에 사망했다.

호프만슈탈의 모호한 전망과 비교할 때, 1920년에 처음 발간되어 중쇄를 거듭했던 슈펭글러의 『프로이센주의와 사회주의Preussentum und Sozialismus』의 경우 최소한 그 조롱의 대상은 명백했다. 슈펭글러는 1918년 『서구의 몰락Untergang des Abendlandes』 제1권의 출간과 동시에 명성을 얻었고, 첫번째의 정치적 팸플릿 『프로이센주의와 사회주의』로써 심오한 사상가의 위치를 차지하게 되었다. 이 책은 장편 한 권에 걸친 바이마르공화국에 대한 모독이었다. 즉 "어리석은 혁명 뒤에 통속적 혁명이 뒤따랐다"는 것이다. 게다가 이 책은 그 이상이었다. 『프로이센주의와 사회주의』는 특수한 목적을 위해 "사회주의"라는 단어를 악용했다. 슈펭글러는 그 시대 대부분의 예언가처럼 사회주의는 불가피하다는 것에 동의했다. 그러나 그 두 가지 형태, 즉 영국과 프로이센식의 사회주의가 있으며, 이들을 구분하고 선택하는 법을 배워야만 한다고 주장했다. 슈펭글러에게 "사회주의의 계부" 카를 마르크스는 영국적 사회주

---

21   이 연설은 호프만슈탈의 유작 산문집에 재수록되어 있다. Hugo von Hofmannsthal, *Die Berührung der Sphären*, 1931, pp. 422~42.

의자로서 비현실적, "문학적 이상"에 빠져 있는 유물론자이고, 활동하는 세계주의적 자유주의자였다. 해결할 과업이란 확실히 "독일의 사회주의를 마르크스로부터 해방시키는 것"이었다. 슈펭글러는 소위 독일 마르크스 사회당은 실제로 강력하게 반마르크스주의적이고 진정한 프로이센의 요소를 내포하고 있다는 것을 놀라울 정도로 명민하게 인식했다. "베벨²²의 당은 다른 모든 국가의 사회주의와 구분되는 군사적인 무엇을 갖추고 있었다. 노동자 부대의 울려퍼지는 발소리, 차분한 단호함, 규율, 더 훌륭한 대안(Jenseitiges)을 위해 죽을 용기 같은 것이었다." "계급투쟁은 무의미한 것이며, 이론의 산물인 독일의 혁명 역시 무의미하다. 핏속에 뿌리내린 독일의 본능이야말로 진실되며 사물을 다르게 본다."

"권력은 전체에 속한다. 개인은 전체에 봉사한다. 전체가 주인이다. 왕은 국가의 제1공복이다(프리드리히대제). 모두에게 저마다의 자리가 주어지며 명령과 복종이 있을 뿐이다. 이것이 18세기 이래의 권위주의적(authoritativer) 사회주의인바, 영국의 자유주의와 프랑스의 민주주의를 고려할 때 본질적으로 반자유주의적, 반민주주의적인 것이다."

참된 독일인은 시대의 요구를 인식하고 여기에 맞추어 18세기의 권위주의적 사회주의를 20세기의 권위주의적 사회주의로 바꾸어야 한다. "프로이센주의와 사회주의는 함께 우리 내부의 영국에 대립하고 있으며 우리 국민의 모든 실존에 침투하여 우리 국민을 마비시키고 영혼을 박탈해간 세계관과 대립하고 있다." 유일한 구원은 "프로이센 사회주

---

22 독일 사회민주노동자당의 창당자 중 한 사람.—옮긴이

의"이다. 여기에 호프만슈탈이 공동체와 영도력을 추구하는 내용이 장교 막사의 언어로 표현되어 있었다.

IV

의미 없는 공화국 속에서 의미 있는 삶을 추구하던 자들이 위안과 본보기를 찾기 위해 독일 역사에 의존하게 된 것은 상당히 자연스럽고 거의 불가피한 것이었다. 이들은 자신이 찾으려던 것을 찾았다. 독일의 역사가들은 이들과 합세할 준비가 되어 있었고, 독일의 역사 속에는 신화 창조자들에게 대단히 귀중한 초대형의 영웅들과 기억할 만한 사건들이 특히 풍부하게 자리잡고 있었다. 민족주의자들과 국수주의자들이 대단한 영감을 얻어냈던 유명한 사건 중의 하나는 마르틴 루터가 비텐베르크의 성당 문 위에 95개조를 못박은 지 300년 후인 1817년 10월에 일어났다. 구식 복장을 한 독일 학생들은 역사적·낭만적 장소인 바르트부르크에 결집했다. 이들은 '만세'를 외치고 애국적인 노래를 불렀으며, 열정적인 기도를 되뇌었고, 책을 불태웠다. 이들은 새로운 대학생조합(Burschenschaften), 즉 게르마니아, 아르미니아, 테우토니아 등의 전설적 과거로부터 이름을 따온 과격하고 민족주의적이고 반유대주의적이고 반프랑스적인 학생 단체의 일원이었다. 이들은 외국의 속박으로부터 자신들의 국가, 또는 오히려 국가들의 해방을 기념하기 위해 바르트부르크에 왔으며, 기념식 도중에 이들은 당면한 정치적, 도덕적 과업을 위해 고대 신화로부터 힘을 이끌어내려고 결의하고 독일 정신과 영토의 두 해방자로 개혁가 루터와 블뤼허Gebhard von Blücher[23] 장군을 결합시켰다.

이러한 정신은 바이마르공화국으로 이어졌고 더욱 길어진 영웅 목록에 사람들은 의존했다. 즉 철혈정책의 인간으로서 순전히 자신의 의지력으로 독일 민족을 통일했던 강인한 현실주의자 비스마르크에 의존했다. 또한 자기 훈련을 역사적으로 드러내며 허약한 플루트 연주가에서 강인하고 기민하며 열심히 노력하는, 한마디로 친애하는 프리츠(alte Fritz)로 성장했고, 국가의 제1공복으로서 평생 과로하며 건강을 해친, 언제나 "대왕"이라고 불리는 프로이센의 프리드리히 2세에게 의존했다. 또한 도전적으로 새로운 신앙과 언어를 만들어냈고 자신이 해야만 하는 일을 했던 마르틴 루터에게 의존했다. 또한 고대 독일인들이 "순수성과 용맹과 정치적 용기로써 고대 로마" 역사가에게 영감을 주었듯이[24] 18세기의 프랑스 법률가들에게 영감을 주었던 바그너적인 독일인들에게 의존했다. 이것은 무모한 결합이었으며, 예민한 사람들에게는 특히 유해한 결합이었다. 라테나우를 살해한 암살자 중 한 사람이었던 에른스트 발터 테호프Ernst-Walter Techow는 "젊은 세대는 꿈꿔본 적조차 없던 새로운 무엇인가를 추구하고 있었다. 이들은 아침 공기 내음을 맡았다. 이들은 프로이센에서 이어지는 독일이 지닌 과거의 신화와 현재의 압력과 미지의 미래에의 기대로 그득한 활력을 자신

---

23 블뤼허 장군은 프로이센의 야전 사령관으로서 라이프치히전투와 워털루전투에서 나폴레옹과 맞섰다.—옮긴이
24 고대 로마의 역사가 타키투스가 〈게르마니아〉에서 게르만인들을 높이 평가한 것을 가리킨다.—옮긴이

들의 내부에 축적했다"[25]고 1933년에 기록했다.

바이마르공화국에 헌신적으로 참여하기 위해서는 이런 모든 신화를 반박해야 했다. 공화국은 존재 자체가 모든 독일 어린이들이 알고 있고 많은 독일 정치가들이 상기시키곤 했으며 대부분의 독일인이 소중히 여기는 것으로 입증되었던 영웅과 상투문구를 고의적으로 모독하는 것이었다. 역사적 상징의 전쟁터에서 공화주의자들은 출발부터 불리했다. 초인이면서 생생한 비스마르크 등의 카리스마적 지도자들과 비교할 때, 바이마르에 유용한 귀감은 창백하고 시시했다. 현대 바이마르의 괴테는 모든 사람이 인용하지만 아무도 따르지 않는, 인간성(Humanität)에 대해 기억할 만한 생각으로 가득차 있는 온후하고 무력한 세계주의자일 뿐이었다. 카를 폰 오시에츠키는 1932년 괴테 서거 100주기 기념식에서 "공식적인 독일은 시인과 예언가가 아니라 무엇보다도 아편으로서 괴테를 기념한다"[26]고 기술했다. 그리고 공화주의자들을 고무했다고 여겨지는 혁명가들은 검정, 빨강, 노랑의 깃발과 선의의 연설로 결정적인 실패를 거둔 1848년의 혁명가들이었다. 가장 확실하고 생생한 바이마르 정신의 원형이었을 하인리히 하이네Heinrich Heine에 대한 합당한 기념물이 공화국의 마지막까지도 없었다는 것은 의미심장하다. 그의 동상을 세우려는 제안은 75년 동안 격렬한 논란과 가늠할 수 없을 정도의 비방을 불러일으켰고 결국은 방해하는 측이 승리했다.[27]

25   Ernst-Walter Techow, *Gemeiner Mörder?! Das Rathenau-Attentat*, p. 20, James Joll, *Three Intellectuals in Politics*, 1960; p. 128.
26   *Weltbühne*, in *Ausnahmezustand.*, p. 236.
27   이 희비극에 대해서는 Ludwig Marcuse의 언급을 참조할 것. 'Die Geschichte des

역사적 가치에 대한 재평가 요구는 바이마르에서 절박했던 반면, 그 달성에 대한 기대는 크지 않았다. 실지로 필요성은 크나 기대치가 낮았다는 사실은 모두 동일한 원인 때문이었다. 즉 독일의 역사학은 전설을 비판이나 신랄한 해학의 시금석에 종속시키기는 고사하고 오히려 전설을 합리화하고 다듬었던 것이다. 테오도어 몸젠은 주목할 만한 예외였다. 일반적으로 독일의 역사가들은 제국의 체제에 쉽게 적응했다. 직업적으로 사물에 대한 보수적 관점을 고수하고, 변화를 촉구하기보다는 기존의 가치를 보존하는 경향이 더욱 컸기 때문에, 독일의 역사가들은 새로운 사상을 배격했던 것과 비슷한 열정을 갖고 새로운 인물들을 배격했던 독일의 대학 체제 속에서 완전히 안주할 수 있었던 것이다. 유대인이자 무소속의 급진적 정치인, 언론인이며 역사가였던 구스타프 마이어는 1915년 베를린대학교에서 강사직을 얻으려 했는데, 에리히 마르크스Erich Marcks와 프리드리히 마이네케는 그에게 절차를 밟으라고 충고했다. "민주주의자, 유대인, 외부자에 대한 오랜 편견이 실제로 대학 파벌에 영향을 미치지 못하게 되었"는지 회의적이었던 마이어는 위험을 무릅쓰기로 결심했다. 굴욕적인 시험을 거쳐 자신의 회의가 당연했음을 깨달았을 뿐이다. 분명히 자격이 있었으나 임명되지 못했던 것이다. 바이마르 시기에 와서야 그가 베를린대학교에서 자리를 잡았지만 역사가들의 대학 파벌은 거의 변하지 않았다.[28]

1920년대를 통해 독일의 역사학을 계속하여 지배했던 이념은 어떤 점에서는 그 자체의 장구한 역사를 갖고 있었기 때문에 완강했다. 독

Heine-Denkmals', *Tagebuch*, 1932, in *Ausnahmezustand*, pp. 227~36.
28   Gustav Mayer, *Erinnerungen*, pp. 282~6, 310 ff; 결정적인 단어 '외부자(outsider)'가 영어로 인용된 부분은 p. 282에 있다.

일의 역사 속 인물들이 독일 국민들에게 카리스마를 갖고 있듯 독일
은 역사가들에게 카리스마를 갖던 인물로 레오폴트 폰 랑케Leopold von
Ranke를 꼽을 수 있었다. 의심할 바 없이 랑케는 대단히 위대한 역사가
였다. 독일 역사가들이 때때로 소리 높여 자화자찬했다 할지라도 이들
에게는 그럴 만한 이유가 충분했다는 사실은 인정되어야 한다. 랑케는
고문서 이용의 선구자였고 복합적인 자료의 대가였으며, 훌륭한 극작
가이자 새로운 형태의 역사적 사고의 창안자였다. 역사가는 자율성을
가지며 과거의 각 부분을 내부로부터 이해해야 하는 것이 역사가의 의
무라는 랑케의 중심 원칙은 역사학에 방대하게 기여했다. 그러나 제국
말기와 공화국 초기 독일 역사가들의 수중에서 역사학의 자율성은 역
사학의 고립으로 바뀌었다. 윤리로부터 역사학의 분리는 독일의 역사
가들이 사물을 있는 그대로 수동적으로 받아들이도록 만들었고, 다른
학문으로부터 역사학의 분리는 대부분의 독일 역사가들을 사회과학으
로부터 소외시켰다. 공인된 역사적 박학에도 불구하고 대부분의 역사
가들은 막스 베버를 '외부자'로 취급했다.[29] 과장인 것 같기는 하지만,
중세 전문가 게오르크 폰 벨로프Georg von Below가 역사가들은 "'사회학'
이라는 새로운 과학 없이도 연구를 할 수 있다"고 주장했을 때, 그는
자신의 동료들을 대변했던 것이다.[30]

---

29 Hans Mommsen, 'Zum Verhältnis von politischer Wissenschaft und
Geschichtswissenschaft in Deutschland', *Vierteljahrshefte für Zeitgeschichte*, X, 1962, pp.
346~7.

30 *Die Geschichtswissenschaft der Gegenwart in Selbstdarstellungen*, ed. Siegfried Steinberg,
vol. I, 1925, p. 45 속의 자서전적 묘사 'Georg von Below'; 벨로프는 1918년에 자신이 썼던 논
문을 지적하고 있다. 전쟁 동안 그는 '중요 과학으로서 사회학이라는 괴물은 결코 탄생하지 않을
것'이라고 예견했다. *Die deutsche Geschichtsschreibung von den Befreiungskriegen bis zu unseren Tagen:
Geschichte und Kulturgeschichte*, 1916, p. 102. 어느 누구도 사회학 측의 편견을 가졌다고 비난할 수

이들의 저술이 입증하듯, 이들은 사회학 없이 역사를 연구했고 그 결과는 형편없었다. 이들이 사회학과 정치학으로부터 무엇인가를 받아들였다면 자신이 안락하게 살고 있던 사회적, 정치적 구조와의 비판적인 거리를 유지할 수 있었을 것이다. 그러나 이 당시 랑케가 역사를 사고하는 모든 힘은 권력을 비판하기는커녕 권력을 쾌적하게 수용하는 쪽으로 향하고 있었다. 대외 정책을 우선해야 한다는 그의 유명한 주장은 현대 제국주의 국가의 현실을 흔쾌히 감수한 당연한 결과였을 뿐이다.

역사가로서 랑케의 성공은 찬란했던 만큼이나 숙명적인 것이었다. 그의 유산은 비참했다. 학계에는 그의 후계자가 아닌 자들이 거의 없었는데, 랑케 후계자 중의 대다수는 유능한 인물이었지만, 이들은 랑케의 자존심을 독단으로, 근면을 현학으로, 권력의 인정을 국내에서의 비굴과 외국에 대한 허세의 혼합물로 바꾸어놓았다. 이것은 아마도 그들의 잘못이라기보다는 역사 자체의 잘못이었을 것이다. 랑케의 가르침은 20세기보다는 19세기에 더욱 적합하고 더욱 피해가 적었다. 그러나 원인이 무엇이었든 이러한 전환의 결과는 재앙이었다. 우리는 역사가들이 그들 선배들의 업적을 수정하려는 노력은 과대평가하는 경향이 있는 반면, 역사학의 여러 학파의 연속성은 과소평가하고 있다. 막스 렌츠Max Lenz, 오토 힌체, 에리히 마르크스, 한스 델브뤼크Hans Delbrück 등 유능한 역사가들이 제1차세계대전 이전 랑케의 공인된 제자들이었다. 그들은 국민국가에 대한 랑케의 신비주의적인 믿음과 그

는 없는 마이네케는 1922년에 역사학은 많은 것을 배울 수 있는 다른 학문들을 무시해왔다는 것을 인정했다. 'Drei Generationen deutscher Gelehrtenpolitik', *Historische Zeitschrift*, CXXV, 1922, pp. 248~83.

들 사이의 끊임없는 세력 다툼을 인정하면서 그것을 전체 세계 속에 투영했다. 현대 유럽의 역사에서 강대국들은 전쟁과 외교를 통해 어떤 단일한 국가가 지배권을 획득하는 것을 막아왔다. 그러나 이제 이들은 제국주의시대에서 유일한 해군국가인 영국에 의해 독일이 지배권을 위협받고 있다고 논했다. 따라서 독일은 무장을 해야 하고, 필요하다면 강대국 속에서 합당한 자기 자리를 지키기 위해 싸워야만 한다는 것이었다.

이러한 논리의 결과는 불가피했다. 국가를 지배하던 정치군사적 기구에 대해서는 무비판적으로 지지하며 국내의 갈등은 비정치적으로 회피했던 것이다. 이렇듯 랑케 이후 세대의 역사가들은 무혈의 합리주의와 반쯤은 가려진 신비주의의 기묘한 결합을 보여주었다. 즉, 이들은 국제정치라는 장기판을 넘어선 곳으로 군대와 전선을 차분히 밀고 나갔고, 동시에 독일에 수행해야 할 신성한 역할, 신성한 사명을 부여했던 역사의 신비로운 작용 속에서 기뻐했던 것이다. 이들은 그 영향력을 지구 위에 전파시켜야 할 추진력이 독일 국민들이라고 민족주의를 정의했던 민주적 제국주의자 프리드리히 나우만의 언명에 동의했다.[31] 이리하여 전쟁이 발발하자 이들은 명백하게 우월한 독일의 산물인 문화를 보존하고 전파하려 했다. 그들은 러시아의 야만적 우중사

---

[31] Ludwig Dehio, 'Gedanken über die deutsche Sendung, 1900~1918', *Historische Zeitschrift*, CLXXIV, 1952, pp. 479~502에서 재인용. 이것은 'Thoughts on Germany's mission, 1900~1918' in *Germany and World Politics in the Twentieth Century*, tr. Dieter Pevsner, 1959, pp. 72~108에 재수록되었다. 이보다 2년 전인 1950년에 이르기까지도 랑케에 관한 논문 속에서 데히오는 여전히 어떤 자만심도 버리는 것이 필요하며 '이전 세대의 위대한 인물'에 대한 존경을 표해야 한다고 생각했다. 그것은 독일 역사가들이 갖고 있는 존경심을 말해주고 있다. 'Ranke and German Imperialism' in *Germany and World Politics*, p. 38.

회, 프랑스의 쇠락한 퇴폐주의, 미국의 기계주의에 대한 몽상, 영국의 영웅답지 못한 상업주의에 대해 자신들의 독일 문화를 방어하기 위하여 모든 무력을 무제한적으로 사용해 독일의 특수한 사명을 지켜야 한다는 주장을 일제히 옹호했던 것이다. 트뢸치, 마이네케, 힌체 등 저명한 역사가들은 연합국의 단순한 문명(civilization)에 대한 독일 문화의 우수성을 믿지 않고 있는 세계에 그것을 알리는 공동 저작 간행에 계속하여 몰두했다. 토마스 만의 『비정치적 인간의 고찰』의 내용 중 대부분은 이런 선언서 속에 이미 예견되었다.

이런 유형의 역사적 사고는 아무런 변화 없이 혁명을 헤쳐나가지는 못했다. 역사가들조차도 1918년에 무엇인가가 발생하였음을 감지했다. 그러나 이런 생각을 만들어냈던 신화 창조의 심리는 지하로 스며들어가 그 어느 때보다도 정체를 드러내거나 자기비판을 하기 힘든 가장된 형태로 나타났다. 독일의 문화와 사명에 대한 전통적인 자부심은 깊은 필요성에 근원하는 정밀한 환상과 소망을 구체화시켰으며, 바이마르공화국의 역사가들은 이러한 환상을 포기하는 것보다는 기워 맞추는 것이 심리적으로 한층 경제적임을 알았다. 나는 바이마르 정신이 바이마르공화국 이전에 태어났다고 말한 바 있다. 바이마르에 대한 보복 역시 마찬가지였다. 제국에서와 마찬가지로 예외는 있었으며, 바이마르 시대에는 공화국이라는 여건 때문에 더 많은 예외가 있기는 했지만, 역사학계 대부분은 향수, 영웅숭배, 악명 높은 자해신화[32]와 같은 변명적인 왜곡과 완전한 허위의 무비판적인 수용, 혹은 사실상의 공개적인 옹호 등으로 가득차 있었다. 1924년, 문화사가인 발터 괴츠Walter

---

32   본서의 제1장 3절을 참조.

Goetz는 "비스마르크와 호엔촐레른가에 대한 완전한 헌신이 1871년과 1914년 사이에 독일 교육계층의 특징이었던 민주주의에 대한 심각한 혐오를 낳았다"고 개탄했는데, 그것은 공화국 속에서도 지속되었고 불행스럽게도 지도적인 역사가들마저 그러한 혐오를 지지했던 것이다. 존경에는 가치가 있지만, 1920년대에 이르러 그것은 이제 부담이 되었다. "역사가의 임무란 잘못 이해하고 있는 과거에 대해 경건심을 배양하는 것이 아니라 진리에 대해 가차없이 탐구하는 것이다." 그러나 괴츠에 의하면 이것이야말로 독일의 역사학이 받아들일 가망이 전혀 없어 보였다. 독일이 필요로 한 것은 "독일에 관한 명확함"이었지만, 독일이 그 역사가들로부터 얻은 것은 좋았던 옛 시절에 대한 동경과 최근의 역사에 대한 그릇된 해석뿐이었다. 역사가들은 옛 군벌에 위조된 매력을 부여했던 반면, 공화국에는 가상의 범죄를 부과했다. "민족의 사표들이여! 당신들은 역사의 과정을 멈추고 옛 상태로 복귀하라고 명함으로써 교육적인 과업을 완수하고 있다고 진실로 생각하는가?"33

괴츠의 격렬한 분노는 좌절의 표출이었다. 그의 말을 듣기를 원하던 자들은 그의 경고가 필요 없었고, 그의 경고를 필요로 하던 자들은 그의 말을 들으려 하지 않았다는 사실을 그는 알아야만 했다. 애국적이고 반민주주의적인 신화는 계속 날조되었다. 노령의 역사가 카를 율리우스 벨로흐Karl Julius Beloch는 괴츠의 논문보다 1년 뒤에 "무엇보다도 나는 독일이 옛 영광을 다시 얻는 것을 보기 전에는 눈을 감고 싶

33   Walter Goetz, 'Die deutsche Geschichtsschreibung der Gegenwart', in *Die deutsche Nation*, 1 November 1924, Goetz, *Historiker in meiner Zeit: Gesammelte Aufsätze*, 1957, pp. 415~24에 재수록.

지 않다. 그러나 그것이 나의 운명에 닿지 않는다면 나는 무쇠까지 자라게 만들 수 있는 신께서는 어떤 노예도 원하지 않았다는 것을 우리 국민들이 언젠가 기억하리라는 확신을 갖고 갈 것이다"[34]라고 기술했다. 벨로흐가 에른스트 모리츠 아른트Ernst Moritz Arndt의 애국적인『조국찬가Vaterlandslied』를 인용했던 것은 옛 바르트부르크 정신의 지속적인 생명력을 강조했던 것일 뿐이다. 그리고 실로 벨로흐의 가장 존경받던 동료들 중 일부는 독일의 영광을 복원하는 데 기여했다. 펠릭스 라흐팔Felix Rachfahl은 1914년 독일의 벨기에 침공이 역사적으로 완전히 정당한 것이라고 옹호하던 1920년대의 많은 사람 중 하나였을 뿐이다.[35] 한편 명예훼손법에 대한 명백한 두려움 때문에 혁명과 공화국에 대해 자유롭게 논평하기를 꺼리며 거부했던 폰 벨로프는 민주주의에 대해서는 "우리 시대의 커다란 위험"이며 독일 국면을 삼켜 황폐시킬 세력이라고 거리낌없이 비난했다.[36]

이런 것들이 독일 역사가 중에서 위대했던 옛 인물들의 목소리였다. 1931년 하요 홀본이 자신의 동료들에게서 과학적 객관성을 향한 진보를 좀처럼 발견할 수 없었다는 것은 그리 놀라운 일이 아니다. 그는 〈역사학보Historische Zeitschrift〉에서 "세계대전의 결과로서 지적, 정치적, 사회적 삶의 모든 분야에서 겪었던 심원한 변화는 과학적인 역사 연구의 핵심을 거의 건드리지 못했다"고 기술했다. 낡은 학문적 "전통과 제도"는 너무도 강력해서 "역사 연구와 저술의 인습적인 과정, 방향, 목표 등에 대한 비판"은 극히 드물었다. "물려받은 이상들 중에서

---

34   Karl Julius Beloch, *Geschichtswissenschaft der Gegenwart*, vol. II, 1926, p. 27.
35   *ibid.*, p. 215.
36   *ibid.*, p. 44.

포기해야 할 것은 얼마나 적은가"라며 그 예를 찾으려던 "어떤 자부심"에 관한 증거는 훨씬 더 많았다. 너무도 많은 역사가들이 자신이야 말로 "시대의 조류를 거슬러 헤엄치던" 영웅이라고 생각했다. 그러나 홀본은 "이러한 일종의 '니벨룽의 신념'을 향한 경향"은 "우리의 학문에 위해가 될" 위험이 있는 "자기만족", 몰지각, 자기기만의 징후에 지나지 않을 뿐이라고 경고했다.[37]

돌이켜보건대, 홀본의 진지한 비난은 그 시대에 느꼈을 것보다 훨씬 더 가슴 아픈 것이었다. 왜냐하면 이 비난은 바이마르공화국에서 가장 알려져 있고 의심의 여지없이 가장 뛰어난 역사가였던 홀본의 존경스러운 스승, 프리드리히 마이네케에게도 어느 정도 적용되었기 때문이다.

프리드리히 마이네케는 독일 역사 저술의 토마스 만이었고 그의 『국가이성의 개념Idee der Staatsräson』은 『마의 산Zauberberg』이었다. 그 책은 『마의 산』과 마찬가지로 1924년에 출간되었고, 『마의 산』과 마찬가지로 최근의 역사에 대처한다. 즉 완화될 수 없는 갈등 속에서 서로 간에 투쟁하지만, 그럼에도 불구하고 분리될 수 없는 형제애 속에 함께 묶여 있는 빛과 어두움의 변증법적 투쟁을 파악하기 위해 집필되었던 것이다. 만과 마찬가지로 마이네케는 문화귀족에서 공화국 지지자로 전향했다. 또한 만과 마찬가지로 마이네케도 장중한 아이러니에 숙달해 있었으며, 여러 원인 사이의 미묘한 상호작용을 즐겼고 선을 추구했지만 악도 매력적이라는 것을 알았으며, 만일 인간이 자신 내부에 있

---

37   Hajo Holborn, 'Protestantismus und politische Ideengeschichte', *Historische Zeitschrift*, CXXXXXIV, 1931, p. 15.

는 악마를 정복하려 한다면 인간은 단지 두려움 없이 그 악마를 직시하고 평가함으로써만 가능하다는 유일한 교훈을 전쟁과 패배의 고통으로부터 이끌어냈다. 토마스 만은 그의 단순한 주인공 한스 카스토르프를 전쟁터에 방치했지만, 세계 도처에서 벌어지는 이런 죽음의 탐욕스러운 향연에서 언젠가는 사랑이 발생할 것인가 하는 희망에 찬 의문을 남겨두며 그의 생존 가능성은 불확실하게나마 유지되었다. 자신에게 악마였던 국가이성과 싸우면서 마이네케는 토마스 만의 『마의 산』과 비슷한 여운을 남기며 끝을 맺는다. "명상은 국가이성의 스핑크스와 같은 용모를 살펴보는 일에 싫증을 내지 않겠지만 결코 이것을 충실히 꿰뚫어볼 수는 없을 것이다. 국가와 신을 자신의 가슴속에 함께 지니는 것은 단지 적극적인 정치가에게만 기대할 수 있는 것이어서 누구라도 결코 완전히 떨쳐낼 수 없는 악마가 지나치게 강력해지는 것을 그만이 막을 수 있을 것이다."[38]

『국가이성의 개념』은 문학이고 철학이며, 마이네케 자신이 공개적으로 고백했듯 자서전이었다. 그는 전쟁 이전에 『세계주의와 국민국가』에서 처음으로 채택한 몇 가지 주제를 탐구하기 위해 이 책을 집필했다고 말했지만, 전쟁의 비참한 사건들은 그에게 새로운 관점을 제시했고, 한편 "붕괴의 충격"은 중심적인 문제를 "그 모든 공포 속에서" 최전선으로 밀어냈다.[39] 그러나 이 책은 학술적 역사서라는 사실도 부연되어야 한다. 500페이지가 넘게 빽빽이 인쇄된 이 책에서 마이네케는 마키아벨리의 근대 정치사상의 기원으로부터 프리드리히대제 같은

---

38   Friedrich Meinecke, *Staatsräson*, p. 542.
39   *ibid.*, p. 27.

위대한 대표자들을 거쳐 20세기에 이르기까지 국가이성의 개념을 추적하고 있다. 그 추적 과정에서 마이네케는 그 개념의 중요성과 문제성을 논증한다. 즉, 국가는 경쟁 국가의 체계 속에서 세력을 유지하고 확장시켜야 하며, 정치가는 그 자신이 도덕적 인간으로 혹은 사생활에서는 비난받았을 방식으로 행동하도록 강요받는 것도 깨닫는다는 것이다. 권력이라는 것은 비극적인 이중성에 의해 지배되는 것처럼 보이며, 바꿔 말해 자체의 선을 추구함에 있어서 권력이라는 것은 냉정한 계산, 사기, 무력 등 사악한 수단에 전념한다는 것이다.

이것은 깊은 도덕적 열정과 예리함으로 처리된 깊이 있는 분석이다. 그렇지만 이상하게 들릴지 몰라도 충분히 예리하지는 않았다. 언어의 정복자였던 마이네케는 동시에 언어의 희생자였는데, 그는 특히 이성적 공화주의자를 대표하는 방식에서 피해자였다. 마이네케는 비판에 힘을 쏟았음에도 불구하고 수사학을 현실로 오해하거나 세속적인 심리적 갈등을 철학적 난점으로 오인함으로써 비판을 멈췄던 것이다.[40] 비극적 현상으로서의 권력이라는 그의 관점 자체는 독일의 관념주의로부터 물려받은 불행한 철학적 습관이다. 그 결과 그는 분석을 해야 하는 것이 아니라 감수해야만 하는 실제적인 문제에 형이상학적 존엄성을 부여했던 것이다. 예컨대 그는 "증오와 복수는 정치학에 있어서 나쁜 상담자"라는 비스마르크의 말을 인용하고 있지만, 비스마르크가 자기 자신의 조언을 따랐던가 하는 것은 생각해보지 않고

---

40 에카르트 케르는 1928년 마이네케의 *Geschichte des deutsch-englischen Bündnisproblems, 1890-1901*(1927)을 평하며 '마이네케 생애의 모든 업적은 자신의 문제 설정, 즉 자신이 묻고 있는 문제에 대한 세심하고 절제적인 자기 한계로 가득차 있다'고 기술했다. *Die Gesellschaft*, V, part 2, 1928, p. 27.

있다.[41] 또한 그는 프리드리히대제를 말할 때 "최소한 마이네케 자신의 눈으로 볼 때 이 영웅은 정당화되어야 한다"고 했지만, "영웅"이라는 단어가 문제를 예단해버린 것이 아닌가, 또는 프리드리히가 자기 자신의 눈에 실지로 정당화되었는가 하는 문제를 묻지는 못했던 것이다.[42] 그는 트라이치케Heinrich von Treitschke의 몇몇 과장적인 도덕적 선언을 인용하며 그의 공격성과 조야한 사회진화론에 대해 몇 가지 상당히 신랄한 비판을 가하고 있음에도 불구하고, 그의 "깊은 윤리적 진지함과 정신적 넓이"를 인정하고 있다.[43] 마이네케는 지배자와 피지배자가 연합하는 유기적 통일체라는 트라이치케의 국가에 대한 이상을 현실로 착각함으로써, 입증해야 할 필요가 있지만 입증할 수 없었던 것들을 입증한 것으로 가정했다. 자신의 선입관에 사로잡힌 마이네케는 이렇게 비극적인 국가관이 그 자체의 죄과를 면제시킴에 기여했다든가, 가난한 자들은 국가의 권력이나 영광의 성장에 어떤 기여도 할 수 없다거나, 국가란 인간 조직의 문제에서 자연의 최종적인 해답이 아니라거나, 아니면 단순하게 국가는 언제나 공익을 대변하는 것도 아니고 실로 그런 경우가 흔하지도 않다는 사실을 결코 이해하지 못했다. 과학적인 문제를 신화로 바꾸어놓음으로써 칸토로비치가 퇴행했던 것이라면, 마이네케는 이 문제를 철학적 문제로 바꾸어놓음으로써 퇴보했다.

41   Meinecke, *Staaträson*, p. 8.
42   *ibid.*, p. 492.
43   *ibid.*, p. 506. 비록 트라이치케에 대해 무비판적이라든가 그의 반유대주의에 대해 침묵을 지킨 것은 결코 아니었지만 마이네케는 자신이 참을 수 없을 정도라고 배격하였던 디트리히 셰퍼(Dietrich Schäfer)와 같은 제자들과는 트라이치케를 구분했다.

내가 "전체성의 갈망"이라고 부른 감정과 반응의 강박관념은 다시 살펴보면 거대한 두려움, 현대성에 대한 두려움으로부터 태어난 거대한 퇴행으로 보인다. 퇴니스, 호프만슈탈 등의 인물들이 조작했던 민족, 영도자, 유기체, 국가, 결정, 공동사회 등의 추상물은 뿌리와 공동체에 대한 절박한 필요성을 보여준다. 그것은 격렬하면서도 때로는 사악하게 이성을 부정하는 것이었는데 거기에는 직접적인 행동이나 카리스마적 지도자에 대한 복종의 촉구가 뒤따랐다. 전체성의 갈망은 증오로 뒤덮여 있었다. 그 주요 대표자들의 정치 세계는 적들로 가득차 있는 편집증의 세계였고, 때로는 이들 개인의 세계도 그러했다. 그들에게 적들이란 인간성을 말살하는 기계, 자본주의적 물질주의, 신이 없는 합리주의, 근본 없는 사회, 세계주의적인 유대인들, 거대하고 모든 것을 삼켜버리는 도시 등이었다. 오스트리아의 가톨릭 사회철학자였던 오트마르 슈판Othmar Spann의 망상은 우익 집단에서 대단히 평판이 높았는데, 그는 자신의 독자들이 쉽게 인정할 수 있었던 악인들의 목록을 제공했다. 여기에는 로크, 흄, 볼테르, 루소, 리카르도, 마르크스, 다윈, 불결한 정신분석학, 인상주의, 다다이즘, 입체파, 극영화 등이 포함되어 있었다. 1922년 사망하기 얼마 전의 트뢸치를 자극하여 그로 하여금 "신비주의와 야만성의 혼합"[44]을 지향하는, 각별히 독일적인 경향으로 간주되던 것에 대하여 경고하도록 만든 것은 철학이라는 가면을 쓴 이러한 적대 감정의 군집이었다.

---

44   Klemens von Klemperer, *Germany's New Conservatism: Its History and Dilemma in the Twentieth Century*, 1957, p. 113에서 재인용.

V

그럼에도 바이마르의 상황은 복합적이었다. 결속과 통일성을 갈망하던 1920년대의 모든 자들이 퇴행의 희생자는 아니었다. 숫자적으로 압도당했고 성공을 거두지 못할 운명에 처해 있던 몇몇 사람들은 세계로부터의 도피가 아닌 세계 정복을, 기계 거부가 아닌 사용을, 반이성주의가 아닌 이성을, 허무주의가 아닌 건설을 통해 자신들의 필요를 충족시키려 했다. 특히 건설이라는 표현은 실제로 문자 그대로 해석될 수 있었다. 왜냐하면 이렇게 현대적이고 민주적인 철학은 건축가들의 저술 속에서 형성되어 이들의 건축물로 수행되었기 때문이다.

이러한 건축가 중 가장 자의식이 높았던 대표적인 인물로 에리히 멘델존Erich Mendelsohn이 있는데, 그는 바이마르공화국 기간에 몇몇 유명한 건물을 지었고, 그중에는 1927년 베를린에 세운 세계 극장(Universum cinema)과 1928년과 29년에 걸쳐 켐니츠에 세운 쇼켄 백화점이 있다. 멘델존은 건축가란 소위 분석과 역학, 이성과 반이성을 결합시켜야 한다고 주장했다. "이러한 이성과 반이성이라는 두 극단 사이에 나의 본성, 생명, 작품이 움직이고 있다."[45] 그는 아내에게 쓴 편지 속에서 "일차적 요인이 기능인 것은 확실하지만, 감각적인 혼합물이 배제되어 있는 기능은 단순한 구조물로 남을 것이다. 나는 지금 어느 때보다도" 미와 유용성이 결합되어 있는 "나의 조화로운 계획을 더욱더 고수하고 있다"고 말했다. "그 양자는 필수적이며 서로를 필요로 한다." 향상과 파기와 보존을 동시에 뜻하고 있는 편리한 헤겔 용어

---

45   Wolf von Eckardt, *Eric Mendelsohn*, 1960, p. 11.

인 지양(aufheben)이라는 단어를 사용한다면 멘델존은 모든 이원론이 "모든 유기체, 피조물, 예술작품 속에서 지양되듯(aufgehoben)" 좋은 건축물 속에서 모든 이원론은 지양된다(aufgehoben)고 생각했다.[46] 1920년에 아직 젊고 무명이었던 멘델존은 천문대이자 천문물리학 실험실인 아인슈타인탑을 건축했다. 그는 이것을 어떤 알지 못할 충동에 따라 설계하여 "아인슈타인의 우주를 둘러싸고 있는 신비"로부터 저절로 나타나도록 만들었다고 말했다.[47] 알베르트 아인슈타인은 이 건물 안을 걸었을 때 한마디의 적절한 형용사, "유기적(organic)"이라는 말로 이 건물에 공감을 표시했다.[48]

이런 철학은 직선보다는 강력한 곡선을 선호했던 멘델존과 같은 건축가에게 어울리는 듯 보인다. 그러나 고전적인 기하학 양식의 옹호자 발터 그로피우스도 본질적으로는 동일한 철학을 지지했다. 제1차세계대전에 앞서 몇몇 훌륭한 건물을 건축했던 그로피우스는 공화국이 탄생할 무렵 이미 유명했지만 바우하우스로 실질적인 명성을 얻었고, 이 건물은 언제나 그의 이름과 결합되어 있을 것이다. 그로피우스는 종전의 예술대학과 응용예술학교를 새롭게 합병하여 바이마르 시대인 1919년 초에 바우하우스를 창립했다. 전쟁 이전에 독일의 예술연맹에서 처음으로 천명되었던 원리들을 명백히 함과 동시에 과감하게 넘어서면서, 그로피우스는 처음부터 자신의 학교가 유일한 예술적 창조의 통합체인 건축에 전념토록 했다. 그 당시나 그 이후에도 그는 자신의 철학이 단순히 장인의 철학이 아니라고 주장했다. 장인 정신은 "건축

46   Erich Mendelsohn, *Briefe eines Architekten*, ed., Oskar Beyer, 1961, pp. 57, 73.
47   Eckardt, *Mendelsohn*, p. 9.
48   Arnold Whittick, *Erich Mendelsohn*, 1940, p. 64.

의 예비 조건"일 뿐이다. 또한 그의 철학은 실용적인 일이나 산업에 국한되어 있는 단순히 "기능적인" 철학도 아니었다. 그것은 심리학 연구에 기초하는 미학 철학이었던 것이 확실하다. 그는 1919년 4월, 창립 선언문에서 "건축가, 화가, 조각가는 전체와 부분에 있어서 건축의 다면적 형상(vielgliedrige Gestalt)을 재인식하고 파악해야만 한다"고 기술했다. 그런 연후에만 이들의 작품은 현재의 "살롱예술"에서 사라지고 있는, "건축학적인 정신"으로 충만할 수 있을 것이다. 오래된 예술의 학파에서는 공예로부터 예술을 분리시켰기 때문에 "이런 통일성을 산출할 수 없었다". 이것은 변경되어야만 한다. "우리들, 건축가, 조각가, 화가 들은 모두 다 공예로 다시 눈을 돌려야만 한다." 장인과 예술가 사이에는 근본적인 차이가 없다. "예술가란 최고 형태의 장인이다(Steigerung des Handwerkers)." 모두로 하여금 속물적인 구분을 잊고 "건축, 조각, 회화가 모두 단일한 형상 속에 함께 있는 미래의 새로운 건축에 참여토록 하여 새롭게 출현하는 신념의 순수한 상징으로써 수백만 장인의 손으로부터 천상으로 올라가자". 라이오넬 파이닝어는 별들이 비추고 있는 높고 길쭉한 교구 성당을 묘사하는 목판화로 이러한 새로운 통일성의 요구를 그려냈다.[49]

바우하우스의 연구 과정은 이러한 표현을 현실로 바꾸어놓도록 고안된 것이었다. 초급 과정을 통과하면 모든 학생들은 두 명의 선생으로부터 작업장에서 훈련을 받도록 되어 있었는데, 이들은 내용과 형식 모두의 미학은 물론 소재에 대해서도 숙달되도록 가르쳤다. 그로피우

---

49 이 선언문은 *Das Bauhaus; 1919-1933: Weimar, Dessau, Berlin*, ed. Hans M. Wingler, 1962, pp. 38~41에 전문이 재수록되어 있다.

스는 후에 "이런 종류의 이중적 교육은 다가올 세대에게 모든 형태의 창조적 작업의 재결합을 획득하도록 하여 새로운 문명의 건축자가 되도록 해줄 것"이라고 기술했다. 1922년, 클레는 이러한 계획을 상징하는 도안을 그려냈다. 그 도안에는 원형 띠 내부에 일곱 개의 꼭지점을 가진 별이 내접하고 있는데, 이 띠는 여러 소재(유리, 석재, 목재)와 여러 과정(구도, 색채, 구성)을 포함하고 있는 예비 훈련을 표현하며, 바우하우스의 두 가지 목표인 "건축과 무대(Bau und Bühne)"가 자랑스럽게 쓰인 또다른 원이 별의 내부에 그려져 있다.[50] 새로운 바우하우스의 분위기는 실험적이고 명랑하며 매우 활기찼다. 이러한 분위기를 되살려보고자 한다면 파울 클레, 바실리 칸딘스키, 라이오넬 파이닝어, 게르하르트 마르크스Gerhard Marcks, 오스카 슐레머Oskar Schlemmer, 라슬로 모호이너지Laszlo Moholy-Nagy, 요제프 알베르스Josef Albers 등 이곳 선생들의 이름을 상기해보는 정도로 충분할 것이다.

바우하우스의 활동은 창조적이었고, 다방면에 걸쳐 있었다. 인쇄술, 가구 도안, 등잔, 직조, 도예, 제본, 무용 등 모든 것이 대단히 자유롭게 다루어졌고, 우리가 알고 있듯 이들 중 많은 것은 지속적으로 영향력을 미치고 있다. 우리는 여전히 마르셀 브로이어Marcel Breuer가 디자인한 의자에 앉아 있고 헤르베르트 바이어Herbert Bayer에 의해 처음으로 도안된 활자의 자면을 읽고 있다. 바우하우스의 분위기는 기묘하고 활력적이었다. 바우하우스는 가정이자 학교이자 공동기업이자 선교단체였다. 그로피우스를 포함한 어떤 대가라 할지라도 제자들과 자신을 구분하지 않았다. 이곳은 위대한 스승들이 자신의 어린 복제판을 만들어

50   *ibid.*, p. 10을 참조.

내는 대학이 아니라 "학생들이 선생들을 자극하고", 선생들이 학생들을 자극하는 "연구소"였다. 유용성과 미는 단순하게 병행하는 것이 아니었다. 순수한 미의 지분도 있지만, 대가들은 유용성과 미를 하나로 결합시키려고 노력했다. 파이닝어와 클레와 칸딘스키의 흥미롭고 생생한 작품 다수는 바우하우스에서 완성되었다. 그리고 높은 기강은 창의성뿐만 아니라 생존 자체를 위해서도 필수적이었다. 학교의 예산은 빈약했고, 특히 학생들의 곤궁은 극에 달했다. 발터 그로피우스의 술회에 의하면 바우하우스가 1923년 첫 전시회를 열게 되었을 때, 건물을 청소할 비용조차 없어서 선생들의 부인들이 잡역부 역할을 자원하고 나섰다는 것이다. 발터 그로피우스는 "바우하우스의 정신은 훌륭한 것일 수밖에 없었으며, 누군가가 '흑과 백', 혹은 '정사각형'과 같은 주제를 내놓으면 곧 축제와 비슷할 정도로 비공식적이지만 멋진 행사가 벌어졌다"고 말했다.

그러나 어느 정도의 내적 갈등은 불가피했다. 즉 대단히 중요한 초급 과정을 가르치기 위해 그로피우스가 비엔나로부터 불러들인 화가이자 교육자인 요하네스 이텐Johannes Itten은 미학에 열정적이고 배타적일 정도로 몰두했던 반면, 현실적인 결과에 대해서는 그로피우스의 상상을 초월할 정도로 무관심했다. 1923년, 이텐은 사임했고, 초급 과정은 요제프 알베르스와 라슬로 모호이너지라는 두 명의 다른 위대한 선생들에 의해 계속되었다. 그러나 시간이 흐르면서 한마음으로 자유토론을 환영하는 분위기와 함께 이러한 갈등은 풀렸다. 바우하우스는 그로피우스 등 인물들의 훌륭한 판단조차 묵살한 채 정부가 개입하여 그 주장을 고집했던 1923년에는 미숙하게 보이는 전시회를 통해 이익을 얻기까지 했다. 요컨대 진정한 적은 내부적인 불화가 아니라 외부적인 적대감이었으며, 우익의 전통에 얽매인 장인들은 바우하우스의 실험이 갖는 혁명적 의미와 그 학생들의 보헤미안과 같은 행위에 대해 정치적이고 미학적인 반감을 표했던 것이다. 자신이 "화약통 위에 앉아 있다"는 것을 깨달은 그로피우스는 어떠한 정치적 행위도 엄금했고 그것이 꽤 큰 도움이 되었다. 1925년, 바우하우스는 바이마르를 떠나 한층 우호적인 도시 데사우로 이전했다. 여기에서 그로피우스는 그의 저명한 건축물을 설계했는데, 이것은 아마도 바이마르 기간 중의 어떤 예술작품보다 더 많이 사진에 실렸을 것이다. 클레와 칸딘스키는 그들의 그림을 계속 그렸고, 브로이어는 가구를 만들었으며, 작업장에서는 등잔과 도자기와 은제품을 깨끗하고 견고하며 아름답게 고안해내어 바우하우스는 국내에서 악평이 높았던 것만큼이나 해외에서 유명하게 되었다. 마침내 1932년 정치와 공황은 바우하우스를 베를린으로 몰아내 그곳에서 마지막 황혼 속에 연명하게 만들었다.

말년의 저술에서 그로피우스는 1919년 창립선언문에서 적었던 구절들을 단순히 전개했을 뿐이다. 즉 새로운 건축은 경제적 필요와 미학적 필요 모두를 충족시킴으로써 전체성을 추구해야 하며, 기계화는 도움이 되는 것이어야 한다는 것이다. 사실상 바우하우스는 "기계의 산물에 현실적인 내용과 중요성을 부여하고, 그리하여 기계적인 무정부상태로부터 국가를 구함으로써 기계에 의한 인류의 노예화를 방지하려고" 의도된 것이었다. "우리의 목표는 기계의 실질적인 이득 중 어떤 것도 희생시키지 않고 기계의 모든 결함을 제거한다는 것이었다." 실로 현대인은 파편으로 해체되어버렸지만 노동 분업을 포기한다는 것은 단순히 불가능할 뿐만 아니라 바람직하지도 못할 것이다. 파편화의 비극은 기계나 작업의 세분화에 의해 초래된 것이 아니라 "우리 시대의 지배적인 물질주의적 심리 상태와 공동체에 대한 개인의 비현실적이고 결함 많은 관계에 의해" 초래된 것이었다. 필요한 것은 기계화나 올바른 종류의 표준화를 두려워하지 않는, 솔직하게 현대적인 철학이었다. "우리가 실천적으로 설교했던 것은 모든 형태의 창조적 업적에 대한 공공 시민의식이며 현대 세계에 있어서 그 업적들 사이의 논리적인 상호 의존이었다." "지도적 원리란 예술적 도안이 지적인 업무거나 물질적인 업무가 아니라 단지 삶의 본질의 총체적인 부분이라는 것이다." 여기에 이성과 감정이 협력해야만 한다.

"예술작품이 기술의 결과물로 남아 있는 것은 사실이지만, 동시에 수행해야 할 지적 목표도 갖고 있으며 이것은 오로지 감정과 상상력으로만 성취될 수 있다." 결론컨대 바우하우스는 "접근방법의 전체성을 통해 오늘날의 건축과 설계를 사회적 예술로 복원시키는 데 기여했던" 진정한 공동체였다. 이것은 "전체적 건축(total architecture)"을 발전시켰던 것이다.[51]

건축가의 언어는 부정확성, 과장, 과도한 상투적 표현 등으로 악명이 높으며 그로피우스 자신도 신탁 같은 언어 유희를 사용하려는 유혹을 언제나 피했던 것은 아니었다. 그러나 그의 작품, 즉 그가 설계했던 집과 그가 감독한 건축물과 그가 훈련시킨 학생들과 그가 가르친 대중은 그의 가장 공상적인 표현에서조차 견고하고 구체적인 의미를 부여

51   Walter Gropius, *The New Architecture and the Bauhaus*, tr. P. Morton Shand & *Scope of Total Architecture*, 1962 ed., passim.

하고 있다. 그로피우스가 가르쳤지만 대부분의 독일인들이 배우기를 원치 않았던 것은 베이컨과 데카르트와 계몽주의의 교훈이었다. 즉, 인간은 세계에 맞서 이것을 지배하여야 하며, 현대성의 병폐에 대한 구제책은 더 크고 더 올바른 현대성일 뿐이라는 것이다. 바우하우스가 바이마르공화국 이후 단지 반년만을 존속했다는 사실에 놀랄 사람은 아무도 없었다.

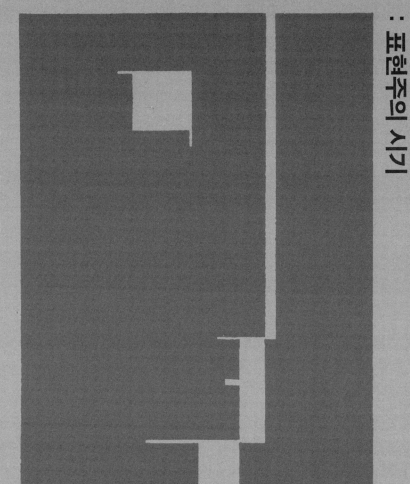

V. 아들의 반역

: 표현주의 시기

Weimar culture
The Outsider as Insider

I

바이마르공화국에서 바우하우스에 다음가는 훌륭한 결실은 아마도 1920년 2월 베를린에서 공개된 영화 〈칼리가리 박사의 작은 방〉일 것이다. 빌리 하스는 훗날 "기괴하고 악마적이고 잔인하고 '고딕적인' 독일이 있었다"고 기술했다.[1] 악몽과 같은 줄거리와 표현주의적 배경과 음울한 분위기로써 〈칼리가리〉는 그로피우스의 건물, 칸딘스키의 추상화, 그로스의 만화와 마를레네 디트리히의 각선미만큼이나 확실하게 바이마르 정신을 후세에게 구체화시켜주고 있다. 이것은 그 불멸성을 충분히 인정받을 수 있는 영화로서, 일단의 다른 실험들의 선구가 되었던 실험이었다. 그러나 영화사에 있어서 결정적 작품이었던 〈칼리가리〉는 특히 초기 표현주의 시기의 바이마르 역사를 이해하는 데 큰 도움을 주고 있다. 기묘한 대본이나 새로운 조명술보다는 여기에 영화의 성패가 달려 있었다.

---

[1]   Willy Haas, *Die literarische Welt*, p. 103.

독일의 작가이자 영화비평가였던 지그프리트 크라카우어는 미국 망명중에 〈칼리가리〉의 역사를 신빙성 있고 세밀하게 기록했다. 일어났던 일은 다음과 같다. 종전 얼마 후에 체코인 한스 야노비츠Hans Janowitz와 오스트리아인 카를 마이어Carl Mayer가 베를린에서 자연스럽게 만나 친구가 되었다. 재능이 있는 이 두 젊은이는 모두 표현주의에 매료되었으며 방금 끝난 전쟁에 대한 공포에 가득차 있었다. 그들은 자신의 평화주의적 견해를 다른 자들에게 열심히 설득시키려 했다. 이들은 밤에 겪은 경험과 전쟁으로 인한 좌절 그리고 자신들의 상상력이 뒤섞인 이야기를 썼다. 그것은 몽유병자인 체자레를 박람회에 전시했던 광적인 칼리가리 박사의 이야기였다. 칼리가리가 가는 곳마다 죽음이 뒤따른다. 그를 냉대했던 한 관리는 죽은 채로 발견되고, 두 젊은 학생 중 한 명이 체자레에게 미래에 대해 물어볼 때, 체자레는 그가 새벽에 죽으리라고 정확하게 예언한다. 살아남은 학생인 프란시스는 이 미스터리를 밝히려 한다. 그는 칼리가리의 마차 속으로 기어들어가 체자레가 상자 속에서 잠들어 있는 것을 보고는 안심한다. 그러나 프란시스가 박람회장에 있는 동안 체자레는 사실 프란시스의 여자친구인 제인을 유괴하러 갔다. 체자레는 그녀를 유괴해 온다. 가파른 언덕과 기괴한 구름다리를 건너 쫓기다가 체자레는 제인을 떨어뜨리고 죽어 버린다. 경찰은 체자레의 상자를 조사하고는 그 속에 인형이 들어 있음을 발견한다. 사실은 명백해지고 있다. 최면술에 걸린 체자레는 주인의 명령에 따라 범죄를 저지르고, 밤중에 인형이 그의 자리를 대신하고 있는 동안 길을 걸어다녔던 것이다. 칼리가리는 체포를 피해 정신병동에 숨는다. 프란시스가 그를 쫓아 찾아간 병동에서는 또다른 비밀이 기다리고 있다. 미친 최면술사와 정신병동 책임자가 동일 인물인 것이다. 칼리가리가 자고 있는 동안, 프란시스와 경찰은 그의 기록을 살펴본 뒤 사실의 내부 연관성을 발견한다. 병동 책임자는 영매인 체자레에게 살인을 하라고 주문을 읊었던 18세기의 사기꾼 칼리가리 박사의 기록에 매혹되었던 것이었다. 매혹은 집착으로 바뀌어, 그는 병동의 한 몽유병자에게 칼리가리식으로 실험을 했다. 프란시스가 그에게 체자레의 시체를 보여주며 자백을 얻어내려 하자 현대판 칼리가리는 모든 자제력을 잃고 자신이 책임자였다고 광적으로 폭로하고는 정신병동의 상징인 구속복에 갇혀서야 제어가 된다.

바이마르 시대에 가장 영향력이 컸던 영화제작자 중 한 사람인 에리히 폼머Erich Pommer는 이 대본을 받아들여 마침내 로베르트 비네Robert Wiene에게 감독을 맡겼다. 여기에서 결정적인 사건이 발생했다. 원작자들의 격렬한 반대에도 불구하고 비네는 원래의 스토리를 한 장면에 고정시켜 현재 형태의 영화로 만들었다. 즉, 영화는 정신병동에서 시작하여 정신병동에서 끝나는 것으로, 종국에 있어서 프란시스와 그의 여자친구 제인이 미친 것이며, 병동 책임자를 살인자 칼리가리 박사로 오인한 것은 그저 프란시스의 망상이라는 것이 확실해진다. 실제로 책임자는 친절한 사람으로 프란시스가 앓는 정신병의 본질을 발견하고는 안심하여 자신은 프란시스를 결국은 고칠 수 있으리라고 말하는 것이다.

이러한 변경에 대한 두 원작자의 분노는 작가로서의 허영심을 넘어서는 것이었다. 영화는 여전히 힘을 갖고 있었고 지금도 갖고 있지만, 이 두 사람이 전달하려 했던 의도는 사라졌다. "두 젊은 시인"은 빌리 하스의 친한 친구들이었는데, 그는 "이 두 사람이 몇 번에 걸쳐 자주 내게 말했던 바, 이들이 1920년 무렵에 실지로 썼던 것은 평화주의적 영화로서, 군국주의는 물론 일반적인 군대식의 복종에 반대하는 영화였다"고 회상하고 있다. 영화사에 의한 변화는 "그러한 의도를 삭제해 버린 대단히 이상하고 놀라운 변화였다".[2] 크라카우어가 보여주듯, 원작자들은 권위의 잔인성과 완전한 정신 이상을 폭로하려 했다. 영화감독이 이들의 이야기에 갖다붙인 틀은 권위가 본질적으로 친절하고 관용적이라는 외관을 부여했던 반면, 권위에 대한 반역에는 일종의 정신병인 망상이라는 모습을 부여했던 것이다. 즉, 혁명적인 관념이 체제에 부응하는 관념으로 바뀐 것이었다.[3]

그러나 원작의 설정이 바뀌지 않았다 해서 그 의미가 명백했을지는 미지의 문제로 남아 있다. 대중은 원래의 개념에 변화가 있었다는 사실은 모르는 채, 무비판적인 정열을 갖고 〈칼리가리〉에 호응했다. 이들이 알았다 할지라도 이에 무관심했을 것이며, 이러한 분별력의 결여는 전체적인 표현주의적 취지에 대한 훌륭한 논평으로 자리잡을 수 있을 것이다. 크라카우어는 원작자들 자신도 칼리가리의 독재에 대해 의심스러운 대안만, 즉 끊임없이 동요하는 박람회의 비체계적인 비구조적 행위로 상징되는 무정부상태를 대안으로 제시했음을 인정하고 있다. "두 원작자가 칼리가리의 압박에 대비시켜 자유로운 박람회를 택했다는 것은 이들의 혁명에 대한 염원이 갖는 결함을 보여준다. 이들

2   *Loc. cit.*

3   Siegfried Kracauer, *From Caligari to Hitler: A Psychological History of the German Film*, 1947, pp. 61~76. 크라카우어는 이 평론을 할 때, 이 영화의 원작자 중 한 사람인 한스 야노비치의 미출판 회상록을 접할 수 있었다.

은 자유를 대단히 갈망하긴 했지만 자유의 윤곽을 상정할 수 없었다는 것은 명백하다."[4]

따라서 〈칼리가리〉는 원작의 개념이나 최종적 형태 그리고 영화의 궁극적인 성공, 이 모든 것에 있어서 표현주의자들의 불확실성과 혼돈된 사상을 반영한다. 표현주의자들은 자신의 재능으로 최선을 다해 혁명에 기여했지만, 그들은 전반적으로 정치적이지 않으면서 혹은 최소한 비계획적이면서 혁명적이었다. 안정된 형식과 상식에 대한 이들의 반역은 쇄신에 대한 동경과 현실에 대한 불만 즉 일반적으로 독일의 특징을 드러내던 수단에 대한 불확신만을 반영했다. 표현주의자들은 통일된 집단이 아니라 단지 느슨히 연결된 모임이었을 뿐이다. 이들은 명분을 가졌지만 명확한 정의나 구체적 목표는 없던 반역자였다. 혁명이 발발했을 때, 모든 신조의 표현주의자들은 혁명을 굳건히 지지했고, 다른 예술가들을 혁명 집단 안으로 끌어들였다. 예술을 위한 노동의회(Arbeitsrat für Kunst)라고 도발적으로 불리는 집단은 물론, 1918년 12월에 창립된 11월 집단(Novembergruppe)은 모두 새로운 시대에 적합한 예술을 보급시키기에 몰두했고, 모든 정치 영역의 표현주의자들과 모든 예술적 영역의 예술가들을 불러모았다. 즉, 불쾌한 공산주의자 에른스트 톨러는 물론 신비주의적 인종주의자이자 기독교인 에밀 놀데까지, 발터 그로피우스는 물론 에리히 멘델존도 받아들였던 것이다. 모든 예술가, 아니 거의 모든 예술가가 모든 사물을 새롭게 하려는 종교적 열정에 사로잡혀 있었다. 베르톨트 브레히트, 쿠르트 바일 Kurt Weill, 알반 베르크, 파울 힌데미트Paul Hindemith 등은 모두 11월 집단

4   *ibid.*, p. 74.

에 합류했다. 1918년 12월, 이들은 "예술의 미래는 물론 현재의 심각성은 우리 정신혁명가들(표현주의자, 입체파, 미래주의자)에게 화합하여 밀접한 공동작업을 하도록 강요한다"고 언명했다.[5]

바이마르 연합내각의 화합과 마찬가지로 이러한 화합은 오래 지속되지 못했고 공동 작업에 대한 형제들의 환상은 시들었다. 그렇지만 정신의 혁명가들은 때로는 완전히 자제된 예술성을 갖고, 때로는 심하게 신경질적으로 자신들의 세계를 계속하여 공격했다. 〈칼리가리 박사의 작은 방〉은 침침한 조명 속에 배우들이 이상스럽게 채색된 배경 앞에서 몽유병자 체자레처럼 최면 상태로 움직이는 표현주의적 영화가 유행할 계기가 되었다. 야심찬 영화 제작자들은 그런 영화에 여러 층위의 의미가 부여되어 신비롭게 보이기를 바랐다. 비네는 같은 해에 피와 무제한의 충동에 빠진 또다른 환상을 표현한 작품 〈게누이네Genuine〉로 〈칼리가리〉의 뒤를 이었다. 그리고 2년 후에 프리츠 랑Fritz Lang은 〈도박사 마부제 박사Dr. Mabuse, the Gambler〉를 만들었는데, 이것은 〈칼리가리〉와 어느 정도 비슷하게 비현실적인 범죄, 최면술, 궁극의 정신이상 이야기이다. 〈칼리가리〉와 아주 비슷하게 그림자와 기울어진 벽, 그리고 마치 파이닝어의 그림에서 튀어나온 듯 각이 바르지 못한 귀퉁이 등이 무대배경 그림으로 장식되어 있는 영화였다.

화가들은 비슷한 방향이긴 하지만 각기 자신들 나름의 길을 갔다. 이들은 강력하고 단순하며 공격적인 색채, 의식적으로 원시적인 기법, 강렬한 선을 사용했고, 제1차세계대전 이전에 시작된 화법인 인간 형상을 극도로 잔인하게 왜곡시키는 방법 등을 채택했다. 이 당시의 화

5   Bernard S. Myers, *The German Expressionists: A Generation in Revolt*, 1966 ed., p. 220.

가들은 영화제작자나 시인보다도 훨씬 심하게 개인주의적이었다. 바우하우스에서 함께 작업했던 클레, 파이닝어, 칸딘스키 등의 화가들조차도 자기 자신들만의 특징적인 화풍을 간직한 채 작업했다. 당시 가장 위대한 화가 중 한 사람인 막스 베크만은 표현주의적 관점으로부터 많은 것을 얻은 것이 확실했지만, 그는 거만하게도 표현주의라는 호칭은 부인했다. 표현주의의 전성기였던 1922년에 이미 그는 "이런 표현주의적 작업"을 단순히 "장식적이고 문학적인 일"로 취급했다. 그는 자신이 모더니스트라는 것을 알았지만 예술가는 "표현주의나 인상주의에 관련되지 않은 채 새로울 수 있다"[6]고 주장했다.

명칭의 모호성 자체는 바이마르공화국에서 화가들의 정치적 모호성을 반영한다. 베크만 자신은 "나는 어떤 방식으로든 정치적으로 적극적이었던 적이 없으며, 정치 시위로 분주한 적도 없다"고 단호하게 말했다.[7] 다른 많은 화가들 역시 베크만의 경우와 마찬가지였다. 점잖은 라이오넬 파이닝어는 11월 집단 선언문에 서명한 화가 중 한 사람이었는데, 그는 "싹이 터서 성장하는 모든 것에 '찬동'하는 자들에게 자신의 목소리를 더해준"[8] 것이었으며, 이렇듯 선의적이고 타인에 폐가 되지 않는 방식으로 쇄신과 건설을 확언한 것은 매우 특징적인 일이었다. 게오르게 그로스의 그림은 의도적으로 명백하게 독특한 세계관(Weltanschauung)을 구현했으며, 비대한 기업가들과 전쟁을 통

---

6   베크만이 출판가 라인하르트 피페르(Reinhard Piper)에게 보낸 편지. Peter Selz, *Max Beckmann*, 1964, p. 39에서 인용.

7   Myers, *German Expressionists*, p. 254에 인용되어 있는 1938년의 진술; 1948년 9월 17일의 일기 내용, Aloys Goergen, 'Beckmann und die Apocalypse', *Blick auf Beckmann: Dokumente und Vorträge*, 1962, p. 21에서 재인용.

8   Hans Hess, *Lyonel Feininger*, 1961, p. 87.

해 부당이득을 취하는 자들에 반대하는 선전이었다. 오토 딕스Otto Dix
의 그림 중 노동자들에 대한 동정을 담은 그림과 포주와 창녀를 그린
투박한 초상화는 프롤레타리아의 의도를 숨김없이 담고 있다. 애도하
는 어머니, 카를 리프크네히트에의 고별, 굶주리는 어린이들, 전쟁과
자본주의적 착취의 처절한 희생자들을 담은 케테 콜비츠의 우울한 판
화 작품은 절실한 정치적 호소력을 전달하고 있었다. 그러나 후에 나
치 정부가 그들의 정체성이 유대인이라고 말했기 때문에 자신이 유대
인이 되었다는 것을 알았던 일부 독일인들처럼, 화가들 대부분은 단지
그들의 적이 그들을 "문화적 볼셰비키"라고 불렀기 때문에 정치적이었
다. 사실상 초기에 나치당에 가입한 일 때문에 강조되고 있는 에밀 놀
데의 사악한 반유대주의나 프랑스 문화에 대한 조잡한 적대감 같은 정
치적 관념은 표현주의가 모든 종류의 정치와 양립할 수 있음을 보여주
었다. 표현주의자들은 인습을 떠나 자연에 이르는 돌파구를 갈망했다.
그리고 놀데에게 있어서 가치와 진실은 모두 북유럽 혈통과 토양에 대한
신비로운 애착에 자리잡고 있었다. 1919년, 표현주의 소설가 테오도어
도이블러Theodor Däubler는 열정에 전념하는 운동이 갖는 위험성을 부지
불식간에 노출시켰다. 독일 표현주의자들에게 막대한 영향을 주었던
뭉크의 석판화 〈질투Jealousy〉 앞에 서서 도이블러는 사색에 잠겼다.

   "나는 동물이 아닌가? 사실이다! A 주기와 O 주기는 말해주고 있
다— 당신은 동물일 수 있다고. 뭉크에게서 동물은 완전히 보존된 본
질의 충실한 표현으로 표출되고 있다. 인상주의자들은 이것을 어찌해
야 할지를 전혀 알지 못했다. 그러나 이제 또다시 우리는 동물적 범주

(Tierbestimmheiten)의 궤도 위에 있다. 이 얼마나 기념비적인가. 모든 동물은 부인할 수 없이 생명을 움켜쥐고 있다. 그 결과의 자기 결정, 예술을 통한 동물로의 복귀는 표현주의를 위한 우리의 결정이다."[9]

곤란한 점이 있었다면 표현주의자들은 예술을 통해 동물로 복귀하려 하였고, 그 동물이란 마르크의 무해한 암사슴이었던 반면, 나치는 다른 동물을 모범으로 하여 실생활 속에서 동물로 되돌아가려고 했다는 것뿐이다.

그러나 이것이 전부가 아니었다. 어떤 화가들은 극좌나 극우의 입장에서 공화국을 비난했고, 다른 화가들은 그림에 너무 몰두하여 투표에 신경을 쓰지도 않았지만, 그들 모두는 고의든 아니든 간에 바이마르 정신에 참여하고 있었다는 명백한 의미가 있었다. 새로운 지배자에게 인정을 받기 위해 열심히 청원을 하고, 새로운 체제 속에서 지위를 얻기 위해 고위관리에게 되풀이하여 호소했음에도 불구하고, 예술가의 공감이 어떤 방향을 향하건 '퇴폐적인 예술가'를 필요로 하지 않았던 체제에 의해 경멸적으로 거부당했던 나치 시기의 놀데의 역설적인 운명은, 모든 표현주의자들이 바이마르를 사랑했던 것은 아닌 반면 바이마르의 적은 모든 표현주의자들을 혐오했다는 사실을 말해주고 있다. 사실 여기에는 훌륭한 이유가 있었다. 표현주의자들의 생명력은 물론, 외관 뒤에 있는 실재를 향한 그들의 끊임없는 탐구에는 혁명적인 어떤 것이 있었던 것이다. 군주주의자들과 후의 나치가 좋아했

---

9   Theodor Däubler, 'Der neue Standpunkt, 1919', in *Expressionismus: Literatur und Kunst*, ed. Paul Raabe & H. L. Greve, 1960, p. 19에서 재인용.

던 감상적 사실주의, 사실적(寫實的) 자연주의, 그리고 그들 모두가 이용할 수 있었던 선동적 신화 날조 등은 바이마르의 예술가들에게는 파문을 뜻했다. 그 모두가 예술이 아닌 거짓이었던 것이다. 스위스 농부들을 그린 키르히너의 적나라한 초상화, 긴 직선과 입체파 평면의 아름다운 구도를 가진 파이닝어의 서정적 바다 풍경과 교회의 그림, 탁월하고 아름답게 통제된 클레의 환상, 신비로울 정도로 긴장된 관련성 속에서 직선과 원과 곡선으로 이루어진 칸딘스키의 추상화 등은 모두가 과거를 만장일치로 부인하며 새로운 실재로 향하는 열망이었다. 베크만은 이들 모두를 대변했다. 그는 "내가 작품 속에서 보여주려 하는 것은 소위 현실 뒤에 숨어 있는 관념이다. 나는 보이는 것에서 보이지 않는 것으로 이끌어줄 다리를 찾고 있다"고 말했다.[10]

그러나 이것도 전부는 아니었다. 이 화가들의 작품이 노골적으로 정치적이 아니었거나 혹은 노골적으로 비정치적일 때조차 바이마르의 모든 것이 그러하였듯, 이것은 전쟁이라는 비참한 경험을 반영했다. 정치적 장애물에 신경을 쓴 일이 없었던 비정치적 화가 베크만도 1915년과 1918년 사이에 자신의 화법을 바꿨다. 1884년에 태어나 제국 후기에 성장한 베크만은 훌륭한 소묘 실력과 인상주의적 기법은 물론 그의 초상화에 생동감을 부여하는 고유의 쾌활함으로 1914년 이전에 널리 명성을 얻었다. 그는 생애에 걸쳐 자신의 순간적 상태와 정신적 발전을 보여주는 자화상을 그리거나 판화로 새기곤 했는데, 1907년에 그린 유명한 자화상 하나는 맵시 있게 옷을 입고 담배를 손에 들고 있는 아름다운 얼굴의 자신만만한 청년을 보여주고 있다. 전쟁은

10   이것은 1938년의 진술이다. Myers, *German Expressionist*, p. 254.

이 모든 것을 바꾸어놓았다. 1921년, 그를 찬미하던 한 비평가는 "전쟁이 이 화가를 현실 속으로 몰고 갔다"[11]고 기술했다. 그의 그림은 의도적으로 뒤틀려졌다. 그가 목격했던 비참한 광경, 즉 상처 입고 죽어가는 병사들과 시체들을 전달하는 것만으로도 충분히 사실주의적이었다. 그리고 그의 그림의 주제도 바뀌었다. 전쟁의 와중에 그는 미완성으로 남은 대형의 종말론적 그림인 〈부활Resurrection〉을 시작했고, 심금을 울리는 〈십자가에서 내려지는 그리스도Descent from the Cross〉를 그렸으며, 〈밤The Night〉이라는 무해한 제목이 붙어 있지만 그 형상이나 얼굴의 왜곡, 야수 같은 색채, 뚜렷한 선 등으로 장엄하도록 혐오스러운 화폭을 만들었다. 1919년에 프랑크푸르트 근처 마인강의 아름다운 풍경을 포함하고 있음에도 불구하고 〈얼굴Faces〉이라고 잘못 제목이 붙은 19폭의 드라이포인트 동판화집을 발간했고, 계속해서 자화상을 그렸다. 그러나 이제 자화상은 다른 인물이었다. 큰 눈은 공포로 가득차 있었으며 입가는 미소를 잃은 채 음울했다. 이런 변화는 결코 무의식적인 것이 아니었다. "이제 나는 전쟁 이전의 어느 때보다도 나의 동료들과 함께 도시에 있어야 할 필요성을 느끼고 있다. 이곳이 우리가 있어야 할 곳이다. 우리는 앞으로 다가올 모든 고통을 같이 나누어야만 한다. 우리는 가난하고 좌절된 국민들의 고통에 찬 쓰라린 비명에 우리의 심장과 용기를 내어놓아야만 한다"[12]고 그는 기술했다. 베크만이 스스로를 가리켜 무엇이라고 부르려 했건 간에 표현주의적 시기의 요체 혹은 갈망을 그보다 더 웅변적으로 진술한 자는 없었다.

11   Benno Reifenberg, 'Max Beckmann', 1921, in *Blick auf Beckmann*, p. 102.
12   이것은 1918년에 쓴 글이다. Selz, *Beckmann*, p. 32에서 재인용.

다른 예술 형태도 동일한 발전 과정을 겪었다. 시인, 무용가, 작곡가, 조각가는 물론 만화가까지도 세계를 그 자체로부터 구출하기 위해, 혹은 최소한 일어났던 사건들에 대한 그들의 혐오감을 표현하기 위해 새로운 기법을 시도했다. 자신을 명확히 이해시키고 관객이나 독자를 얻기 위해서 예술가들은 만능인이 되려고 분투했다. 화가들은 시를 썼으며, 소설가들은 노래를 만들었다. 천부의 조각가, 화가, 극작가, 시인, 소설가였던 에른스트 바를라흐Ernst Barlach만큼이나 다방면으로 재능이 있던 자들은 거의 없었지만 그를 모방하길 원했던 자들은 많았다. 그리고 모두가 실험적 시도를 했다. 표현주의 시인들은 모순적인 대구법, 말을 줄인 압축, 혹은 지나치게 화려한 표현 등으로 언어 유희를 시도했고, 전에 없던 강렬한 감정이나 전례 없는 확신의 순수성을 전달하려 했다. 어쨌든 가장 훌륭한 표현주의 회화는 풍경화나 정물화이고, 가장 훌륭한 표현주의 시는 사랑의 서정시였듯, 그 주제가 아무리 평온한 것이었다 할지라도, 그들 작품에 내재하는 예술의 방향은 반역적인 금권주의자, 교태를 부리는 창부, 불구가 된 노병을 그린 게오르게 그로스의 잔인한 그림만큼이나 기존의 전통을 전복시키려던 것이었다.

극작가들은 바이마르 초기의 가장 창의적이고, 아마도 가장 확실한 표현주의자들에 속했다. 다작을 했고 규칙이나 관객, 때로는 명료성에 대해서까지 적대적이었던 이들은 구성, 무대, 대사, 등장인물, 연기, 연출 등에 있어서 정도를 벗어난 희곡들을 쏟아냈다. 무대장치는 간단하게 표시되었을 뿐이다. 조명은 관객들에게 많은 해석의 여지를 남겨주었다. 대사는 연설조로 높았으며, 때로는 평상적인 방식과는 가능한 한 동떨어지게 한, 완전한 울부짖음이었다. 등장인물들은 이름이나 개성이 배제된 일반성이 부여되어서 단지 '남자', '어린 소녀', '군인', '어머니' 등으로 불렸는데, 이것은 표현주의적 영화가 차용하여 큰 효과를 얻었던 장치였다. 이 연극들은 생생했지만 우아하지 않고 익살이라고는 하나도 없었으며, 호소력은 귀에 거슬릴 정도로 완전히 직접적인 것으로서, 도움을 구하는 외침이자 개혁을 위한 단호하고 초조한 요구였다.

주도적 표현주의 극작가들의 이름은 친숙하다. 그들 중 다수는 나치 집권 시기에 자살했기 때문에 비극적인 기억을 상기시키지만, 이들의 연극은 별로 공연된 적이 없었다. 그러나 특히 공화국 초기에 그들은 연극계를 압도하여 신선한 바람을 일으키며 연극계를 떠들썩하게 했다. 다행스럽게도 공화국의 제작자와 연출자들은 대체로 이런 극작가들에게 호의적이었다. 바이마르 연극계에서 가장 유력한 인물은 레오폴트 예스너Leopold Jessner였는데, 그는 1919년 여름에 베를린 국립극장의 관리소장(Intendant)이라는 전략적인 직책을 맡게 되었다. 프로이센인 문교부 장관 콘라트 헤니쉬Konrad Hänish는 사회민주주의당의 당원이었고, 예스너도 마찬가지였다. 그러나 이러한 사실이 예스너의 유일한 장점은 아니었다. 그는 노련한 연출자이자 제작자로서 함부르크와 쾨니히스베르크에서 입센, 하웁트만, 베데킨트, 슈니츨러의 작품을 성공적으로 연출했다. 사실 그가 1919년 쾨니히스베르크에서 연출한 마지막 두 작품은 베데킨트의 〈판도라의 상자Büchse der Pandora〉와 카이저Georg Kaiser의 〈가스Gas〉였다. 베를린에서 그는 대담성과 분별력의 기묘한 복합 행동으로 공전의 영향력을 행사하게 되었다.

그가 베를린에서 처음 무대에 올린 작품은 고전적인 독일 희곡 실러의 〈빌헬름 텔Wilhelm Tell〉이었는데, 이는 명백히 의도적이었다. 예스너가 이것을 표현주의적으로 연출하여 새로운 공화국 속에서 예술의 비판적 기능을 입증하려고 의도했다는 것은 확실하다. 그는 초연 저녁이었던 1919년 12월 12일이 최대한 자극적이 되도록 신경을 썼다. 가능한 한 최고의 배우들을 섭외해서 알베르트 바서만Albert Bassermann에게 텔의 역할을, 프리츠 코르트너Fritz Kortner에게 폭군 게슬러의 역할을 맡겼다. 무대는 예스너 특유의 장치가 된 예스너 계단(Jessnertreppe)이 좌우했는데, 이것은 단순한 계단을 들쭉날쭉하게 배열하여 만든 것으로 배우들이 그 위에 앉을 수도 있고 연설을 하러 올라갈 수도 있었으며 살해된 뒤에는 굴러떨어질 수도 있었다. 예스너 계단은 자연주의에 대한 표현주의의 공격이었으며, 관객도 상상력을 동원하여 연극에 참여해야 한다는 표현주의적 요구였던 것이다. 게다가 예스너는 조국에 대한 유명한 구절을 삭제해 실러 극의 애국적인 분위기를 누르면서 이 연극을 폭군에 항거하는 혁명을 위한 요구로 바꾸어놓았다. 게슬러는 훈장이 줄줄이 매달린 번쩍거리는 제복을 입고 있었는데, 정말이지 혐오스러운 독일 장군 그 자체였다. 또한 야수 같은 융커를 풍자하기 위하여 뺨에는 붉은색을 짙게 칠했다. 아무리 둔감한 관객이라 할지라도 눈앞에 펼쳐지는 연극의 정치적인 의도를 놓칠 수 없었다.

코르트너는 그날 저녁의 경과를 자서전에 기록하고 있다. 그는 이 무대의 인물들이 좌익이었다고 기술한다. 이들은 리프크네히트와 룩셈부르크의 암살에 분노했으며, 예스너의 연출은 이 분노의 표현이었다. 첫 공연은 시작부터 객석의 시위로 중단되었다. 우익과 좌익이 완전히 구분되었고 고함과 휘파람, 발 구르는 소리가 가득찼다. 다양한 정치와 문학적 취향의 비평가들이 객석 의자 위에 일어서서 서로에게 프로그램으로 삿대질을 했다. 마침내 자신의 과격성에 스스로 소심해진 예스너는 막을 내렸지만 배우들은 공연을 계속해야 한다고 고집했다. 옛 황제의 자동차 소리를 흉내낸 나팔소리가 울리자 객석에서는 또다시 한바탕 시위가 벌어졌다. 괴링을 떠올리게 하는 옷차림을 한 코르트너는 무대 위로 올라가 고함을 쳐서 시위를 가라앉혔다. 잠시 동안 정적이 있었고 바서만은 아들의 머리 위에 놓인 사과를 쏘아 떨어뜨려 큰 박수를 받았다. 이 장면 다음에 막이 내렸고, 극단 배우들은 서로에게 축하를 건넸다. 그러나 이들의 자축은 때가 이른 것이었다. 시위가 재개되어 고함에 귀가 멀 지경이었다. 이때 목이 쉰 세련된 배우 바서만이 장막을 젖히며 무대 위로 나갔다. 예기치 못한 그의 등장은 침묵을 가져왔으며, 바서만은 이번에는 선명하게 울려퍼지는 목소리로 외쳤다. "돈에 팔려온 놈들을 쫓아내라!(Schmeisst doch die bezahlten Lümmel hinaus!)" 코르트너에 의하면 타락하지 않은 돼지임을 입증하려던 몇몇 사람들의 항의 섞인 고함소리가 있었지만 소동은 끝이 났고, 이 연극은 속개되어 승리로 마무리되었다.[13] 그 저녁은 소동을 불러일으킨 연출에 걸맞은 표현주의적 저녁이었다.

13   Fritz Kortner, *Aller Tage Abend*, 1959, pp. 350~62.

II

표현주의처럼 의도적으로 즉흥적이고 격렬할 정도로 개인주의적인 양식은 반역성 그 자체나 의미 전달을 넘어서서 단일한 방법이나 내용을 전개하리라고 예상되지 않았다. 예스너의 〈빌헬름 텔〉조차도 결국 어떤 관객들에게 있어서는 프로이센의 군부 참모들보다는 베르사유의 평화라는 이름 아래 독일인들을 핍박하던 프랑스의 관리들에 대한 비판으로 받아들여질 수 있었다. 어떤 표현주의자들은 성 불능에 대한 공포 혹은 허무에 대한 종교적 공포 등을 기록했던 반면 어떤 자들은 기독교로의 개종 혹은 훨씬 더 빈번하게는 인간성이라는 종교로의 개종에 관한 희곡을 썼다. 몇몇 사람들은 현대 기계문명의 축복을 찬양했던 반면 대부분은 이것을 풍자했다. 실로 진정한 인간 경험으로서 전쟁과 파괴를 찬미하던 표현주의자들도 있었지만, 이들 중 대다수는 군국주의를 저주했고, 복원된 평화로운 인간성에 도취된 자신들의 전망을 설파했다.

따라서 표현주의자들을 결집시켰던 것은 다른 무엇보다도 바로 이런 전망이었다. 이렇듯 새로운 인간성에 대한 부정적인 전망이 베크만의 그림을 어둡게 만들었던 반면, 그에 대한 희망은 극작가들에게 생기를 주었다. 1917년에 발표된 발터 하젠클레버의 〈안티고네Antigone〉와 프리츠 폰 운루Fritz von Unruh의 〈어떤 세대Ein Geschlecht〉같은 전쟁 말기의 가장 괄목할 만한 표현주의 연극들은 전쟁이라는 괴물과 싸우며 새로운 시대와 새로운 인간을 희미하게나마 기대하고 있다. 공화국의 도래와 함께 이러한 예언적인 주제가 핵심이 되었고, 베를린에 있어서

나 다른 지방에 있어서나 독일의 연극무대는 때로 설교단이 되었다. 에른스트 톨러의 작품이건 게오르크 카이저의 작품이건, 역사적 사건에 근거하였건 인간 정신의 추상에 의해 수행된 변증법이었건, 낙관적이었건 체념적이었건, 격렬하게 반자본주의적이었건 단순히 인도주의적이었건 간에 연극을 통해 전하려는 희망은 언제나 동일했다. 즉 다른 자들처럼 극작가들도 처음에는 환영했던 전쟁 때문에 변한 것처럼 인간은 고통과 삶을 통해 개조되고 정화되어 한층 고귀한 인류를 탄생시켜야만 한다는 것이었다.

표현주의자들은 이렇게 새로운 인간성을 추구하면서 대중에게 많은 주인공들을 내놓았는데, 이들은 이방인, 고통받는 자, 자살자, 창녀 등이었다. 그렇지만 이들의 작품을 관통하는 하나의 주제가 있었는데 그것은 아버지에 대한 아들의 반역이었다. 여기에서 예술은 대단히 직접적으로 삶을 논평하고 있다. 11월 혁명[14]을 단지 하나의 사실로 해석하는 것은 너무도 단순화한 것으로서, 이것은 동시에 부권에 대한 반역이라는 점에서 의의가 있었다.

이 주제를 성공적으로 구현했던 최초의 연극은 하젠클레버가 1914년에 예언처럼 썼던 〈아들〉이었다. 이것은 폭군 같은 아버지와 자유를 갈망하는 아들을 대립시킨 감상적인 극이다. 아버지는 스무 살 난 아들을 계속적으로 때리고 모욕하지만 끝에 가서는 아들의 힘에 의해 패배당한다. 그러나 이 힘은 빌려온 것이다. 그 소년은 어머니 같은 처녀에 의해 성숙에 이르며, 최후의 막에서 자신의 아버지를 쏘려고 위협할 때도 그는 자신의 행위에 대해 어떤 책임을 질 필요가 없다. 아버지는

---

14   1918년 11월 7일의 바이마르공화국 선포를 가리킨다.— 옮긴이

그의 발 아래에서 발작을 일으켜 죽는다.

이를테면, 폭군이 자유에 대한 노예의 노력을 예상하고 있는 혁명에 대해 무엇을 말할 수 있을 것인가? 하젠클레퍼의 연극은 그 모든 파토스에 하나의 유형을 설정했다. 이것은 더 젊은 세대에게 말했던 것이다. 이 희곡을 출판했던 쿠르트 볼프는, 이 연극의 "문학적 요소는 여기에서 문제되지 않는다. 그러나 확실히 오락물이 아닌 이 작품은 부자 갈등의 주제와 함께 1890년 무렵에 태어난 세대에게는 폭발물과 같은 것"[15]이라고 기술했다. 이것은 공감대가 넓었기 때문에 폭발적이었다. 빌리 하스는 "올더스 헉슬리Aldous Huxley 세대의 한 젊은 영국 소녀가 내게 '나는 나의 부모를 증오하고 부모는 나를 증오한다. 하지만 그것은 상관이 없다'고 말한 적이 있다. 그러나 우리에게는 '상관없는' 것이 아니었다. 프란츠 베르펠은 이런 아버지에 대한 혐오로 깊은 고통을 겪었다. 환상 속에서 그는 한층 높은 영역에서 아버지와 아들의 최후의 행복한 조화를 꿈꾸고 있었다"고 기록했다. 그리고 하스 자신도 같은 문제로 깊은 고통을 겪었다.[16] 이것은 너무도 일반적이어서 상투적인 수단이 될 정도였다. 카를 추크마이어는 "그 당시 부자 갈등은 모든 뛰어난 젊은 작가들에게 요구되었다"[17]고 빈정댔다. 수많은 뛰어나거나 평범한 작가들이 그것을 따랐으니 그 단일 주제로부터 모순적인 도덕을 이끌어냈다는 것은 놀랍지 않다.

〈아들〉의 속편은 아르놀트 브로넨Arnolt Bronnen의 〈부친 살해 Vatermord〉였는데, 그가 후에 나치 당원이 된 것은 당연해 보인다. 일견

---

15   *Autoren, Bücher, Abenteuer*, p. 15.
16   Haas, *Literarische Welt*, p. 60.
17   Zuckmayer, *Als wär's ein Stück von mir*, p. 324.

그의 존속살인 연극은 하겐클레버의 연극과 흡사하다. 여기에서도 젊은이가 아버지에게 구박받고 위협받고 얻어맞지만 그 느낌은 아주 다르다. 〈아들〉의 젊은이는 폭압으로부터의 자유를 위해 투쟁하는 것이 확실한 반면, 〈부친 살해〉의 젊은이는 도덕적 타락에 젖은 분위기 속에 살고 있으며, 그의 반역에는 순전히 주관적이고 반이성적인 의미만이 있을 뿐이다. 〈부친 살해〉는 구역질나는 가족에 관한 구역질나는 연극이다. 수갑(Fessel)이라는 이름은 우연이 아닌 것이 확실한데, 젊은 발터 페셀은 소심하고 우유부단하다. 그는 농업학교에 보내달라고 어린애처럼 푸념하고 애걸하지만, 사회주의자인 아버지는 페셀이 노동자의 권리를 위하여 배우고 투쟁하기를 원한다. 그 소년은 동성애 성향의 학교 친구로부터 유혹받을 만큼 수동적이지만, 그의 실제적인 정열은 여전히 젊고 아름다우며 남편을 증오하고 장남에게 색정을 품는 자신의 어머니를 향한다. 명백히 관객에게 최면을 걸 의도에서 모든 것이 시와 흡사하다. 구분되지 않는 대사와 불완전한 언어를 반복적인 문체로 제시하고 있는 이 연극이 무의미한 구타와 끊임없는 논쟁을 통해 진행됨에 따라 어머니는 성적으로 흥분되어 발정난 암캐처럼 처음에는 자신의 남편에게서, 마지막에는 아버지를 찔러 죽인 아들에게서 자신을 만족시킬 남성을 찾는다. 그러나 폭군이 아니라 모든 이성적 질서를 살해했던 발터 페셀은 극의 말미에 더듬거리는 말로 벌거벗은 그의 어머니를 거부한다.

나는 당신이 지겹다.
나는 모든 것이 지겹다.

가서 당신의 남편을 묻으시오. 당신은 늙었소.

그러나 나는 젊고

나는 당신이 젊지 않음을 알고 있소.

나는 자유롭다.

내 앞에 아무도, 내 옆에 아무도, 내 위에 아무도 없이 아버지는 죽었다.

하늘아, 나는 그 위로 뛰어올라 날아간다.

하늘은 촉구하고 동요하고 신음하고 한탄하고 일어서야 하고 팽창하고 진정하고 폭발하고 날아가고 일어서야 하고 일어서야 한다.

나,

나는 꽃핀다.[18]

학업 부담과 성 충동이라는 사춘기의 압박은 오랫동안 모더니즘 운동의 독일 작가들을 매혹해왔다. 단적으로 말하자면 베데킨트의 선구적인 작품 〈봄의 태동〉은 사춘기에 관한 연극이다. 공화국 초기에 헤르만 헤세는 이러한 주제에 정신분석학적 변화를 주었던 반면, 프란츠 베르펠은 시와 소설에서 모두 권위주의적 아버지에 대한 아들의 반역을 조장했다. 베르펠이 성공을 거둔 자식의 반역을 다룬 단편소설, 『살인자가 아닌 희생자가 유죄_Nicht der Mörder, der Ermordete ist schuldig_』를 출간한 것은 1920년이었다. 그것은 후에 나치가 매우 다른 상황에서 다른 의미로 이용하게 된 불행한 제목이었다. 프란츠 카프카_Franz Kafka_가 자신의 아버지에게 부상당한 아들의 비난이 담긴 유명한 편지를 썼지만 부치

---

18   Arnolt Bronnen, *Vatermord*, 1925 ed. p. 96.

지는 않았던 것은 이보다 한 해 전인 1919년이었다.

　많은 자들에게 이 갈등은 단순한 개인적인 대립보다 훨씬 더 깊은 것이었다. 이것은 정치적 상황 혹은 세계의 운명까지도 상징하게 되었다. 카이저의 연극 〈산호Koralle〉에서 한 등장인물은 "아버지와 아들은 서로에게 반발한다. 이것은 언제나 생과 사의 투쟁"[19]이라고 외친다. 바이마르의 소란스러운 상황 속에서 작가들은 부자 갈등의 의미나 그 합당한 결과 어느 것에 대해서도 의견이 일치하지 않았다. 사회주의자들과 공산주의자들은 비이성적 권위에 대항해 합리적 자유를 요구하던 아들을 지지했던 반면, 아버지의 편을 들어 반역에 적대적인 자들도 많았다.

　이 후자 집단에게 프로이센의 프리드리히대제의 젊은 시절 이야기는 완벽한 주제였다. 그 이야기는 잘 알려져 있고 완전히 보증되었다. 여기에서 신화는 역사의 지원을 받고 있다. 황태자였던 프리드리히는 부왕의 교양 없는 엄한 규율에 반발해, 군대를 훈련시키느니 오히려 플루트를 연주하거나 프랑스어로 된 시를 쓰려 했다. 그는 자신의 친구 카테와 함께 도주하려 하지만 이 한쌍은 발각되어 왕은 보복을 한다. 오랫동안 왕은 아들을 친구와 함께 처형하리라 결심했지만, 왕은 선의를 갖고 있는데다가 충신들이 간원했기 때문에 결정을 약간 변경하게 된다. 카테는 황태자의 눈앞에서 처형되고, 프리드리히는 오랫동안의 고된 속죄 끝에 왕의 은총을 회복하게 된다.

　우익 작가들의 작품 속에서는 아버지들이 모두 다 좋은 패를 들고 있다. 프리드리히 빌헬름 1세는 거칠고 냉혹하며, 자신의 아들을 처형

19　Jethro Bithell, *Modern German Literature*, 1880~1938, 2nd ed., 1946, p. 444.

한다는 결정을 통해서 완고하고 복수심에 찬 결코 칭찬할 수 없는 구석을 드러낸다. 그러나 단적으로 이 왕은 가장 훌륭한 프로이센인의 전형이다. 즉, 정직하고 검소하고 꿋꿋하며 신이 그에게 의탁한 국가의 복지에 열정적으로 몰두한다. 가혹하다 할지라도 최소한 그는 남자답다. 편협하다 할지라도 그는 중요한 자질, 즉 충성심, 공익, 경건함 등을 구현하고 있다. 아들은 지적으로 우월하지만 유약한 경향이 있다. 그렇지만 우리가 역사로부터 알고 있듯이 그는 위대하게 성장할 것이다. 그러나 만일 그가 이러한 속죄를 거치지 않았다면, 아버지 앞에서 몸을 굽히고 아버지와 똑같이 됨으로써 자신에게 부과된 왕의 과업을 떠맡는 것을 배우지 않았더라면 그가 프리드리히대제가 되었으리라고 누가 말할 수 있을 것인가?

이러한 유형을 가장 솔직하게 표현하고 있는 작품은 요하임 폰 데어 골츠Joachim von der Goltz의 연극인데, 그 내용 자체에서도 충분히 명백하지만 그 제목 〈아버지와 아들Vater und Sohn〉속에 바로 젊은 프리드리히 극의 의미가 자리잡고 있다. 여기에는 어떤 경이로움도 없다. 막의 구분은 인습적이며, 연기의 처리도 그러하다. 대사는 군인들의 해학으로 가득차 있으며, 자연주의적이다. 등장인물들은 군국주의 국가의 옛날 이야기 창고로부터 곧바로 나온 듯하다. 극도로 긴장된 순간에 장군들은 우는 반면, 다른 등장인물들은 위대한 왕을 남자답게 직시한다. 도주한 사실이 발각되어 프리드리히 빌헬름 1세가 두 청년의 목을 잘라야 한다고 격노하자 장군이며 왕의 절친인 부덴브로크가 앞으로 나선다.

"부덴브로크: 대왕께서 피를 원하신다면 저의 피를 취하소서. (자신의 군복을 찢는다.) 감히 말씀드리거니와 폐하는 다른 피를 원하지 마소서.

왕: 부덴브로크!!

부덴브로크: (조용하게) 나의 대왕이시여……"

이런 식으로 계속된다. 그리고 마지막 장에서 젊은 황태자가 아버지와 그의 동료들 앞에서 감정 없이 명령을 따라 스스로를 비하하자 왕은 갑자기 마음이 풀려 "부드럽게 바뀐 목소리로" 태자의 창백함에 대해 말한다. 이것으로 충분하다. 젊은 프리드리히는 "왕의 표정을 보고는 갑자기 깊이 감동하여 아버지의 발 아래 쓰러진다". "아버님 용서해 주십시오!" 그리고 왕은 용서한다.

보수적이고 국수적인 집단이 인정할 수 있었던 것은 이런 종류의 연극이었다. 실로 그 많은 찬양자들 중에 슈트레제만이 있었다. 골츠의 연극은 그 "남자다움" 때문에 환영받았고 여러 비평가들에게 클라이스트를 상기시켰다. 클라이스트의 연극은 군국주의적 민족주의 명분에 기여하기 위해 널리 재공연되고 있었기에 이는 바이마르의 격앙된 정치 상황 속에서 의도적인 찬사였다. 골츠 자신은 "민족, 동일성"[20] 등의 토양 속에 깊이 뿌리내린 작가로 환영받았다. 세계영화회사(UFA: Universum-Film Aktiengesellschaft)가 1922년부터 만들기 시작하여 마지막까지 계속 이어졌던 '프리데리쿠스' 영화들, 즉 〈프리데리쿠스 대왕Fridericus Rex〉〈고요한 방앗간The Mill of Sans Souci〉〈로이텐의

---

[20] Joachim von der Goltz, *Vater und Sohn* (1921, 1922 ed.)의 뒤표지에 인쇄되었던 서평으로부터의 인용을 참조할 것.

합창곡The Chorale of Leuthen〉 등은 저질 작품에 지나지 않았지만, 언제나 골츠 작품의 대중적인 인기를 보장했다.

1925년의 대통령 선거 유세는 부자 갈등을 훨씬 넓은 무대인 현실에서 재공연한 것이나 다름없었다. 힌덴부르크의 선출[21]은 사회주의자의 소심성, 공산주의자의 방해 공작, 부르주아 정치가들이 똑똑한 체 하지만 실은 멍청한 판단과 분파적인 자기 위주의 정치 결정의 결과였다. 그러나 이것은 또한 상징적이었다. 힌덴부르크가 절대다수의 지지를 얻지 못한 것은 사실이지만 1,450만 명 이상이 1918년 말에 휴전을 애걸하며 평화조약 책임의 부담을 남들에게 전가했다는 사실을 손쉽게 잊은 채 노령의 "타넨베르크[22]의 영웅"에게 표를 던졌다. 힌덴부르크에게서는 옛 질서의 냄새가 났다. 그는 당파를 초월한 위인으로서, 그리고 독일 정신에 대한 거의 신화적인 대표자로서, 전통적 가치 자체의 구현으로서, 즉 한마디로 엄한 가부장적 인물로서 선동적인 유세 속에서 대중들에게 소비되었다. 그의 선출과 함께 아버지의 보복이 시작되었다.

---

21   부록의 "정치 소사" 제3장을 참고할 것.—옮긴이
22   1914년 8월 제1차세계대전 당시 독일제국을 침공한 러시아의 군대가 타넨베르크 전투에서 참패했고, 힌덴부르크가 그 당시 독일의 사령관이었다.—옮긴이

VI. 아버지의 보복

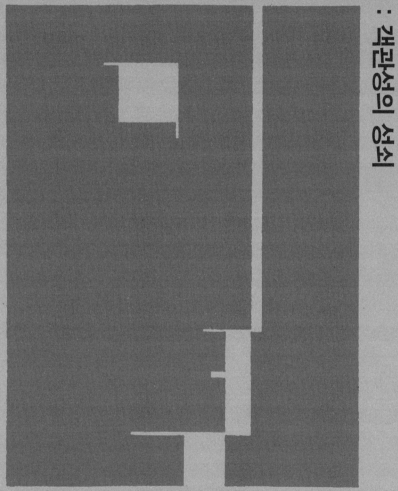

Ⅵ. 아버지의 보복

: 객관성의 상실

Weimar culture
The Outsider as Insider

I

힌덴부르크 대통령은 자신의 책임을 진지하게 받아들임으로써 그 옹호자들을 크게 실망시켰다. 그는 분명히 민간인처럼, 즉 대통령으로서 공화국을 전복하기보다는 오히려 보호해야 한다고 마음먹은 것처럼 행동했다. 더 나쁜 일들이 다가오리라는 전조로 선거를 받아들인 회의주의자들이 많았다. 즉, 마이네케는 공화국을 걱정하면서 희망 그 자체를 위한 희망을 가졌던 한편, 케슬러는 힌덴부르크의 선출이 "독일 역사에 있어서 가장 어두운 장"을 초래하리라고 생각했다.[1] 물론 돌이켜보면 이들은 옳았지만 그 당시엔 옳지 않았다. 하루하루를 연명하던 대부분의 독일인들은 불확실한 미래에 대해 고민하느니 새롭고 더 안정된 분위기를 즐겼다. 사실상 1925년에 이르면 독일의 분위기는 혁명과 전쟁 이래 그 어느 때보다도 안정되어 있었다. 힌덴부르크의 올바른 행동은 정치 열기를 식게 만든 것이 아니라 이것을 반영했

---

1   Kessler, *Tagebücher,* p. 439; Meinecke, *Politische Schriften*, p. 384.

던 것이다. 예술에서와 마찬가지로 정치에서도 혁명적 실험을 위한 시기는 지나간 것처럼 보였다.

바이마르 문화와 바이마르 정치의 이러한 유사성은 주목하지 않고 넘어가기에는 너무도 명백했다.[2] 문화는 사회와 연속적이고 긴밀하게 상호작용을 하고 있으며, 정치 현실의 표현이자 비판이었다. 이렇듯 예술과 삶 사이에는 친밀감과 적대감이 복합적으로 작용한다는 것이 모든 현대사회의 특징이다. 세력의 옛 구심점인 대학, 관료체제, 군대와 같은 곳에서는 외부자들을 배격했지만 연극무대, 출판, 언론 등은 대체로 외부자들의 수중에 있던 바이마르에서 그런 특징은 특히 현저했다. 초기의 모험적인 시도, 중기의 안정된 성취, 말기의 광적인 비관주의라는 바우하우스 역사의 세 단계는 공화국 자체의 세 시기를 표현해주고 있다. 혁명, 내란, 외국의 점령, 정치적 살인, 경악스러운 물가 폭등 등으로 점철된 1918년 11월부터 1924년까지의 기간은 예술에 있어서 실험의 시기였다. 표현주의는 회화나 연극만큼이나 정치를 지배했던 것이다.[3] 독일이 재정적으로 안정되고 정치적 폭력이 완화되고 대외적 위신이 쇄신되어 광범위한 번영을 즐겼던 1924년과 1929년 사이에 예술은 새로운 각성(Neue Sachlichkeit)의 국면으로 접어들었다. 즉 객관성, 사실성, 냉정을 추구하게 되었던 것이다. 그뒤 재앙처럼 실업률이 치솟고 정부는 포고령에만 의존하고 중산계급 정당이 쇠퇴하고 폭력이 다시 나타난 1929년과 1933년 사이에 문화는 사실을 비판하기보다는 거울 역할을 했다. 신문과 영화 산업은 우익의 선전

2 　Garten, *Modern German Drama*, p. 171; Kracauer, *From Caligari to Hitler*, p. 165 참조.

3 　'정치적 표현주의'라는 용어는 한나 아렌트의 표현이라고 생각된다.

물을 열심히 만들어냈고, 최고의 건축가, 소설가, 극작가 등은 소리를 낮추거나 침묵을 지켰으며, 국가는 대부분이 정치적 색채를 띤 키치 (Kitsch)의 물결 속에 가라앉았다.

표현주의적 분위기는 표현주의 시기에 이미 비판을 겪어야 했다. 하요 홀본은 "표현주의자들은 새로운 문화를 원했지만 새로운 문화를 원하던 다른 자들은 거의 없었으며, 이들은 독일의 사회주의로 넘어갔다"고 말했다. 1918년에 이미 막스 베버는 표현주의를 무책임한 신비주의와 짝을 지어 "정신적인 마약"이라고 부르는 한편, "확실성과 양심 (Schamgefühl)의 교육을 향한 유일한 길"[4]로서 새로운 각성을 요구했다. 1919년 라이너 마리아 릴케는 비록 새로운 것에 예민하게 공감하면서 하임Georg Heym이나 베르펠과 같은 표현주의자들의 서정시에 갈채를 보낼 준비가 되어 있긴 했지만, 표현주의 자체에 대해서는 비장하지만 불행한 탈선이라고 여겼다. 그는 표현주의의 기원을 이해할 수는 있었지만 "동포애"를 향한 표현주의의 요구는 믿지 않았다. 그에게서 표현주의는 자기모순적이고 궁극적으로는 좌절적인 파멸의 절규처럼 보였다. "사람들이 성급해졌다는 것은 충분히 이해할 만하다. 그렇지만 현재 우리에게 가장 필요한 것은 인내가 아니겠는가? 상처가 아물려면 시간이 필요하지 깃발을 꽂는다고 치료되지는 않는다." 진정한 진보는 "대패를 다시 잡은 목수, 망치를 다시 쥔 대장장이, 숫자를 한번 더 계산하고 셈하는 상인"의 임무이며, 이들이야말로 참된 혁명가이다. 표현주의자 중에 분명 정직한 자들도 있었지만 전반적으로 이 "경악스

---

4   Max Weber, 'Ein Jahrhundert *Frankfurter Zeitung*', Die *Gegenwart*, XI, 29 October 1956, p. 15에서 인용.

럽고 귀찮은" 인물들은 "실로 우리의 미래가 될 점증적이고 연약한 성장으로부터 우리의 주의를 다른 곳으로 돌리고 있었다".[5] 표현주의자로 출발했던 자들조차 곧 의문에 사로잡혔다. 예컨대 1920년 예스너가 연출했던 카를 추크마이어의 첫번째 희곡 〈교차로에서Am Kreuzweg〉는 순수하게 표현주의적인 연설조의 난해한 작품이었는데, 1922년에 추크마이어는 삶에 이질적이고, 인위적이고, 신경질적이고, 구태의연하다고 여겼던 표현주의 형식에 대해 혐오감을 표시하면서 베르톨트 브레히트를 참신한 인재라고 환영했던 것이다. "여기에 시인이 있다! 새로운 분위기! 진부한 표현주의를 재떨이 속으로 던져넣을 언어와 형식의 힘이 있다."[6] 브레히트는 초기 작품에서 표현주의적 충동에 크게 의존하고 있었으므로 이것이 정당한 평가라고 할 수는 없겠지만, 최소한 이것은 성향의 변화를 보여준다. 1924년에 이르면 선두적 표현주의자였던 파울 코른펠트Paul Kornfeld조차 표현주의의 종말을 요구할 수 있었다. 그는 "전쟁, 혁명, 세계의 구제는 이제 그만"이라며 "겸손하게 더 작은 것들로 주의를 돌리자"[7]고 기술했다. 얼마 뒤 〈새로운 전망〉의 편집자 루돌프 카이저Rudolf Kaiser는 "이제 엄청나게 용솟음쳤던(verströmten) 도취의 끝에 새로운 실재와 객관성을 향하는 경향이 삶의 모든 분야에서 명확해지고 있다"[8]고 언명했다. 즉, 더 완만한 속도의 시기가 도래한 것이다.

5   아니 메베스(Anni Mewes)에게 1919년 9월 12일에 보낸 편지. Rainer Maria Rilke, *Briefe*, II, pp. 157~8.

6   Carl Zuckmayer, *Als wär's ein Stück von mir*, p. 365.

7   Garten, *Modern German Drama*, p. 173.

8   Wolfgang Grothe, 'Die Neue Rundschau des Verlages S. Fischer', *Börsenblatt für den deutschen Buchhandel*, Frankfurter Ausgabe, XVII, 14 December 1961, p. 2236.

"새로운 각성"의 시기는 예술에 우호적인 시절이었지만, 이 명칭을 처음 사용한 인물은 그 모호성을 인식하고 있었다. 만하임 박물관의 책임자로서 이 용어를 만들어냈다고 여겨지는 구스타프 하르틀라우프Gustav Hartlaub는 새로운 분위기를 "표현주의에서 배출구를 찾았던 충만한 희망의 시기 후에 찾아온 단념과 냉소의 독일에 만연했던 당시의 감정과" 연관시켰다. "냉소와 단념은 '새로운 각성'의 부정적인 측면이다. 사실에 이상적인 의미를 직접적으로 부여하지 않고 전적으로 실체적인 근거 위에서 객관적으로 다루려고 욕망할 때, 그 결과로 직접적 현실을 향한 정열 속에서 긍정적인 측면은 나타난다."[9]

　　'새로운 각성'이라는 부제가 붙은 카를 슈테른하임의 1926년 작품인 신랄한 희극 〈우츠나하의 학교Die Schule von Uznach〉는 새로운 냉소주의에 반대하여 진보적 교육자의 '현실주의'를 성적인 방종을 조장하기 위한 구실이라고 풍자했으며, 지그프리트 크라카우어는 새로운 형식의 정치적 수동성을 개탄했다. 그러나 하르틀라우프처럼 새로운 각성에 내재하는 환멸이 표현주의의 매력에 대한 때늦은 개선책이라며 환영한 사람들도 있었다. 그는 이것을 "건전"[10]하다고 부르기를 택했다.

　　예술가마다 다른 의미로 받아들였던 '새로운 각성'의 궁극적인 의미가 어떤 것이었든, 이것은 본질적으로 현실, 즉 실제 세계에서 서 있어야 할 장소를 찾는다는 것이었다. 이것은 괴테 이래 독일의 문화를 규정했던 객관성을 위한 투쟁이었다. 새로운 각성은 무대장치의 사실

9　　Myers, *German Expressionists*, p. 224에서 인용.
10　　*Loc. cit.*

주의, 정확한 사실 전달, 자연주의적 대사로의 복귀 등을 요구했으며, 이상주의가 필요한 경우라도 냉철한 이상주의를 요구했다. 이것은 다수의 표현주의자들이 합류할 수 있었던, 단순성과 명료성으로 향하는 운동이었다. 이들이 합류할 수 있었던 것은 단지 이들이 낡은 기법에 염증을 느꼈다거나 새로운 유행에 타산적으로 순응했다거나 아니면 명백한 전환과정을 겪었기 때문은 아니었다. 즉 표현주의 자체에는 이제 우선권을 얻게 된 객관성을 지향하는 추진력이 내포되어 있었던 것이다. 카를 추크마이어는 후에 스스로 졸작 혹은 "혼란되고 무질서한 작품"[11]이라고 부르게 되는 〈교차로〉의 표현주의로부터 1925년 작품 〈즐거운 포도원Der fröhliche Weinberg〉의 광범위한 자연주의로 별다른 거리낌없이 전환했는데, 그 작품은 그를 부유하게 만들어주었고, 안도감을 느낀 비평가들로부터 시기적절한 전환이라고 환영받았다. 알프레트 케르는 그 유명한 간결체로 "표현주의의 영광은 이렇게 변화하였다 (Sic transit gloria expressionismi)"[12]고 기술했다. 이와 비슷하게 최초의 표현주의적 시인 중 한 명인 프란츠 베르펠은 기회주의가 아니라 확신을 갖고 객관성으로 돌아섰다. 인도적이며 평화주의적인 세계주의와 단순한 선함에 대한 그의 요구 등은 결코 흔들린 적이 없었지만, 그의 수법은 화려한 기교로부터 세심한 정확성으로 바뀌었다. 1924년 무렵에 이르면 실제로 베르펠은 완전히 변신했다. 그해에 베르펠은 중요한 소설인 『베르디Verdi』를 출간했는데, 이 소설은 작품을 만들지 못하면서 바그너Richard Wagner를 질투하며 자신의 재능에 대해 절망하던 시절

11 Carl Zuckmayer, *Als wär's ein Stück von mir*, p. 315.
12 1925년 12월 23일자 *Berliner Tageblatt*에 실린 *Der fröhliche Weinberg*의 서평. *Rühle, Theater für die Republik*, p. 669에 수록.

의 베르디Giuseppe Verdi를 묘사하고 있다. 이 소설에서 베르디가 자신의 원숙기의 걸작 〈오텔로Otello〉로 진전해 나아갈 수 있었던 것은 단지 그 퇴폐적인 유혹자 바그너에 대한 병적인 찬미로부터 자유로워지고 난 다음부터이다. 그 내용이나 형식에 있어서 베르펠의 〈베르디〉는 표현주의로부터의 각성과 현실로의 복귀인 것처럼 읽힌다.

1924년은 또한 토마스 만이 그의 가장 유명한 소설 『마의 산』을 출간한 해였다. 이 책은 너무도 잘 알려져 있어서 설명할 필요가 없을 정도이다. 여기에서는 이 책이 토마스 만의 정치 교육에서 중요한 위치를 차지하고 있고 바이마르에 대해 중요한 징후적 의미를 갖기 때문에 주목할 가치가 있다. 만의 개인적인 편지나 공적인 발언에서 어떤 의심의 여지를 찾을 수 없듯, 그는 자신의 소설도 극도로 진지하게 다루었다. 아이러니는 그에게 있어서 웃고 넘어갈 일이 아니었다. 그는 이 소설을 미학적인 창작물로 옹호하는 것은 물론 더 나아가 문화적, 철학적인 타당성 게다가 실로 정치적인 타당성까지도 옹호할 준비가 되어 있었다. 『마의 산』은 분명히 여러 측면에서 읽히기를 청한다. 이 작품은 저자의 용의주도한 꿍꿍이로 "단순한 젊은이"라고 평범하게 소개된 한스 카스토르프에 대한 사실주의적 작품이다. 카스토르프는 결핵에 걸린 사촌을 방문하기 위해 스위스의 결핵 요양소로 가지만 자신 역시 병에 걸려 7년 동안 그곳에 머문다. 이 소설의 사실주의적 측면은 매우 철저한 것으로, 철저한 것만이 진실로 흥미롭다는 것은 토마스 만이 고수하는 신념 중의 하나였다. 하지만, 이 소설은 그 나름의 여유 있는 방식으로도 탁월하다. 문화적 귀족이자 철학적 아이러니스트였던 토마스 만은 통찰력이 있는 눈과 정확한 귀, 그리고 놀랍게도 능숙하고 직접적인 유머를 지닌 뛰어난 이야기꾼이자 매력적인 사실 전달자였다. 게다가 『마의 산』은 젊은이의 인생을 통한 교육 이야기, 즉 '성장소설(Bildungsroman)'이라는 친숙한 현대 소설 장르의 대표작이다. 만은 "이것은 독일적 특성을 가지면서 완전히 이례적인(grund-wunderliches) 저작으로 일종의 현대판 성장소설이지만 동시에 그 패러디와 같은 것"[13]이라고 기술했다. 만은 복합적일 수만 있다면 단순해지려고 하지 않았다.

그러나 사실주의 소설이나 성장소설보다 훨씬 깊은 이면에는 "음악적 변증법"[14]을 갖춘 상징적 소설이 놓여 있다. 요양소는 평화를 역겨워하고, 죽음의 무도회 준비가 되어 있으며, 표면적으로는 번영하고 있지만 속으로는 부패했던 퇴폐적 유럽 문명의 복제품이다. 국제적인 고객, 뒷소문, 연애사건, 의심스러운 정신분석가와 그보다 더 의심스러운 몇 차례의 강령술, 게다가 무엇보다도 잠행성 질병을 숨기기도 하고 일부러 드러내기도 하며 힘차게 걸어다니는 붉은 뺨의 환자들 등이 그러하다. 결핵은 지속적인 미열을 동반해서 환자들을 때로는 건강한 자들보다도 더욱 건강해 보이게 만들었는데, 주의깊게 살펴보면 이곳은 또한 비탄의 집(Heartbreak House)이기도 하다. 만은 1914년 직전의 유럽이라고 할 수 있는 이 요양소에 여러 전형적인 인물을 입주시켰는데, 이들은 모두 말이 많다. 수 세기 동안 유럽을 분열시킨 사고 유형들 사이의 비장한 줄다리기 속에서 한스 카스토르프를 교육시키는 것이 이 등장인물들의 역할이다. 제템브리니라는 등장인물은 계몽

13 1924년 7월 23일 펠릭스 베르토(Felix Bertaux)에게 보낸 편지. Thomas Mann, *Briefe*, pp. 213~4.
14 1925년 1월 21일 요제프 폰텐(Josef Ponten)에게 보낸 편지. Thomas Mann, *ibid.*, p. 226.

주의의 완고한 후예로 선의를 갖고 있고 합리적이다. 그는 당연히 교권주의와 검열에 반대하며 낙관주의적이고 상투적인 말을 해대지만 진지한 마음에서 우러나오는 말이라 싫어할 수는 없는 자유주의자이다. 그는 확실히 이탈리아인의 모습으로 등장한 문명적 지식인, 하인리히 만이다. 또다른 등장인물 나프타는 반이성주의와 종교재판의 사도로서, 광적이고 암울하며 죽음을 웅변적으로 옹호하면서 추구한다. 그는 마땅히 그래야 하는 것처럼 자신의 철학을 실천함과 동시에 자신의 영향력을 파괴하며 자살로 끝을 맺는다. 또한 소설 후반부에 등장하는 페페르코른은 튼튼하고 관능적이며 말은 많지만 의사표현은 제대로 하지 못하고, 쾌락의 사제이지만 역설적으로 대단히 심하게 앓고 있는 인물이다. 환자로 요양소에 온 그는 음경숭배의 철학을 너무도 비극적으로 받아들여 성 불능에 대한 공포가 엄습하자 자살하고 만다. 육체적 쾌락의 노예는 자신의 육체가 제 기능을 발휘하지 못할 때 죽어야만 한다. 그리고 덜 드러나지만 이들보다 중요했던 다른 선생들도 카스토르프에게는 있다. 예컨대, 매력적이고 이국적인 러시아인 환자 클라우디아 쇼샤를 통해 카스토르프는 한때 강한 애착을 느꼈던 학창 시절의 친구를 어쩔 수 없이 회상하게 된다. 카스토르프는 쇼샤를 위해 생물학, 해부학, 생리학 등을 열심히 공부하며, 프랑스어로 장황하고 열정적인 사랑 고백을 하면서 그녀에게 자신의 모든 잡다한 과학 지식을 쏟아낸다. 그녀에 대한 그의 사랑은 간절하며, 그녀를 가졌던 시간은 짧았지만 그녀에게서 얻은 은혜는 엄청났다. 그리고 마지막으로 그의 용감한 사촌인 요아힘이 있는데, 그는 죽음을 증오하고 무책임하게 죽음을 가지고 장난치는 낭만주의를 경멸한다. 그는 무엇보다 어서 군무로 복귀하기를, 이 질병과 부패의 장소를 떠나 삶으로 돌아가기를 바라는 단순한 젊은 장교인데 만은 이 소설의 가장 감동적인 한 장면에서 그를 죽여버린다. 카스토르프가 인간과 인간의 신분에 대한 자신의 중요한 의문을 어떻게 깨치는지 만은 질문한다. 그것은 "나프타나 제템브리니를 통해서가 아니라 유기체에 관한 시적이고 '열정적인' 소논문 속에서 암시되고 있는 훨씬 더 감각적인 수단을 통해서이다."[15]

그렇다면 만이 자신의 소설을 결정적인 교훈과 그 가장 일반적 의의에 도달토록 이끄는 것은 클라우디아와 요하임을 통해서이다. 어린 시절부터 만은 독일 낭만주의자들의 책을 읽고 바그너, 쇼펜하우어, 니체 등을 찬미하면서 생긴 정신적 갈등을 겪어왔다. 그것은 삶에 대한 사랑과 죽음에 대한 사랑 사이의 오래된 독일식 투쟁으로, 예술적 업적과 물리적 생존 사이의 역설적 모순이며 재능의 질환이자 건강의 어리석음이다. 이런 주제는 그를 유명하게 만들어준 초기 작품들 『부덴브로크 일가』와 『토니오 크뢰거』 속에도 만연해 있었다. 젊은 카스토르프는 아주 단순했지만 이러한 상충을 어렴풋이 알고 있다. 산 아래에서 그를 기다리고 있는 건강한 업무의 세계는 죽음에 지배당한 요양소의 문제적 세계만큼 그의 관심을 끌지는 못한다. 『마의 산』에서는 카스토르프의 방 번호를 포함하는 모든 것이 상징이듯, 그의 결핵 발병은 죽음에 그가 은밀하게 심취해 있다는 사실의 상징이다. 질병은 건강보다 확실히 더욱 흥미롭다고 주장하며 카스토르프는 아버지와 다를 바 없는 친구인 제템브리니를 실망시킨다. 그의 독서와 요양소에

---

15 1925년 5월 11일 요제프 폰텐에게 보낸 편지. Thomas Mann, *ibid.*, p. 232.

서의 대화 중 많은 부분이 이런 모호한 철학을 설명하고 전개시키는 방향으로 진행된다. 만 자신도 이러한 철학을 주장한 바 있으며 전쟁 당시 정치에 관한 그의 저술 속에도 담겨 있다. 그는 『마의 산』에 대해 논하며 낭만주의와 역사를 사랑하는 귀족주의는 어느 정도 죽음과 결합되어 있는 반면(Todesverbundenheit), 민주주의는 삶과 친밀하다 (Lebensfreundlichkeit)고 말했다. 만은 이제 죽음에 대한 사랑에는 관능적인 면이 있다고 인정한다. 즉, 야만성에도 그 나름의 장점이 있다는 것이다.[16] 그러나 죽음에 직면하여 삶을 긍정하고 감정을 과소평가하지 않으며 이성을 소중히 여기는 철학이 여기에 대립하여 서 있다.

『마의 산』에서 한스 카스토르프는 일부는 교육을 통한 것이지만 전반적으로는 자기만의 사색을 통해 위험스러운 휴머니즘에 도달한다. 카스토르프는 요양소 부근의 설원으로 혼자 산책을 나갔다가 빈사 상태에 이르게 되며 거기에서 결정적인 발견을 하게 된다. 카스토르프의 경험인 '눈'을 묘사하고 있는 이 부분은 이 소설의 절정이며 현대 문학의 진수 중 하나인데, 여기에서 만은 그의 작품의 모든 요소인 사실주의, 상징주의, 철학 등을 하나의 명료한 통일체 속에 성공적으로 융해시킨다. 한스 카스토르프는 홀로 사색하기 위해 고요한 설경 속으로 계속 스키를 타고 간다. 그러나 그는 폭설을 만나 길을 잃는다. 불안감과 포도주의 취기와 바람과 익숙지 못한 시도에 마비된 채, 그는 눈밭 위에 넘어져 꿈에 빠진다. 그가 보고 있는 것은 자신의 상황과 정반대되는 것으로서, 아름답고 따뜻한 공원, 명랑하고 쾌활한 고전 속의 인간들이 춤추고 걷기도 하며 쉬기도 하는, 그리스일 것이 명백한 고전

16   *Loc, cit.*

적 풍경이다. 그러나 곧 불길하게 보이는 엄숙한 분위기의 사원이 앞에 나타난다. 한스는 두려워하면서도 그 안으로 들어간다. 그가 두려워한 것은 당연한 일이다. 그곳에서 그는 두 음험한 마녀가 한 아이를 조각내어 집어삼키려는 것을 발견한다. 그 광경에 욕지기와 좌절을 느끼며 한스는 꿈에서 반쯤 깨어나 자신이 탈진해 눈 속에서 얼어가고 있다는 것을 알게 된다. 그리고 그는 문제를 해결해나간다. 죽음은 삶 속에 있지만 죽음보다 강한 것은 이성이 아니라 사랑이다. "인간은 모순의 극복자이며 모순은 인간을 통해서만 존재하기 때문에 인간은 모순보다 고귀하다(vornehmer). 인간은 죽기에는 너무도 고귀하며, 이것이 인간의 머리의 자유이다. 인간은 살아 있기에는 너무나 고귀하며, 이것이 인간 가슴 속의 경건심이다." 그러나 이 양자 사이의 비중은 동등하지 않다. 카스토프는 결심한다. "나는 죽음이 나의 사고 위에서 지배하는 것을 허용하지 않으리라! 선과 자비심은 바로 나의 사고 안에 존재하기 때문이다." 그는 다시 열정적으로 말한다. "선과 사랑을 위해 인간은 죽음이 그의 사고 위에서 지배하도록 허용하지 않아야 한다."[17] 그런 뒤 그는 엄청난 노력으로 자신을 일으켜세워 가까스로 생환한다.

이것은 비장한 장면이지만 그럼에도 의문은 생긴다. 카스토르프가 또다시 혼란에 빠져 자신의 꿈과 해석을 부분적으로나마 퇴색시키는 것은 극적 구성이라는 면에서 옳다. 결국 그는 철학자가 아니기 때문이다. 그러나 그렇다면 토마스 만 역시 위대한 소설가였다 할지라도 대단한 철학자는 아니었던 것이다. 지적으로나 감정적으로나 그는 사

---

17   Thomas Mann, *Der Zauberberg*, 2 vols., 1924. II, pp. 259~60.

람들이 예상할 수 있었던 것보다 더 긴 과정을 겪어왔다. 즉, 감정적인 군주주의자에서 이성적 공화주의자를 거쳐 실제로 바이마르공화국에 전념하는 길에 도착한 것이다. 그러나 그는 마지막 걸음은 밟으려 하지도 않았고, 밟을 수도 없었다. 『마의 산』의 저자는 자신에 대해 "가슴속에서 그는 제템브리니가 아니다"[18]라고 말했다. 그러나 바이마르에서 필요로 했던 것은 아마도 약간 덜 순진하고 약간 더 과묵해야 할지도 모르지만, 훨씬 더 많은 제템브리니였다. 그는 정치적 신화와 형이상학적 몽상(Schwärmerei)에서 완전히 깨어난 자유주의자였다. 새로운 각성에 대한 기여로 평가되는 『마의 산』과 함께 죽음에 대한 만의 애정행각은 끝났지만, 그는 여전히 자신의 옛 애인인 죽음을, 퇴색해가지만 확실한 후회의 마음으로 되돌아보고 있었다.

II

『마의 산』은 1924년의 문학적 사건이었다. 첫해에만 5만 부가 팔렸는데, 그 당시에 이렇듯 부피가 큰 두 권짜리 책으로서는 대단한 숫자였다. 그리고 덜 알려지긴 했지만 역시 중요한 또다른 사건이 같은 해에 일어났다. 이미 저명한 극작가로 허무주의적이고 표현주의적인 실험과 차갑고 대단히 개인적인 새로운 서정성 사이의 중도에 있던 베르톨트 브레히트가 뮌헨에서 베를린으로 옮겨왔다.

이 이주는 황금의 1920년대 중반 베를린의 세력 성장을 상징하는

---

18   1925년 5월 11일 요제프 폰텐에게 보낸 편지. Thomas Mann, *Briefe*, p. 232.

것으로 의미가 깊다. 독일 최대의 도시이자 프로이센과 제국의 수도였던 베를린은 바이마르공화국의 수도로서 유일하게 가능한 후보지였다. 베를린은 관청과 정당의 본부를 독점했을 뿐만 아니라 지도자들까지도 독점함으로써 지방에 피해를 입혔다. 뮌헨, 프랑크푸르트, 함부르크 등의 다른 주요 도시들은 대학의 탁월함을 유지하려고 노력했고, 특수한 연구소에 대해 자부심을 가졌으며, 높은 수준을 유지하고 있는 연극 무대와 예술가 지역(Bohemian quarters)의 생동성을 장려했다. 그러나 베를린은 자석과 같은 곳이었다. 몇 년 동안 버티다가 마침내 손을 들고 베를린으로 이주한 하인리히 만은 "중앙집권화는 불가피하다"[19]고 익살스럽게 단념조로 말했다. 이 도시는 훌륭한 이주자들로부터 힘을 얻음과 동시에 이들에게 힘을 주기도 했다. 1913년, 베크만의 한 찬미자는 "베를린이 없이는 베크만을 생각할 수도 없다"고 기록했던 반면, 1924년 또다른 찬미자는 이 고찰을 뒤집어 말했다. 즉 비평가 마이어 그레페(Julius Meier-Graefe)는 "베크만이 새로운 베를린"[20]이라고 기술했던 것이다. 옛 베를린이 인상적이었다면 새로운 베를린은 저항할 수 없을 만큼 매력적이었다. 베를린으로 진출하는 것은 작곡가, 언론인, 배우에게는 하나의 염원이었다. 탁월한 오케스트라와 120개의 신문사, 그리고 40개의 극장을 가진 베를린은 야망과 정력과 재능이 있는 자들을 위한 곳이었다. 그 재능 있는 자들의 출발지가 어디였던 간에 이들이 유명해진 것은 베를린에서였고, 그들을 유명하게 만든

---

19 1923년 6월 11일 펠릭스 베르토에게 보낸 편지. Klaus Schröter, *Heinrich Mann in Selbstzeugnissen und Bilddokumenten*, 1967, p. 110에서 재인용.
20 Max Beckmann, *Leben in Berlin: Tagebuch 1908-9*, ed. Hans Kinkel, 1966, p. 60의 편집자의 주를 볼 것.

것도 베를린이었다. 어린이를 위한 책으로 명성을 얻기 이전에 불경스러운 시 때문에 평판이 좋지 않았던 젊은 에리히 케스트너Erich Kästner는 라이프치히 신문사에서 해고당한 뒤 1927년에 "베를린을 정복하기 위해 무일푼으로 떠났다"[21]고 술회했다.

쿠르트 투홀스키는 피신처 파리에서 베를린에 대한 정감어린 상송과 향수어린 단편을 써냈는데, 베를린 토박이인 그가 멀리서 자신의 도시를 찬미한 일은 다소 이례적이었다. 함부르크나 브레슬라우, 빈, 프라하 혹은 동부와 남부의 다른 지역에서 태어났지만 베를린에서 살기를 택했거나 다른 도시가 견딜 수 없었던 사람들인 케스트너 같은 '선택 베를린인(Wahlberliner)'과 비교할 때, 투홀스키 같은 사람들의 수는 훨씬 적었다. 빌리 하스는 베를린과 완전히 동일시되는 프라하 출생이었는데, 베를린에서 영화 평론을 하고 로볼트의 잡지 〈문학세계Die Literarische Welt〉를 편집한 그는 "내가 알고 있는 바로 진정한 베를린 출신은 극소수에 불과했다"고 말했다. 그러나 "베를린인이 되기 위해서는 단지 베를린의 공기를 깊이 들이마시기만 하면 되는 것이다". 하스는 베를린을 사랑했으며, 베를린은 그를 완전히 감상적으로 만들었다.

"나는 무엇보다도 베를린 여인의 빠르고 재치 있는 응답을 사랑했고, 극장에서, 카바레에서, 거리에서, 찻집에서 만난 베를린 관객의 날카롭고 명확한 반응을 사랑했으며, 무엇도 무겁게 받아들이지 않지만 모든 것을 진지하게 받아들이는 태도, 건조하지만 상쾌하고, 냉랭하지

---

21   Erich Kästner, 'Meine sonnige Jugend', in *Kästner für Erwachsene*, 1966, p. 528.

만 차갑지 않은 공기를 사랑했고, 표현할 수 없을 정도의 활력, 일에 대한 애정, 모험심을 사랑했으며, 역경을 감수하면서도 계속 기꺼이 살아가려 하는 마음을 사랑했다."[22]

베를린이 모두에게 강렬한 감정을 불러일으켰다는 것은 명백하다. 베를린은 대다수의 사람을 즐겁게 해주고 어떤 자들에게는 두려움을 주었지만 어느 누구도 냉담한 채로 두지는 않았다. 베를린의 생동성 때문에 사람들은 자신이 본 것을 과장하고 싶은 유혹을 받았다. 슈테판 츠바이크는 후일의 사건에 대한 그의 공포를 물가 폭등 시기의 베를린에 대한 공포에 투영했다. 그는 "베를린은 세계의 바벨탑으로 바뀌고 있다"고 기술했다.

"바와 유원지와 펍이 독버섯처럼 돋아났다. 우리가 오스트리아에서 본 것들은 이러한 마녀들의 향연에 앞선 부드럽고 소심한 서곡에 지나지 않는 것으로 보였다. 왜냐하면 독일인은 그들의 모든 힘과 체제에 대한 사랑을 왜곡시켰기 때문이다. 인위적으로 허리의 선을 돋보이도록 하고 화장을 한 소년들이 쿠르퓌르스텐담 제방을 따라 산책을 했는데, 이것은 직업적인 자들에 국한된 것이 아니었다. 고등학생들은 누구라도 돈을 벌기 원했고, 어두운 술집에서는 고위 공직자들과 재정가들이 수치심도 없이 술에 취한 선원들을 유혹하는 것을 볼 수 있었다. 수에토니우스의 로마조차도 여장을 한 수백의 남자들과 남장을 한 수백의 여자들이 경찰의 자비로운 눈길 아래 춤을 추던 베를린의 도착

22   Haas, *Die literarische Welt*, p. 123.

적 무도회와 같은 방탕은 알지 못했을 것이다. 지금까지 자신들의 질서 속에서 조금의 흔들림도 없이 지내왔던 중산계층도 가치관이 전반적으로 붕괴하는 와중에 일종의 정신이상에 사로잡혔다. 젊은 숙녀들은 자신들이 타락했다고 자랑스럽게 말했다. 16세까지 처녀성을 유지하고 있다고 의심받는 것은 베를린의 어느 학교에서도 수치로 여겼을 것이다."[23]

츠바이크가 보았던 것도 어느 정도는 사실이지만 베를린은 그보다는 더 건전하고 존경스럽고 동시에 인상적인 면모도 함께 갖고 있었다. 베를린에는 어느 누구보다도 베를린에서 태어나 뮌헨, 빈, 잘츠부르크 등지의 연주회와 오페라 무대에서 유명해지고도 가슴속으로는 언제나 베를린 사람이었던, 브루노 발터Bruno Walter가 있었다. 발터는 "베를린 주재 영국 대사 다버논 자작은 자신의 회고록에서 1925년 이후의 시기가 제국 수도의 문화생활을 위한 영광의 시기였다고 말했다"고 기술했다. 발터가 옳았다. 이것은 "마치 탁월한 모든 예술적 힘이 다시 빛을 발하여 야만의 밤이 다가오기 이전에 정신의 최후의 만찬에 다채로운 광휘를 부여하려는 것 같았다". 베를린 연극 무대의 업적은 "재능, 활력, 고매한 의도, 다양성 등에 있어서 타의 추종을 불허했다". 발터는 "라인하르트가 영향력을 행사했던 도이치 극장과 소극장(Kammerspiele)"을 열거하고 있는데, 이들은 "희극과 비극 모두에 축제극의 성격을 부여했으며, 셰익스피어에서 하웁트만과 베르펠까지, 몰리에르Molière에서 쇼George Bernard Shaw와 골즈워디John Galsworthy

---

23   Stefan Zweig, *Die Welt Von Gestern*, p. 287.

까지, 쉴러에서 운루와 호프만슈탈까지 이르는 연극을 다루었다". 그리고 "오이겐 로베르트Eugen Robert 휘하의 트리뷔네(Tribühne) 극장"은 "프랑스, 영국, 헝가리 희극들의 세심한 공연"에 전념했다. 또한 "레오폴트 예스너의 실험극으로 격렬한 토론을 일으켰던" 국립극장이 있었다. 카를하인츠 마르틴Karlheinz Martin은 "연극과 무대 예술의 대중화에 대한 진정한 이해를 갖추고 민중극단(Volksbühne)의 운영을 맡았다". 그리고 또한 "극 해석의 예술을 새로운 수준으로 높이려고" 시도했던 다른 무대들도 있었다. "배우와 연출자 모두는 자신들의 재능을 완전히 표현할 수 있었다. 과거의 작품은 물론 최신의 국내외 창작품들이 무대에 올랐다." 많은 실험이 행해졌으며 "기이한 것은 물론 부조리한 것까지도 있었다". 그러나 "이 당시의 특징적인 지표는 비할 바 없는 정신적 기민함이었으며, 공연하는 측의 기민함은 받아들이는 측의 기민함과 반응했다. 이 당시의 정치적 흥분 상태에도 불구하고 사람들은 문화생활에 열정적으로 몰입했는데, 일간신문에서 예술에 할애한 넓은 지면이 그것을 웅변한다". 음악도 이에 못지않게 활기에 차 있었다.

"빌헬름 푸르트벵글러Wilhelm Furtwängler가 이끄는 교향악 연주회, 베를린 교향악단과 〈브루노 발터의 협연〉, 풍요로운 합창 발표회와 실내악 연주회와 독주회, 에리히 클라이버Erich Kleiber의 지휘로 초연된 알반 베르크의 〈보체크〉와 레오시 야나체크Leos Janacek의 〈예누파Jenufa〉 등으로 대단한 평판을 얻을 만했던 국립 오페라단, 내가 이끈 신생의 시립 오페라단, 클렘퍼러Otto Klemperer가 이끌던 크롤 오페라단 등이 있었다."

그리고 많은 단체가 "연극무대에 버금가는 업적을 남겼다". 이와 더불어 "시각예술과 과학의 탁월한 업적으로서" 이 당시는 분명 위대한 도시의 위대한 시기였다.[24]

브루노 발터가 편찬한 책은 방대하지만 완전함과는 거리가 멀었다. 베를린은 오토 로이터Otto Reuter가 독일인들 행동의 완고성과 정치적 불안정성을 풍자하는 건조한 곡을 만들어 공연했고, 파울 그레츠Paul Graetz와 트루데 헤스터베르크Trude Hesterberg가 발터 메링의 풍자적인 노래를 불렀으며, 클레르 발도프Claire Waldoff는 그녀 자신의 프롤레타리아적인 소가곡을 불렀던 정치적 카바레의 집결 본부였다. 베를린은 정치적 언론의 중심으로서 칼 폰 오시에츠키, 레오폴트 슈바르츠쉴트Leopold Schwarzschild, 대개 해외에서 송고했던 쿠르트 투홀스키의 신랄한 논평의 구심점이었다. 베를린은 에르빈 피스카토르Erwin Piscator의 정치적 연극 실험을 위한 무대였다. 베를린은 알프레트 되블린Alfred Döblin의 가장 주목할 만한 소설 『베를린 알렉산더플라츠Berlin Alexanderplatz』의 배경이었다. 베를린은 재미있는 소품 영화와 감상적인 레하르Franz Lehar의 소가극과 〈서푼짜리 오페라〉의 초연을 위해 안성맞춤인 도시였다. 베를린은 모세(Mosse)와 울슈타인 같은 출판 제국 도시였다. 베를린은 자신의 목록에 토마스 만, 헤르만 헤세, 게르하르트 하웁트만, 슈테판 츠바이크, 카를 추크마이어, 알프레트 되블린, 후고 폰 호프만슈탈 등의 이름을 올린 위대한 출판가 자무엘 피셔의 도시였다. 베를린은 특히 외부자들의 고향이 되어 그들의 재능을 펼칠 수 있었던 도시이기도 했다. 시인 고트프리트 벤Gottfried Benn은 자서전에서 자신의 인종적인

---

24   Bruno Walter, *Theme and Variations*, pp. 268~9.

간파 능력을 숨기지도 않은 채 유대인들에 관하여 다음과 같이 기록했다. "1918년부터 1933년까지의 베를린을 파리와 같은 위치로 올려놨던 예술적, 과학적, 상업적 즉흥성에 대한 넘칠 정도로 풍부한 자극은 대체로 유대인 부류의 재능, 이들의 국제적인 연대, 불안정한 감수성 그리고 무엇보다도 탁월성을 찾는 이들의 절대적(totsicher) 본능에 근원한다."25 하이데거처럼 물가 폭등 시기의 베를린만이 아닌 베를린을 현대판의 바빌론으로 간주하여 그곳에 살기를 거부했던 착한 독일인들도 있었다는 것은 놀랍지 않다.

그러나 공화국의 전후기를 막론하고 공화주의자들에게 베를린은 흥분과 희망의 도시였다. 1921년, 하인리히 만은 "독일의 미래는 잠정적으로 베를린을 통해 예측할 수 있다. 희망을 얻으려는 자는 이곳을 주시해야만 한다"고 말했다. 베를린은 문명의 양육자이며 궁극적으로 독일의 통일을 가져오는 것은 법이 아니라 베를린일 것이다. "베를린이 사랑받는 수도가 되리라고 생각하는 사람은 없지만 조만간 그렇게 될 것이다."26 그리고 공화주의 극작가 추크마이어는 자신의 기억 속에 남은 이 공화주의 도시를 찬미하고 있다. 그는 "베를린은 크기 이상의 가치를 가졌다. 이 도시는 유례없는 식욕으로 재능과 인간의 정력을 삼켜버렸다"고 말했던 것이다. 이 도시는 "회오리바람과 같은 힘으로" 참된 재능과 사이비 재능을 모두 "내부로 빨아들였다". 그 당시에 "사람들은 요염하면서도 냉담해서 유명해진, 모두가 탐을 내는 여인을 이야기하듯 베를린에 대해 이야기했다." 그녀는 "오만하고 속물적

---

25 *Doppelleben*, in *Gesammelte Werke*, ed. Dieter Wellershoff, 4 vols., 1958~61, IV, p. 73. 그러나 벤은 곧 자신의 가장 뛰어난 친구들 중 몇몇은 유대인이었다는 것을 명백히 하고 있다.
26 Ludwig Marcuse, *Mein zwanzigstes Jahrhundert*, p. 54에서 인용.

이며 벼락부자처럼 교양이 없고 평범하다"고 평가되고 있음에도 불구하고 모든 사람들의 환상의 구심점이자 욕망의 목표였다. "모두가 그녀를 원했고 그녀는 모두를 유혹했다." "베를린을 소유한 사람은 세계를 소유한 것이다." 베를린은 정력을 요구함과 동시에 그것을 제공했던 도시였다. "우리에겐 수면이 별 필요 없었고 결코 피곤하지도 않았다." 베를린은 악한과 불구자의 도시였고, 유행가와 끝없는 소문이 풍미하는 도시였다. 즉 "잔인하고 비정하고 공격적이며 살벌한 아이러니로 가득차 있지만 비관적이지는 않은" 언론과 함께 그만큼이나 거칠고 이단적이지만 정당하고 품격을 추구하며 커다란 즐거움을 주던 비평이 존재하고 있었던 것이다. "베를린에서는 미래를 맛볼 수 있으며, 이것이 우리가 쓰레기와 추위를 기꺼이 감수하는 이유이다."27

III

설사 베를린에서 미래를 맛볼 수 있었다고 해도 그 맛은 크게 잘못된 것이었다. 왜냐하면 미래란 거의 남아 있지 않았기 때문이다. 삶은 예술을 홀로 두려고 하지 않았다. 사실 이러한 황금의 20년대 중엽에 상황은 모든 면에서 현저하게 호전되는 듯이 보였다. 실업률이 하락함과 동시에 임금은 상승했고, 정치적 극단론은 이제 끝난 것처럼 보였다. 바이마르공화국은 살기 좋은 장소가 되어가고 있었다. 그리고 바로 이 시기에 독일은 고립에 서서히 종말을 고하고 국제사회에 다시

---

27   Carl Zuckmayer, *Als Wär's ein Stück von mir*, pp. 311~4.

참여했다. 즉 슈트레제만의 외교 정책과 더불어 단순한 시간의 경과가 성공을 약속했던 것이다. 1925년 독일과 프랑스, 그리고 다른 서구 국가들은 로카르노조약을 체결함으로써 독일의 서부 국경을 결정했고, 독일을 탄원조로 호의를 구하는 나라가 아니라 다시 인접국들과 협상을 하는 독립적인 위치로 정착시켰다. '로카르노의 정신'은 화해의 시기를 가리키는 상투적 표현이 되었다. 그리고 다음해인 1926년, 독일은 국제연맹에 가입했다.

그러나 이 시기의 바이마르는 마의 산 위의 사회와 흡사했다. 즉 붉은 뺨이 잠행성 질병의 징조를 숨겼던 것이다. 그 징조들 중 가장 천천히 잠식해간 것은 산업의 카르텔화라는 모범을 따른 문화의 카르텔화였다. 극히 반동적이면서 정치적 거물이며 우익의 독일국민당 속에서도 우익에 속했던 유명한 인물 알프레트 후겐베르크는 언론 산업 속에 제국을 쌓아올려 공격적이며 그 영향력이 대단했던 반혁명의 견해를 대변했다. 관리들은 그의 신문만을 읽었다고 전해진다. 후겐베르크는 전국적으로 수십 개의 신문을 규합했고, 베를린의 대중적인 일간지 〈베를린 지방신문Berliner Lokalanzeiger〉을 손에 넣었으며, 자신의 말을 수많은 구독자에게 전파시키던 통신사를 소유했을 뿐만 아니라 1927년에는 파산한 세계 영화사(UFA)를 인수하여 이것을 국가 최대의 백일몽 제작소로 만들었다. 개인적으로는 인상적일 것이 없는 후겐베르크는 확신이라는 가면을 쓴 끝없는 정치적 열정과 증오로 활력을 얻었으며, 막대한 재원을 보유했다. 그의 선거 유세는 예상할 수 있듯이 슈트레제만, 로카르노, 국제적 이해를 향한 모든 시도와 자유주의나 공화국에 반대하는 것이었으며, 그것은 예상보다 효과적이었다. 그의 신문들은 잘 훈련된 군대처럼 그 사악한 작전을 수행했던 한편, 그 주인은 국회나 당 의회에서 공화국의 묘지를 파고 있었다. 선동을 향한 후겐베르크의 모든 노력이 자신의 신문 사설처럼 직설적이고 소란스럽지는 않았다. UFA는 훨씬 우회적으로 그를 지지하는 영화를 만들어냈다. 즉, 사람들의 관심을 정치와 실업 사태로부터 다른 곳으로 돌리는 피상적이고 명랑한 뮤지컬을 선보이고 베르사유의 명령(Diktat)을 특정해서 암시함은 물론, 공화주의자들에게는 확실히 결여되어 있던 탁월성 역시 겨냥해 독일 영웅들을 찬미하는 역사영화를 만들었던 것이다. 후겐베르크는 여론뿐만 아니라 혼란도 조성했는데, 이 둘은 모두 공화국에 위험했다.

후겐베르크가 여론 산업을 독점했던 것은 분명 아니다. 공화주의자들에게도 거대한 모세출판사와 더욱 거대한 울슈타인출판사라는 세력이 있었다. 울슈타인출판사의 출판 범위는 괄목할 만한 정도를 넘어 거의 놀랄 정도였다. 이 출판사는 비키 바움Vicki Baum 같은 최고 인기 작가들의 책을 출판하면서 그들을 세심히 양성했다. 화보가 들어 있는 주간지 〈베를린 화보Berliner Illustrierte〉는 이런 종류의 잡지로서는 유럽에서 가장 널리 읽힌다고 주장했다. 여성잡지처럼 이윤이 많은 분야에서도 울슈타인출판사의 〈부인Die Dame〉이 앞장서고 있었다. 잘 다듬어진 수필, 소일거리 단편소설, 생생한 현장 보고, 여자의 누드 사진 등이 뒤섞여 있는 포켓북 크기의 월간지 〈부엉이Uhu〉는 중간 계층의 취향에 맞췄다. 주부들에게는 잘 편집된 〈주부 잡지Blatt der Hausfrau〉가, 어린이에게는 〈명랑한 프리돌린Heitere Fridolin〉이 있었으며, 울슈타인출판사에 대한 지식인들의 반감은 지식인들을 위한 잡지 〈단면도

Querschnitt〉로 상쇄되었다. 울슈타인의 강력한 일간지로는 흔히 '정오의 B. Z.'라고 알려진 〈베를린 신문Berliner Zeitung〉과 전통 있고 존경받는 〈포시셰 신문Vossische Zeitung〉이 있었다. 1928년에는 도발적인 타블로이드판 신문 발간을 시도했는데, 그것은 〈템포〉라는 적절한 호칭으로 불렸다가 곧 베를린식 재치로 〈유대인의 조바심Die jüdische Hast〉이라고 이름이 바뀌었다. 이 신문은 대중성도 없었고 편집면에서도 실패했지만 그것은 예외에 불과했다. 울슈타인출판사는 좀처럼 실패하지 않았다.

울슈타인의 출판 대상은 비키 바움처럼 손쉽고 범용한 작가들에 국한되지 않았다. 저자 목록은 방대하고 다양했으며, 그 언론의 품격은 대체로 높았다. 비키 바움은 자서전에 다음과 같이 기술했다.

"1920년대를 베를린에서 거주했고 지금은 다른 곳에서 살고 있는 옛 베를린 사람들과 이야기를 한다면 이들은 깊은 향수를 품고 그 당시의 베를린처럼 생기 있고 매혹적인 곳은 어디에도 없으리라고 탄식조로 말할 것이다. 그리고 이 도시의 핵심 중 하나는 울슈타인출판사였다. 이곳은 자유주의의 초점이었다…… 자유주의자로, 그리고 지식인으로 알려진다는 것은 그 당시 대단한 명예이자 매우 가치 있으며 노력하고 투쟁할 만한 목표였다. 울슈타인출판사에 있어서 이런 자유주의란 견해와 사상, 관념, 입장의 광범위한 다양성을 위한 문호가 널리 개방되어 있었다는 사실을 뜻했다. 울슈타인의 저자들은 무지개의 모든 색채를 갖추고 있었다. 브레히트와 톨러 등 극좌의 붉은색부터 표현주의파의 모든 범주를 거쳐 젊은 레마르크Erich Maria Remarque의 반군국주의적, 반전주의적 소설 『서부전선 이상 없다Im Westen nichts Neues』를 지나 리하르트 슈코프로네크Richard Skowronnek처럼 늙고 이끼가 낀 향토적 작가(Heimatschrifts-teller)의 암록색까지 이르렀다."[28]

이러한 묘사에 사실이 없지는 않지만 이것은 비키 바움의 다른 모든 것처럼 표면에 머무르고 있다. 내가 앞에 제시하였던 것은 울슈타인의 막대한 재정 능력에 대한 하나의 암시에 불과한 것이었는데, 이출판사의 판로 독점 때문에 많은 작가들은 커다란 불편을 겪게 되고, 필요와 확신 사이에서 갈등을 겪었으며, 이곳에 소속되어 있던 자들과 그렇지 못한 자들 사이에는 불건전하고 궁극적으로는 치명적이었던 구분이 발생했다. 개인적인 수입이 없던 작가에게 울슈타인의 호의는 사치를 뜻했고, 냉담이나 악의는 기아를 뜻했다. 울슈타인 출판사와 계약관계에 있던 카를 추크마이어는 〈즐거운 포도원〉의 초연 이전에 어머니에게 선물하기 위해 100마르크라는 약간의 추가 선불을 요구했으나 거절당했다. 그러나 초연이 비평가들과 대중들 모두에게서 유례없는 성공을 거두자 출판사는 추크마이어에게 거금 1만 마르크를 즉각 지급했고, 때는 12월 23일이라 현금이 별로 없으니 크리스마스 이후에 당연히 더 많은 액수를 요구할 수 있다고 말했다. 그의 성공 기념식장에 울슈타인 5형제 중 세 명이 나타났을 때, 추크마이어의 미래는 확실히 보장되었다.[29] 오랜 기간에 걸쳐 틈틈이 이 출판사를 위해 일했고, 자기 자신의 타협에 죄책감과 매수된 느낌을 가져왔던 쿠르트 투홀스키는 경영 수뇌진이 전적으로 성공만을 지향하는 냉혹

---

28 Vicki Baum, *Es war alles ganz anders: Erinnerungen*, 1962, p. 354.

29 Carl Zuckmayer, *Als wär's ein Stück von mir*, pp. 405~13을 참조.

1929년의 프리드리히 마이네케, 에리히 마르크스, 헤르만 옹켄. 세 명의 저명한 역사학자. 옹켄과 마르크스는 19세기 역사를 전공했으며, 유명한 베르눈프트 공화주의자 중 한 명인 마이네케는 독일의 민족정신과 국가이성의 사악한 힘, 역사주의의 발흥에 대한 연구를 통해 국제적으로 알려졌다. (Courtesy of Felix Gilbert)

막스 리버만이 그린 알베르트 아인슈타인(리소그라프, 1920년대 중반). 긴 생애(1847-
1935) 동안, 막스 리버만은 독일에서 가장 유명한 화가였다. 그의 피사체인 아인슈타인과
달리 그는 현재 거의 잊혔다. 유대인이자 진정한 베를린인이었던 리버만은 나치의 출현에
다음과 같이 옮겨내기 어려운 말을 남겼다. "Man kann nicht soviel fressen, wie man
kotzen möchte." 대략 "토해내고 싶은 만큼 삼킬 수는 없다"는 뜻으로, 인생보다는 바이
마르공화국의 말로에 들어맞는 발언이라고 할 수 있다. (저자 소장)

하고 비정한 존재들임을 정확하게 인지했다.[30] 더욱 나빴던 것은 고통의 시기가 왔을 때 이 출판사에는 용기조차도 결여되어 있었다는 사실이었다.

그리고 고통의 시기는 멀지 않았다. 1929년부터 공화국 자체는 물론 그 문화까지도 결코 다시 회복하기 힘들 일련의 타격을 받았다. 구스타프 슈트레제만은 1929년 10월 3일 사망했다. 그의 한계가 어떤 것이었든 국내에서는 공화주의자로서, 대외적으로는 중재자로서, 그는 선을 위한 대체 불가능한 세력이었다. 당시 파리에 있던 케슬러 백작은 10월 4일 일기에 다음과 같이 기록했다. "파리의 모든 조간신문들은 가장 큰 활자로 슈트레제만의 사망 소식을 전하고 있다. 마치 가장 위대한 프랑스 정치인이 사망한 것 같다. 애도의 감정은 널리 퍼졌으며, 진정으로 우러나오는 것이었다. 사람들은 이제 우리가 유럽이라는 조국을 갖고 있다고 느끼고 있다." 그리고 런던의 〈타임스The Times〉를 인용했다. "슈트레제만은 독일공화국에 평가할 수 없을 정도로 크게 기여했다. 유럽 전체를 위한 그의 업적도 이에 못지않게 위대한 것이었다."[31] 그 이후에 공황과 실업, 그리고 1930년 9월의 선거에서 절정에 달한 연속적인 정치적 위기가 나타났다. 이 선거는 부르주아의 당을 약화시켰고, 나치당에 650만의 표와 170개의 의석을 부여하였으며, 브뤼닝의 준독재와 비상사태 포고령에 의한 통치를 가져왔다. 한나 아렌트와 하요 홀본 같은 생존자들은 자신들의 실망과 함께 종말이 도래했다는 확신을 증언했다. 프란츠 노이만은 후에 "독일 지식인들의

30　쿠르트 투홀스키가 마리 게롤트 투홀스키(Mary Gerold-Tucholsky)에게 1928년 9월 18일에 보낸 편지. Kurt Tucholsky, *Ausgewählte Briefe*, pp. 488~90을 참조.

31　Kessler, *Tagebücher*, pp. 595~6.

정신상태는 1933년 훨씬 이전에 이미 회의와 좌절에 도달했고, 냉소주의에 접근하고 있었다"[32]고 술회했다. 1930년 이전에도 일부 사람들이 이런 느낌을 갖긴 했지만 1930년 9월은 지식인들에게 그 분위기를 회복 가망이 없을 정도로 떠안겼다. 1935년 말 아르투어 로젠베르크는 영국 망명중에 『독일 공화국사 *History of the German Republic*』를 집필하면서 1930년으로 이 책을 마무리 지은 뒤 그 이후 3년 동안 이어진 히틀러의 권력 부상 기간은 에필로그로 다루었다. 그것은 바이마르 역사에 대한 편향적 시대 구분이지만 동시에 환멸을 느끼고 추방된 역사가의 분위기 이상을 보여준다. 그것은 불유쾌한 현실을 지적하고 있었다.

실로 1930년 이전에도 그랬지만, 1930년에 이르면 정치적 분열은 심화되고 논쟁은 추악하고 상스러워져 때로는 물리적 폭력을 낳기도 했다. 1930년 9월 히틀러는 자신이 집권하게 된다면 머리통이 굴러다닐 것이라고 장담했는데, 이는 노상의 충돌에서 부분적으로나마 이미 섬뜩하게 예견되고 있었다. 에리히 마리아 레마르크의 소설 『서부전선 이상 없다』는 전쟁은 지옥이며, 독일 병사들은 국내에서 등에 칼을 맞은 것이 아니라 전선에서 이미 전쟁에 패배했다는 논증으로 우익을 자극하면서 방대한 발매 부수를 기록했다. 그 소설의 영화가 개봉되었던 1930년 12월, 나치는 괴벨스의 주도 아래 이 영화에 반대하는 폭동을 일으켰다. 그들은 극장에 침입하여 악취탄을 던지고 쥐를 풀어놓아 마침내 영화 상영을 취소하는 데 성공했다. 카를 폰 오시에츠키는 분노와 앞날에 대한 좌절 속에 공화주의자들의 무감각과 비굴을 공박했다. 그는 비겁한 공화주의자들이 "대단히 멋진 공식"을 만들어냈다고

---

32   Neumann, 'The Social Sciences', *The Cultural Migration*, p. 14.

기술했다. 이들은 유감스러운 미소를 지으며 서로에게 "어쩌겠어? 어쨌거나 영화가 대단히 저질인데 말이야" 하고 말했다. 그러나 오시에츠키는 반박한다. "이 사건은 정치적인 것이지 미학적 범주에서 촉발된 것이 아니다. 그 근거가 된 영화나 책이 예술작품인가 아닌가는 조금도 문제되지 않는다. 온건하게 의도된 평화주의적 사고방식이……계속해서 허용되는지가 유일한 문제이다." 처음에 이것은 "기형의 발을 한 정신병자의 주도 아래" 광적인 폭도들에 의해 "공개적으로 위협을 당했고" 그뒤에는 "어떤 알려지지 않은 관리의 침침한 검열 사무실에서 조용히 취소되었다". 독일 국내외의 모든 정치가들이 기회 있을때마다 말했던 것처럼 전쟁보다는 평화를 택해야 한다는 진부한 표현이 "이제 독일에서는 금지된 말이라는 매력을 얻게 되었다". 파시즘은 또하나의 승리를 기록했는데, 분란의 순간에 단지 집안에만 박혀 있던 비굴한 자유주의자들은 이제 파산했다. "파시즘은 노상에서만 패배시킬 수 있다. 국가 사회주의 폭도에 대항해 우리는 단 한 가지의 논리, 호된 매질 외에는 방도가 없다. 이들을 길들이려면 우리에게는 한 가지 원리밖에 있을 수 없다. 해적선으로 보내라. 한 척 반의 해적선이면된다."33

이것은 용감하나 무용한 부르짖음이었다. 사회민주주의자들은 공화주의적 적법성에 집착했다. 그 자체가 유대계였던 울슈타인출판사는 유대인과 과격파를 제거하고 애국적이며 심지어 국수적인 논조를 채택함으로써 위협적인 상황에 적응하려 하였으나 적을 달래지도 못했을 뿐 아니라 친구들에게는 실망을 안겨주었다. 대학의 묵은 고질병

---

33   Carl von Ossietzky, 'Remarque-Film', *Weltbühne*, 1930, in *Ausnahmezustand*, pp. 218, 220.

이며 우익 정당의 구태의연한 구호였던 반유대주의는 어느 때보다도 적의에 차 있었다. 촉망받거나 저명한 많은 지식인들은 완연한 혐오감을 참지 못하고 공산주의자들과 명분을 같이해 당에 가입하거나 정강에 복종함으로써 정치생활의 양극화를 반영하고 악화시켰다. 울슈타인출판사의 간부진에 참여하기 위해 1930년 9월 운명적인 의회 선거일에 파리에서 베를린으로 온 아르투어 쾨스틀러Arthur Köstler는 바이마르는 끝날 운명이고, 자유주의자와 사회주의자들은 경멸을 받아야 하며, 공산주의만이 유일한 희망이라고 생각했다. 그리고 베를린으로 옮겨온 이래로 마르크스주의를 호의적으로 연구했던 베르톨트 브레히트는 확고하게 좌익으로 돌아섰다. 1928년, 그는 부르주아에 대한 경멸과 유물론적 철학을 〈서푼짜리 오페라〉에 더했다. 마키 메서는 살찐 배와 노동자의 유순성을 사랑하는 부르주아 관객들을 조롱하며 이들이 아무리 사실을 왜곡하려 해도 먹는 것이 먼저이고 윤리는 그다음이라는 정도는 확실하다고 확신시킨다. 이것은 불후의 시이다.

당신들의 살찐 배와 우리의 착함을 사랑하는 당신들,
이것 하나만은 반드시 알라.
당신들이 언제나 왜곡하고 미루어두어도
먹는 것이 먼저요 윤리는 나중이다.

그러나 당에서 그의 냉소주의는 물론, 사회적 현실과의 괴리에 대하여 비판하자 그는 교훈적인 연극으로 전환했고, 〈서푼짜리 오페라〉를 조야한 반자본주의적 영화 대본과 소설로 과격하게 만들었으며, 오락물을 "부엌의 오페라"라며 공격했고, 진보에 전념하는 연극을 요구했으며, 명분을 위한 자기희생적인 죽음의 철학을 옹호하게 되었다.

IV

이러한 정치노선에 호소력이 없지는 않았으며 사회민주주의자들처럼 공산주의자들도 나치의 습격에 맞서 굳게 뭉쳤다. 그러나 공산주의자나 사회주의자 모두 점점 그 전략적 중요성이 더해가던 계층인 청년들을 사로잡지는 못했다.

바이바르공화국 내에서 청년의 정치사는 이들의 수많은 아이러니 중에서도 가장 통절한 것이었다. 부자 갈등의 문학이 처음부터 보여주었듯 누가 경쟁에서 이겨야 하는가 하는 문제는 물론, 누가 아버지 혹은 아들인가 하는 문제에 대한 혼란이 있었다. 정치화된 청년운동과 함께 거의 모두가 우익으로 나치에 의해 점차 잠식된 뒤 마침내 지배당한 학생단체들은 자신들이 청년과 젊음을 대변한다고 주장했다. 이들이 보기에 공화국을 만든 자들, 즉 11월 범죄자들(Novemberverbrecher)은 연령뿐만 아니라 사고방식도 중년이었다. 이들은 공화국이 연로한 상태에서 태어났다고 주장했다. 이 주장은 옳기도 하고 그르기도 하다. 나치는 단순한 반동가들이 아니었다. 허무주의적이건 전체주의적이건 이들의 관념 중 어떤 것은 죽어가는 공화국의 현대적인 민주주의적 합리주의뿐만 아니라 죽은 제국의 전통적 권위주의도 배격했던 것이다. 우익의 일부 청년지도자들은 진정한 혁명가였거나 죽음에 도취된 청년들이었다. 즉 이 젊은이들은 치명적이긴 하지만 눈을 감은 채 심연 속으로 돌진할 정도로 젊었다. 그러나 이 젊은이들이 그들의 힘을 조직해 완전한 복종을 강요할 영도자를 요구하여 정화된 군주로 복구하려 했든, 아니면 프로이센 사회주의자들의 독재를 요구했든 간에 그들은 젊음을 배반하고 정치적 모험가들과 정신병적인 공론가들의 노예가 되었을 뿐이다. 거기에 더해 그들은 새로운 형태로 위장된 낡은 산업주의, 군사주의, 관료주의 기구에 대해서도 스스로를 노예로 만들었던 것이다.

나치는 청년의 중요성을 일찍부터 간파했다. 그때까지 투표가 금지되었던 젊은이들과 첫 투표권을 행사할 준비가 되어 있던 젊은이들은 나치에게 있어서 거대한 잠재적 표였다. 이 두 청년 집단은 인종적 순수성의 관념과 가장 눈에 띄는 외부자인 유대인들에 대한 커다란 증오심에 물들어 어떤 잔인한 행동이라도 갈망했으며, 미래에 대한 좌절에 빠져 있었다. 공부를 마친 뒤에 무엇이 되고 싶은지 질문을 받았을 때 "실업자"라고 대답하는 것이 학생들 사이에서는 비참하나 보편적인 농담이었던 것이다.

젊은이들, 특히 학생들이 연장자에 앞서 우익으로 돌아섰다는 사실을 입증하는 좋은 증거가 있다. 1930년 사회민주당은 당원들의 8% 미만이 25세 이하였고 40세 이하는 반도 채 되지 못했다고 보고했다.[34] 같은 해에 그뢰너 장군은 학생들의 "과격화", 즉 우편향의 과격화가 국가의 심각한 위험이라고 선언했다.[35] 역시 같은 해에 예나대학의 학

34   Franz Neumann, *Behemoth*, p. 18.
35   George L. Mosse, 'Die deutsche Rechte und die Juden', in *Entscheidungsjahr 1932: Zur*

생들은 적의에 찬 반유대주의자인 신임 교수 한스 귄터Hans F. K. Günther
에게 환호했는데, 그는 이 대학에서 '우생학(Rassenkunde)'이라는 새
로운 학과의 대표를 맡게 되었다. 이미 오래전부터 유대인 교수와 급
진적 교수에 대해 반유대 난동을 일으키고 유대인 학생들을 학생 조
직에서 추방시켰던 대학과 김나지움의 많은 학생들은 1930년경에 심
적으로 대부분이 국민사회주의자였으며 이듬해에는 그것이 더욱 확실
해졌다. 아마 이들 중 반은 나치 당원이었고 다수는 비정치적이었으며
단지 극소수만이 공개적인 공화주의자였을 것이다.

　독일 청년들의 이러한 우편향은 심각한 질환의 일부이자 그 지표
였다. 어린 고등학생들의 자살을 다룬 소설(Schülerselbstmordromane)
이 하나의 온전한 장르가 되었고, 그 인기는 암울한 현상에 쏟아진 광
범위한 관심을 반영했다. 1929년 초에 프리드리히 토르베르크Friedrich
Torberg는 전형적인 자살소설 『학생 게르버Der Schüler Gerber』를 출판했는데,
1929년 1월 27일부터 2월 3일까지 단 1주일 동안 신문에서 10건의 자
살 사건 기사를 읽었다는 간단한 논평으로 소설의 머리말을 대신했다.
그 자신이 1939년에 자살하는 에른스트 톨러는 자신의 자서전을 "1928년
18세의 나이에 총으로 생을 마감한 조카 해리에 대한 기억"에 헌정했다.
1933년에 출간된 이 자서전의 머리말은 "여러 길을 가보았고 그릇된 신
과 그릇된 지도자를 추종하면서도 정신의 명료함과 법칙을 발견하기 위
해 꾸준히 노력했던"[36] 젊음을 무력하게 애도하고 있다.

　그러나 전반적인 불협화음, 상충하는 여론, 피를 끓게 하는 나치 모

Judenfrage in der Endphase der Weimarer Republik, 1965, p. 197에서 인용.

36　　Ernst Toller, *Prosa, Briefe, Dramen, Gedichte*, 1961, pp. 26, 27.

임, 병약한 공화국의 일반적 상황 속에서 이들이 어떻게 명료함을 찾을 수 있었겠는가? 대중매체 중에서도 특히 영화는 혼란의 씨를 뿌리기에 적합했으며, 이 씨를 뿌린 것은 후겐베르크의 노골적인 명령만이 아니었다. 1927년에 이미 대단히 과대평가되었던 영화감독 프리츠 랑은 천박하고 화려한 오락물인 〈메트로폴리스Metropolis〉를 내놓았는데, 이 영화는 별다른 중요성이 없었지만 매우 진지하게 취급되었고 널리 환영받았다. 〈메트로폴리스〉는 상상력이 결여된 환상으로, 추천할 만한 점이라고는 대중운동과 홍수의 몇몇 좋은 장면밖에 없는 이야기이며 화려하고 나쁜 의도를 품고 있는데다 본질적으로 반동적이다. 이 영화는 계급투쟁을 공상과학소설로 보고 있으며 단지 의도적인 거짓말이라고 볼 수밖에 없는 결론을 이끌어낸다. 대도시는 미래의 도시로 여기에서는 잔인하게 노예화된 노동자들이 지하 공장에서 때로는 죽음에 이를 정도로 노동을 하는 한편, 선택된 소수의 주인인 엘리트 계층은 분수와 공작이 있는 방대한 저택의 정원에서 여가와 무책임한 쾌락을 즐긴다. 주인의 아들은 "자신의 형제들을 찾"고 결코 조화될 수 없는 두 계층을 화해시키기 위해 지하로 내려간다. 그러나 그의 사회적 관심의 이유 자체는 썩어빠진 것이다. 그는 그의 정원 안에서 방황하던 아름다운 노동자 소녀에게, 당연하게도, 첫눈에 반해 사랑에 빠진다. 연기는 혼란스러울 정도라 세세히 다시 말할 가치도 없다. 그중에는 그 소녀와 비슷하게 생겼지만 실지로는 주인의 도구인 로봇에 선동된 노동자들의 반란까지 포함되어 있다. 기계를 파괴함으로써 노동자들은 스스로를 파멸시키기에 이르지만 젊은이와 소녀가 노동자들과 아이들을 구한다. 사악한 로봇의 발명자는 파멸한다. 마지막의 감상적인 장면에서 젊은 남녀가 다시 만난 뒤 주인이자 아버지는 십장과 악수를 하게 된다. 이 교훈적인 장면은 완전히 냉철한 신사인 주인과 그에 반해 너무도 투박하고 무분별하며 자신들의 열등한 신분을 의식하고 있는 노동자들, 이 두 계급의 화해를 보여준다. 교훈은 단순하다. 대도시 같은 최악의 상황에서조차 사악한 악마만이 파업이나 난동을 일으키며, 진리는 언제나 가슴으로부터 우러나오는 중재에 있다는 것이다. 불쾌한 영화이지만 크라카우어가 주목하는 다른 많은 영화들보다는 낫다. 남자들은 그런 영화들에서 좌절하고 여자들에게서 위안을 얻는다. 크라카우어가 지적하듯, 남자가 낙담하여 여자의 가슴에 머리를 묻고 있는 장면은 끊임없이 나온다.[37] 아버지의 보복과 어머니의 전능함은 바이마르 상황의 쌍둥이 같은 측면으로, 그 둘은 청년들에게 똑같이 해로운 것이었다.

책임 있는 공화주의적 정치평론가들이 이러한 위험을 파악하지 못한 것은 아니었다. 사실은 히틀러와 젊은이들의 나치화에 만족하던 자들에 대한 많은 글이 발표되었다. 단지 여기에 반대하여 글을 쓰고 말을 했던 사람들에 관한 기록은 너무도 적었으며 그것마저 곧 침묵을 강요당했을 뿐이다. 토마스 만과 프리드리히 마이네케는 학생들에게 인내를 갖고 합리성과 절제를 가진 진정한 자유를 향하라고 촉구하던 많은 사람 중 하나일 뿐이었다. 1928년 대중소설가 야코프 바서만Jacob Wassermann은 길고도 과격한 소설 『마우리치우스의 전락Der Fall Maurizius』에서 부자 갈등을 다뤘는데, 이 작품은 차갑고 잔인하며 강력한 아버지에 대한 사춘기 소년의 용감한 투쟁을 그리고 있다. 검사인 아버지

---

37   Kracauer, *From Caligari to Hitler*, pp. 98~9, 112, 114, 122, 157~8, 171.

는 오래전부터 불법행위를 자행해왔다. 아들은 꾸준한 조사 끝에 아버지의 범죄를 밝혀내고 "나는 당신의 아들이 되고 싶지 않다"고 말하며 아버지와 절연한다. 이러한 독립 선언은 아버지를 정신이상으로 몰고 간다. 또한 이 소년의 유일한 학교 친구는 우익 학생들을 공격하면서 그들은 알지 못하는 힘의 손아귀에서 놀아나는 단순한 꼭두각시일 뿐이며 "자신들이 보수를 받는 반동의 대행인이라는 사실도 알지 못한 채 인형처럼 이들에게 조종되고 있다"고 외친다.[38]

문학으로 판단할 때, 1932년에 이르면 이런 우려는 경각심으로 심화되었다. 한 예만 들더라도 1932년 상반기에 월간지 〈새로운 전망〉에는 청년 문제에 대해 이해하면서 걱정하는 짧지 않은 지적인 논문이 최소한 여섯 편 발표되었는데 모두 이성과 인내를 권하는 글이었다. 야코프 바서만은 "젊은 학생들의 절망"에 깊은 공감을 표했다. 그에 의하면 젊은이들의 "뒤에서는 전쟁이, 앞에서는 사회적 파멸이, 좌측에서는 공산주의자들이, 우측에서는 국수주의자들이 잡아당기고 있었으며, 그들 주위에는 최소한의 정직과 합리성도 없었고, 그들의 선한 본능은 증오심으로 타락하고 있었다"는 것이다. 그럼에도 그는 감정이 모든 것은 아니며 또한 모든 행동이 단지 행동이라는 이유로 선할 수는 없다고 항변했다. "40세의 사람들이 당신들보다 20년 더 늙었다는 단순한 이유로 모두 다 범죄자거나 백치는 아니며, 50세나 60세의 사람들이 모두 다 반동가나 적도 아니며, 아버지들이 모두 바보고 아들들이 모두 영웅이나 순교자인 것도 아니다."[39] 이 잡지에서 에른스트

38   Jakob Wassermann, *Der Fall Maurizius*, 1928, pp. 586, 19.
39   Jakob Wassermann, 'Rede an die studentische Jugend über das Leben im Geiste: Zum Goethetag 1932', *Neue Rundschau*, XLIII, part I, 1932, pp. 530~44.

로베르트 쿠르티우스는 대학 내에서 커져가는 위기를 묘사하면서 인문주의적 기준의 부활을 요구했던[40] 한편, 철학자 에른스트 폰 아스테르Ernst von Aster는 예리한 논문에서 그 자신이 "민족주의적 형이상학"이라고 불렀던 것을 해부했다. 여기에서 그는 다른 사람들이 이전에 고찰한 것에 주목했는데, 그것은 젊은이들 사이에 존재하는 "권위와 전통에 대한 혁명적인 반역"과 "'영도자'를 향한 맹목적인 원칙 사이의 이상한 관련성"[41]이었다. 그리고 경종을 울리는 두 편의 논문에서 평론가이자 출판가인 페터 주르캄프Peter Suhrkamp는 아버지의 보복의 개요를 추적한 뒤 그 결과를 알려주었다. 그는 청년들이 자신들 운동의 영웅적인 시대였던 제1차세계대전 이전을 돌이켜보고 있다고 말했다. "이들의 사고는 가면을 쓴 충동일 뿐이다. 이들의 토론에서는 단지 개인적인 관념이 세계관(Weltanschauung)인 것처럼 활보한다." 이들은 계속해서 영웅숭배에 집착한다. "영웅이 없다면 이들은 아무것도 느끼지 못한다. 이들은 포기한다. 떠나버린다. 이들은 현실의 곤란성, 그 위험, 그 가혹한 법칙 등을 결코 파악하지 못한다." 한마디로 이들은 아직 성숙하지 못했다. 이제 깊은 정신적, 경제적 부족에서 그들은 반지성적으로 바뀐다. 이들은 사고 행위는 무력하다고 비난하면서, 자유주의적 당파로부터 떨어져나가 평범함과 의존심이라는 우산 아래 결집한다. 이들은 "훈련을 사랑하고, 이들에게 명령을 내릴 자라면 누구라

---

40   Ernst Robert Curtius, 'Die Universität als Idee und Erfahrung', *ibid.*, pp. 145~67. 이 논문은 다른 논문들과 함께 후에 이성과 문화를 요구하던 쿠르티우스의 유명한 다음 책으로 편집되었다. *Deutscher Geist in Gefahr*, 1932.
41   Ernst von Aster, 'Metaphysik des Nationalismus', *Neue Rundschau*, XLIII, part I, 1932, p. 52.

도 받아들이려 한다". 이것은 젊은이들에게 자연스럽지만 젊은이들이 혁명을 출발시킨 적은 없었다. 그러나 주르캄프는 오늘날 소외되고, 곤궁하고, 무슨 일이라도 할 준비가 되어 있으며, "고민, 증오, 분노, 고귀한 의분"으로 가득차 있는 젊은이들은 진정한 혁명에 준비되어 있을지도 모른다고 결론한다. 이들에게 필요한 것은 단지 "진정한 혁명적 사상일 뿐"[42]이다.

그렇다면 전망은 확실했지만 정치적으로 무능력했던 공포와 의혹과 비이성적인 희망의 순간들이 1932년의 바이마르공화국이었던 셈이다. 중도적 정치가들에게 있어서 정치는 평상시와 다름없었지만, 다른 모든 자들은 위기의식 속에 빠져 있었다. 펠릭스 길버트가 이름을 붙인 좌익의 이성적 공화주의자들에게 이 상황은 대단히 비극적인 측면을 갖고 있었다. 그들은 새로운 야만인들로부터 보호해야 한다고 생각했던 기구에서 오히려 자신들이 소외되었다. 만일 이들이 호전적이었더라면 이들은 현실을 있는 그대로 유지하는 것이 아니라 바이마르의 정신을 갖추고 바이마르공화국보다 더 훌륭한 것을 창조하려는 처절한 희망 속에서 나치와 싸우려 했을 것이다. 베를린의 언론인 중에서도 이러한 분위기의 중심에 살았던 쾨스틀러는 자서전에서 울슈타인출판사의 편집자들 사이에서 통용되던 농담을 상기시킨다. 이 농담은 1932년의 지배적인 분위기를 장황한 분석보다도 더 잘 전달하고 있다. 명 왕조 2대 황제의 통치 기간에 왕룬이라는 사형집행인이 살고 있었다. 처형될 자의 목을 치는 솜씨와 재빠른 속도로 유명했던 그는

---

42   Peter Suhrkamp, 'Die Sezession des FamilienSohnes: eine nachträgliche Betrachtung der Jugendbewegung', *ibid.*, pp. 95~6; 'Söhne ohne Väter und Lehrer: die Situation der bürgerlichen Jugend', *ibid.*, p. 696.

평생 이루지 못한 비밀스러운 소망을 품고 있었는데 그것은 다름이 아니라 목을 아주 빠른 속도로 절단해서 잘린 목이 몸에서 떨어지지 않도록 하는 것이었다. 연습을 거듭한 끝에 그는 마침내 76세에 이르러 자신의 소원을 성취했다. 그날따라 사형수가 많아 바빴던 그는 솜씨 좋게 하나하나 처리하여 처형된 머리들이 흙 위에 굴렀다. 열두번째 사람의 순서가 되었다. 사형수는 처형대로 걸어오르기 시작했고 왕룬은 단칼에 목을 잘랐는데, 그 속도가 너무도 빨라 사형수는 계속 계단 위로 걸어올라왔다. 꼭대기에 이르자 그는 집행자에게 분노하며 말했다. "당신은 왜 나의 고통을 연장시키는가? 다른 자들은 자비롭게 빨리 처형하지 않았는가?" 이것이 왕룬에게 위대한 순간이었다. 평생의 소망을 이룬 것이다. 조용한 미소가 그의 얼굴 위에 퍼졌다. 그는 사형수에게 돌아서며 말했다. "고개를 한번 끄덕여보시오."[43]

몇 달 후 아돌프 히틀러는 독일의 수상이 되었고 바이마르 사람들은 흩어졌으며, 그들과 함께 바이마르 정신은 내적으로 변화하여 이솝 우화가 되거나 강제수용소에서 죽음으로 소멸했다. 다른 이들은 베를린에서 문 앞의 노크 소리 뒤에, 또는 스페인 국경에서, 파리의 임대 아파트에서, 스웨덴의 어떤 마을에서, 브라질의 도시에서, 뉴욕의 호텔방에서 자살로 바이마르 정신을 소멸시켰다. 그러나 또다른 자들은 바이마르 정신을 실험실에서, 병원에서, 언론에서, 무대에서, 대학에서 소생시켜 위대한 발전과 지속적인 영향력을 얻게 하여 망명지에서 이 정신의 진정한 고향을 찾아주었다.

43   Köstler, *Arrow in the Blue: An Autobiography*, 1952, p. 254.

I.
바이마르공화국의
간략한 정치사

I.

1918년 11월~1919년 7월: 고난과 초석의 시기

바이마르공화국은 1918년 11월 9일 사회민주주의자 필리프 샤이데만에 의해 선포되었다. 4년 이상 이어진 유혈전쟁의 뒤를 이은 것으로서 여전히 외국 영토에 주둔하고 있던 독일 군대는 무질서 상태였고, 군 수뇌부는 평화를 갈망하고 있었으며, 제국의 행정은 타락해 있었다. 1918년 봄, 서부전선에서 독일의 진격을 역전시킨 연합국측은 여름에 공세를 취해 주도권을 장악해나갔다. 터키, 불가리아, 합스부르크왕국 등 독일의 동맹국들은 이미 붕괴 상태에 있었다. 9월 30일 헤르틀링 수상이 사임했고, 국내 개혁과 국제 이해를 도모하려던 자유주의적 군국주의자 막스 폰 바덴 공이 10월 4일 그 직위를 계승했다. 막스 공은 14개 조에 근거하는 휴전을 윌슨 대통령에게 청했다. 소시민적 관심사로부터의 구원으로서 1914년 8월에는 환영받았던 모험인 전쟁은 국가를 가사 상태로 몰아넣었으며, 사람들은 극도로 지친 상태였다. 독일은 180만 명의 사망자와 400만 명 이상의 부상자를 냈다. 또한 군수품과 재능의 손실, 정신적 타격, 엄청난 좌절의 대가는 계산할 수 없을 정도였다. 1917년 초여름 의회에서 합의된 평화조약을 요구하는 결의안을 통과시킨 이래로 옛 체제가 어떤 변화를 겪지 않고는 존속이 불가능하리라는 사실이 명백해졌다. 1918년 10월 28일, 킬의 해군기지 수병들이 반란을 일으켰다. 11월 첫째 주에 이르면 어떤 형태건 혁명은 불가피한 것으로 보였다. 11월 8일, 이상주의적 독립 사회주의자 쿠르트 아이스너는 바이에른에서 공화국을 선포하여 스스로 수상이 되었다. 다른 도시와 주도 그 예를 따랐다. 같은 날, 막스 폰 바덴 수상은 황제의 폐위를 단호하게 요구했다. 베를린의 노동자들은 길거리로 나섰고, 힌덴부르크 장군과 루덴도르프의 계승자 그뢰너는 수상의 요구에 합세했다. 빌헬름 2세는 미봉책을 써서 최소한 프로이센의 왕좌만이라도 고수하려 했지만 그의 요구는 지나친 것이었으며 막스 공은 황제가 내놓지 않으려던 것을 얻어냈다. 그는 사회민주당의 지도자 프리드리히 에베르트에게 자신의 뒤를 계승케 한 뒤 황제의 퇴위를 선언했다. 어떤 자들은 샤이데만의 공화국 선포가 성급했다고 여겼다. 그러나 샤이데만의 입장에서 그것은 간신히 제시간을 맞춘 것이었다. 이것은 소비에트 공화국을 선포할 준비가 되어 있던 스파르타쿠스단을 앞지른 것이었다. 그날 밤 빌헬름 2세는 네덜란드로 피신했다.

황제와 그 지지자들은 신임을 잃었다. 지배권은 사회주의자들로부터 나오게 되어 있었다. 그러나 어떤 종류의 사회주의자였는가? 사회민주당은 오래전부터 다수당이었지만 1914년 이전부터 팽팽한 내분을 겪고 있어서 마르크스주의를 진지하게 받아들였던 과격파, 이념은 잊어버리고 노동자 계급의 더 높은 생활수준을 추구하던 노동조합파, 그리고 말은 혁명가처럼 하지만 행동은 의회주의자처럼 함으로써 절충을 추구하던 기능파로 나뉘어 있었다. 1914년 8월 4일, 의회에서 당대표자들이 유서 깊은 원칙마저 깨면서 명예를 위한 전쟁에 찬성하는 결정을 내린 것은 이러한 균열을 복구할 수 없을 정도로 심화시켰다. 1917년 초에 이르러 사회민주당 내의 반대파들은 새로이 독립사회민주당을 결성하여 평화와 사회주의를 단호하게 요구했다. 로자 룩셈부르크와 카를 리프크네히트가 주도하는 소수의 확고한 마르크스주의적 혁명 집단인 스파르타쿠스단이 여기에 합세했다. 전쟁터의 승리가 더욱 불투명해지고 국내의 불만이 높아감에 따라 스파르타쿠스단은 과격해진 노동자들 중에서도 특히 혁명을 준비하던 강한 정신의 실용적인 집단인 공장 노동조합 대표자들의 지지를 확보하게 되었다. 이들은 파업을 주도했고, 1918년 11월 초에는 소비에트를 본떠 노동자와 병사의 평의회를 설립했다. 이리하여 공화국을 장악한 에베르트는 11월 10일 3명의 사회민주파와 3명의 독립파로 구성된 6명의 임시정부를 구성했다. 임시정부는 실로 거의 두 달 동안 변화 없이 유지되었다.

　11월 8일 이래로 독일 정전위원회는 합병주의자에서 평화주의자로 전환한 저명한 가톨릭중앙당의 대표자 마티아스 에르츠베르거의 주도 아래 연합국과 협상을 벌여왔다. 11월 11일, 평화는 아직도 이루어지지 않았지만 전쟁은 끝났다. 이것은 새로운 체제를 위해 전망이 밝은 출발이었지만 그 전날 에베르트는 어린 공화국에 운명적인 결과를 가져오게 될 또다른 협정을 체결했다. 11월 10일 저녁, 그뢰너 장군은 에베르트를 방문하여 군대를 "정부의 처분대로 맡길 터이니" 그 대가로 "군대의 질서와 규율 유지에 대한 정부의 지원"을 요구했던 것이다. "장교단은 정부가 볼셰비즘에 대항해서 싸우리라고 예상했고, 따라서 투쟁을 위한 준비를 갖추고 있었다. 에베르트는 제휴 제의를 받아들였다."[1] 다른 자들과 비교할 때 그뢰너는 신중하고 책임감이 있는 사람이었지만, 이 협정은 군대가 권력과 명예를 향해 새롭게 진출할 수 있도록 만들었고, 그뢰너보다 더 음험한 자들에게 기회를 주는 결과를 빚게 되었다.

내각에서, 공적 회합에서, 노상에서 독일의 미래에 대한 끈질긴 논쟁 끝에 12월 27일 독립파가 탈퇴해나감으로써 6인 정부는 와해되었다. 좌익은 소비에트에 전권을 넘기고 사회를 완전히 재건하기를 원했다. 사회민주주의자들은 의회주의 체제를 원했고, 사회적으로나 경제적으로나 변혁을 일으켜줄 정책을 바라고 있었다. 12월에는 노상 충돌이 일어나 몇 사람이 사망하는 쓰라린 기억을 남겼다. 그러나 대체로 독일인들은 다수당인 사회주의자의 의회주의를 지지했다. 따라서 1919년 1월 19일에는 바이마르시에서 열릴 제헌의회의 대표자 선출을 위한 국민투표가 실시되었다. 공산주의자들의 보이콧에도 불구하고 3,000만 명 이상의 독일인들이 투표한 것으로 나타났다. 421개의 의석 중 사회민주당은 1,150만 표로 163개의 의석을 얻어 선두에 나섰다. 군주주의자와 온건 공화주의자의 연합인 가톨릭중앙당은 600만에 못 미치는 득표로 89석을 얻었다. 저명한 부르주아 지식인들과 진보적 기업가들의 참여로 새롭게 결성된 민주당은 이례적인 성공을 거

1   F. L. Carsten, *The Reichswehr and Politics, 1918-1933*, 1966, p. 11에서 재인용.

두어 550만 표와 75석을 획득했다. 그러나 앞으로의 "매 선거에서 패배하게 될 유일한 정당"[2]은 다재다능하고 선거유세는 점잖았으며 강령은 합리적이었던 바로 이 정당이었다. 이름밖에 바뀐 것이 없었던 제국 보수주의자들의 모임인 국가인민당은 300만 표와 42석을 얻었다. 독립사회당은 250만 표를 채 얻지 못하고 22석 만을 확보함으로써 추종자들을 실망시켰다. 한편 슈트레제만과 대기업의 참여로 새롭게 결성된 우익 경향의 국민당은 150만 득표로 21석을 얻었다. 바이마르 연합내각은 강력한 당위성을 얻은 것이었다.

의회는 1919년 2월 9일 엄숙하게 개회되었다. 이틀 후 에베르트가 대통령으로 선출되었고, 에베르트는 샤이데만에게 내각 구성을 요청했다. 이 최초의 형태를 갖춘 내각은 삼대 정당인 사회민주당, 가톨릭 중앙당, 민주당 출신으로 구성된 바이마르 연합내각이었다. 그러나 의회의 작업이 비록 중단되지는 않았다 할지라도 국내의 무질서와 외세의 중재로 손상되었다. 1월 15일, 베를린에서는 로자 룩셈부르크와 카를 리프크네히트가 폭동중에 암살되었다. 2월 28일에는 쿠르트 아이스너가 바이에른에서 살해되었다. 3월에 이르면 질서 회복의 책임을 맡은 사회민주주의자 노스케가 전직 장교, 무직의 부랑자, 살인을 갈망하던 젊은 협잡꾼 등으로 의회가 급조한 조직인 광적인 의용군의 의심스러운 도움까지 받게 된다. 아이스너의 암살은 바이에른에서 더한 폭력을 낳았고, 총파업과 사회주의 평의회의 공화국 선포를 불러왔다. 이 공화국은 4월 말과 5월 초에 걸쳐 정부군에 의해 매우 잔혹하게 전

---

2   Fritz Stern, 'The Political Consequences of the Unpolitical German', *History*, no. 3, 1960, p. 130.

복되었다. 희생자 중에는 작가 구스타프 란다우어도 있었는데 그는 고귀한 정신의 이상주의자이며 공산주의자로 감옥에서 병사들에게 구타당해 사망했다.

한편, 베르사유에서는 평화 조건을 받아들이기 위해 4월에 모욕적으로 초청되었던 독일 대표단이 대폭적 개선이 불가능했던 조건을 미약하게나마 개선시키려 시도하고 있었다. 독일인들은 프랑스에서 들려온 소식에 격노했다. 6월 20일, 샤이데만 정부는 물러나고 다음날 또다른 사회민주주의자 구스타프 바우어가 이끄는 내각으로 대체되었다. 새로운 내각은 단지 몇몇 조항이라도 변경시켜보려고 했지만 연합국측은 단호했다. 패자에게는 무조건적 서명만이 있을 뿐이었다. 최후통첩에 직면한 독일 정부는 굴복했고, 사회민주주의자인 외무장관 헤르만 뮐러가 이끄는 새 대표단이 6월 28일 '명령'에 서명했다. 다른 어떤 대안도 없었다. 그러나 이러한 굴종이 불가피한 것이었다 할지라도 그로 인한 상처는 결코 치유될 수 없는 것이었다.

베르사유조약은 패전 독일에 과중한 경제적·정치적·심리적 부담을 안겨주었다. 이 조약으로 알자스로렌이 프랑스로 넘어갔을 뿐 아니라 서부 프로이센, 상부 실레지아, 포젠을 폴란드에 넘겨줌으로써 동부 프로이센은 독일 중심부와 분리되었으며, 그단스크가 자유도시가 되었고, 벨기에는 약간의 영토를 획득했으며, 다른 국경 지역의 소유권은 후일 주민투표의 결과를 따르도록 결정되었다. 독일은 모든 식민지를 박탈당했고, 오스트리아와 독일의 연합이 금지되었으며, 라인강 좌안이 연합국에 점령되었을 뿐만 아니라 독일군 숫자는 10만으로 감축되었고, 참모단이 해체되는 등 여러 방식으로 독일 군국주의를 억제하려는 시도가 있었다. 그중에서도 가장 분노를 일으키고 받아들이기 힘들었던 것은 독일인들에게서 '명예'라는 무형의 재산을 박탈해간 조항들이었다. 이 조약은 전 황제를 포함한 "전범들"의 "잔학 행위"를 심판하기 위해 이들의 인도를 요구했고, 제231조는 "독일과 그 동맹국들의 침공" 때문에 연합국측이 입은 "모든 손실과 피해에 대한 책임을 이 국가들이" 받아들여야 한다고 주장했다. 그리고 액수 미상의 배상금이 지불되어야 했다. 이 문장에 "범죄"라는 단어는 사용되지 않았지만 이 조항은 곧 "전범 조항"이라는 낙인이 찍혔다. 실제적으로 모든 독일인이 이 조항의 철회를 희망했으며, 어떤 사람들은 보복을 원했다.

이러한 모든 것에도 불구하고 바이마르 의회는 비교적 짧은 시일 안에 헌법에 동의했다. 이것은 1919년 7월 31일에 채택되어 8월 11일부터 효력을 발했던 것이다. 그중에는 일련의 절충안이 포함되어 있었는데, 많은 사람들이 적대시했고 극소수만이 환영했다. 그러나 어떤 면에서 이것은 대단히 분명한 문서였다. 독일이 민주적 공화국이 된 것이다. 국회의원 선거는 20세 이상의 보통선거였고, 여러 주의 권한은 많이 축소되었지만 독일은 여전히 연방국가로 남아 있었다. 행정권의 핵심인 내각은 의회에 대하여 책임을 졌다. 그러나 독일이 완전한 의회주의적 체제가 된 것은 아니었다. 헌법은 일반선거에 의해 7년을 임기로 선출되는 강력한 대통령을 명하고 있었다. 국가의 상징이자 대외적으로는 국가의 대표자인 대통령은 의회를 해산할 수 있었고, 수상을 지명하거나 해임할 수 있었으며, "공공 안정과 질서가 심각하게 혼란되거나 위협받을 때"에는 전권을 맡을 수 있었다. 이것이 악명 높은 제48조였다. 비례대표제, 의안 제출권, 국민투표 등 제도의 실시에 있어서 헌법은 그 민주적인 유권자 규정만큼이나 현대적이었다. 그러나 많은 기대를 모았던 경제에 관한 법 조항과 사회개혁에 대해서는 다소 모호했다. 헌법 속에는 독일인의 기본적 권리와 의무가 명시되어 있었고, 일종의 경제 의회의 가능성까지도 약속되어 있었다. 그러나 궁극적으로 실현된 것은 거의 없었다. 부르주아와 프롤레타리아 사이의 절충은 부르주아의 승리로 귀결되었다. 그러나 이루어진 것도 많았다. 거센 반대에도 불구하고, 독일은 1848년의 깃발인 검정 빨강 노랑의 깃발을 국기로 채택했다. 대표단이 바이마르로부터 고향으로 돌아갔을 때, 이들의 독일은 깊은 고난 속에 빠져 있었지만 공화국은 출범했다.

II.

1919년 8월~1923년 12월: 지속되는 고난의 시기

공화국 첫해의 사건들은, 바이마르의 운명을 미리 결정한 것은 아니었지만 그 전반적인 방향을 설정해놓았다. 뒤이은 4년 동안 독일은 국내적으로는 폭력의, 대외적으로는 비타협의 조짐 속에 서 있었는데, 이 양자가 서로를 강화시켰다는 것이 독일로서는 불행한 일이었다.

경악스러운 카프 폭동이 실패로 끝난 후인 1920년 3월, 바우어 수상은 사회민주당 동료 뮐러에게 자리를 내주었으며, 뮐러는 그후 연합내각을 6월까지 이끌어나갔다. 카프 폭동은 전면적 반혁명으로서는 최초의 중요한 시도였다. 베르사유조약을 받아들인 이래 비타협자들은 공화국에 반대하는 선전을 함으로써 군주제 복고를 도모했다.

1920년 3월 13일, 음모자들은 공격에 나섰다. 베를린으로 행진하던 한 해군 여단이 그곳에서 루덴도르프의 환영을 받았고, 동프로이센의 관료이자 군인이 아니었다는 점에서 중요한 인물인 폭동의 지도자 볼프강 카프 박사는 수상직을 요구하기 위해 이 도시 베를린에 나타났다. 군대가 같은 군인인 반역자들에게 총 쏘기를 거부하자 정부는 신중하게 도피했다. 그러나 음모자들은 경험이 없어 어리석었으며, 민간인 관리들이 이들과 합세하려 하지 않는 가운데 총파업이 "새로운 체제"를 마비시켰다. 나흘 후에 카프와 그의 동료들은 '사임'했고, 자신들이 한 번도 갖지 못했던 것을 포기했다. 반동파가 지배하고 있던 바이에른을 제외하고는 옛 정부가 돌아왔다. 군부에 지나치게 깊이 개입되어 있다고 여겨진 노스케는 내각에서 제외되었지만 카프는 해외 도피가 허용되었고, 샤이데만이 정당하게 요구했던 대숙청은 결코 일어나지 않았다.

1920년 6월 6일에 국회의원 선거가 있었다. 이 선거는 공화주의자들에게 불행한 사건이었다. 독일국민당과 슈트레제만의 인민당이 강력하게 출현하여 몇백만의 득표와 수십의 의석을 더했다. 민주당은 현저하게 쇠퇴하여 득표수는 이전의 3분의 1 정도로 떨어졌으며, 사회민주당은 단지 550만 표에 그쳤던 반면, 독립사회당은 새롭게 큰 세력으로 등장했다. 소수 정당의 급성장은 불길한 일이었다. 1,100만의 득표와 225의석의 바이마르 연합내각은 의회의 지배권을 잃었다. 내각은 이제 1,450만 득표와 241의석의 다른 여러 정당들과 대치하게 되었던 것이다. 좌우익 의원들 모두가 공화국의 숙명적인 적은 아니었고, 이들 중 몇몇은 신뢰할 만한 동료였다. 군국주의적 정치, 혁명적·반혁명적 슬로건과 직접 행동이 더욱 만연해가고 있었다.

　오랜 협상 끝에 중앙당의 콘스탄틴 페렌바흐가 내각을 결성했고, 이것은 1년 후인 1921년 5월 10일 또다른 중앙당원인 요제프 비르트의 1차 내각으로 이어졌으며, 같은 해 10월 하순 비르트의 2차 내각으로 연결되었는데, 이것은 1922년 11월 22일까지 지속되었다. 그러나 문제는 그대로 남아 있었다. 1921년 4월 말, 연합국은 독일의 배상금 액수가 크다 할지라도 그 지불이 너무 연체되고 있으며, 배상금으로 결정된 1,320억 마르크의 금화 중 지불된 금액은 80억 마르크를 약간 웃도는 정도에 지나지 않았다고 발표했다. 독일의 의무를 이행하려던 비르트 내각은 10억 마르크의 금화를 추가 지불했다. 그러나 이제 금 부족으로 야기된 물가 폭등과 국제수지 적자 그리고 자본의 해외 도피가 걱정스러울 정도였다. 1921년 1월, 독일의 마르크는 1달러당 45의 비율이었고, 봄과 여름 동안 60 정도를 유지하다가 9월에는 100에 이르렀으며, 연말에는 1달러를 사기 위해 160마르크가 필요했다. 그 이전에 불행한 사건이 또하나 발생했다. 마티아스 에르츠베르거가 두 명의 전직 장교에게 피살된 것이다. 암살자들은 헝가리로 도주했는데, 헝가리는 이들의 인도를 거부했으며 국내에 있던 공범들은 아무런 제재도 받지 않았거나 곧 방면되었다. 수천 명의 군중이 수치심도 없이 공개적으로 이들을 환영했다. 그해 10월, 연합국은 간헐적인 군사적 분규 끝에 주민투표에 따라 상부 실레지아에 새로운 국경을 그었다. 다른 좋은 대안이 존재한 것은 아니었지만 연합국이 채택한 해결책은 내각의 위기를 초래했고, 그 와중에서 비르트는 계속하여 내각을 맡을 수 있었다. 비르트의 1차 내각에서 재건 장관을 지냈던 발터 라테나우는 새로운 내각에서 더 중요한 직위를 맡게 되는데, 그는 금발에다 독일인 비슷하게 보이는 유대인으로서 몽상가와 정치가의 묘한 혼합체 같은 인물이었다. 1922년 1월 31일, 비르트는 라테나우를 외상으로 임명했다. 이 임명은 재난을 미연에 방지하기 위한 것이었으나 오히려 더한 재난을 초래했을 뿐이다.

독일의 대외관계는 민감한 상황에 처해 있었다. 배상금을 적시에 지불하지 못한 것이 독일에 적대적인 프랑스와 영국의 정치가들을 강경하게 만들었다. 1922년 1월, 선량한 유럽인인 아리스티드 브리앙은 베르사유조약의 강제집행을 강하게 주장했던 레몽 푸앵카레에 무너졌다. 라테나우의 노정은 험난했다. 국내의 적들은 도와주지 않았다. 2행시가 우익의 모임과 학생들의 선술집에서 유행했다. "발터 라테나우를 쏘아 넘겨라/ 저주받을 유대인 돼지 놈을(Knallt ab den Walther Rathenau/Die gottverfluchte Judensau)." 이 시는 곧 현실이 되었다. 1922년 6월 24일, 라테나우는 호전적인 젊은 우익에게 피살되었다. 경찰의 추적을 받던 암살자들 중 한 명은 살해되었고, 한 명은 자살했으며, 다른 한 명은 15년 형을 언도받았으나 단지 7년 동안 복역했을 뿐이다. 공화국은 언제나 그 적들에게 관대했던 것이다. "적은 우익에 있다"는 비르트 수상의 개탄대로 어떤 조급한 공화주의자들은 이제 민족주의적이고 군국주의적인 자신의 동료들을 비난하기에 이르렀지만, 우익은 뉘우침도 없이 비방과 폭력의 유세를 계속했다. 그리고 비정한 세력가인 후고 슈티네스가 주도하던 대기업은 자신감을 회복하고 있었다. 하루 8시간 노동이 10시간 노동으로 대체되어야 한다는 논의가 이루어졌다.

이러한 분위기 속에서 에베르트는 광범위한 기반을 갖춘 정부를 추구했지만 사회민주당측은 슈트레제만의 보수적 국민당이 포함된 내각을 지지하지 않았다. 1922년 11월 14일, 비르트 수상이 사임했다. 함부르크 아메리카 라인(Hamburg America Line)이라는 해운회사의 사장이었던 빌헬름 쿠노가 11월 22일 그 뒤를 계승했다. 그의 내각에는 사회민주당은 한 명도 없었다. 프랑스에서는 푸앵카레가 엄격한 반독일 노선을 고수하고 있었다. 영국에서는 타협적인 데이비드 로이드 조지의 뒤를 이어 10월 중순에 보너 로가 수상에 취임했다. 한편 10월 30일, 이탈리아에서는 무솔리니가 집권했다. 이것은 바람직하지 못한 조합이었다. 푸앵카레는 루르 지방의 점령을 강요해왔다. 독일인들은 배상금을 적시에 지불하지 못했고 프랑스인들이 이러한 연체를 고의적인 사보타주로 해석했다는 사실은 명백했다. 1922년 12월 말, 배상위원회는 독일의 의무 불이행을 공식적으로 선언했고, 1923년 1월 11일 프랑스와 벨기에의 파견단은 승전국들을 대신해 광산과 공장을 가동시키기 위하여 루르를 점령했다. 프랑스인들은 분리주의를 조장했다. 점령군은 고압적이고 대단히 잔인하게 행동했다. 유혈충돌이 발생했다. 독일 정부는 수동적 저항을 권고했다. 생산활동은 정지되었다. 이미 사람들에게 심각한 위협이었던 물가 폭등은 이제 완전히 제어할 수 없게 되었다. 루르가 점령됨으로써 무역이 붕괴했고 세수가 격감했으며, 그것은 마르크화의 가치가 감당할 수 있는 한도를 넘어섰다. 국립은행이 위기를 타개하려는 시도를 했지만 금고는 거의 고갈된 상태였고, 그리하여 1923년 4월 드디어 방벽이 무너졌다. 화폐 가치는 나날이 떨어졌고, 물가는 상상에서나 가능한 차원으로 폭등했다. 1923년 10월에 이르러 빵 한 쪽을 사거나 편지를 보내려면 백만이나 억 단위가 아니라 조 단위의 마르크가 필요했다. 농부들은 작물 출하를 거부했고, 제조업은 사상 최저를 기록했으며 식량 폭동이 빈번했고, 노동자들은 기아 상태에 머물렀으며, 수백만의 부르주아들은 모든 저축을 잃었던 반면, 투기꾼들은 부유해졌다. 결과적으로 경제는 혼란에 빠져 사람들은 심리적으로 커다란 변화를 겪게 되었는데, 이는 이미 만연하던 바이마르공화국에 대한 불신을 심화시켰을 뿐이다.

1923년 8월 초, 사회민주주의자들은 국가적 단합의 필요와 동시에 쿠노에 대한 불신임을 선언했다. 쿠노는 사임했고, 에베르트는 슈트레제만에게 내각 구성을 요청했다. 1차 슈트레제만 정부는 10월 초까지 지속되었고, 2차 정부가 계승해 11월 말까지 유지되었다. 이 정부는 산업의 재기를 위해 수동적 저항을 종식시켰다. 11월, 할마르 샤흐트의 감독 아래 정부는 조폐를 중단시키고 엄격한 경제 개혁을 시작하여 독일의 총자원에 의해 '보장된' 새로운 마르크인 렌텐마르크(Rentenmark)의 유통을 선포했다. 공로를 인정받은 샤흐트는 국립은행 총재가 되었다. 비록 고난은 끝나지 않았지만 안정은 다시 찾아왔다.

슈트레제만의 화해 정책은 프랑스의 폭력과 바이에른에서의 지엽적인 승리와 전반적인 불확실성 때문에 이미 분노하고 대담해진 우익을 격앙시켰다. 1923년 11월 8일 밤부터 11월 9일 아침까지 히틀러, 괴링, 루덴도르프와 소수의 몇 명이 뮌헨에서 폭동을 일으켰다. 이것은 실패로 돌아갔고, 음모자 중 몇몇은 체포되어 재판을 받았다. 루덴도르프는 물론 방면되었다. 히틀러는 대역죄를 선고받았지만 이 재판을 공화국에 반대하는 선동의 향연으로 바꾸어놓았다. 그는 5년이라는 최소한의 형량을 선고받았을 뿐이며, 그중에서도 실제 복역 기간은 8개월에 불과했지만 그 결과 그는 중요한 정치적 인물로 부각되었다. 1919년 7월, 아돌프 히틀러는 반유대적이며 반공화적이자 모호한 성격의 사회주의 광신자들의 소집단인 불투명한 우익 단체에 가입했는데, 이 단체는 바이에른에서 점차 성장하고 있었다. 1920년 4월, 이 집단은 강령을 제정했고 국가사회주의 독일 노동자당(National Socialist German Worker's Party)이라는, 즉 나치라는 무의미한 이름을 채택했다. 3년 동안 나치는 무질서를 조장했고 공화국에 반대하는 선동적 연설을 자행했을 뿐 아니라 유대인들에 대한 폭력을 조장했으며 고위직에서 동조자들을 규합했다. 1923년 11월, 히틀러의 폭동이 실패하고 재정적 안정이 서서히 회복되었을 때, 공화주의자들은 "결국 히틀러란 또 한 놈의 괴짜가 아니었는가?"라며 너무도 쉽게 안도의 숨을 내쉬었다. 이들이 옳지 못했다는 사실이 입증되기까지는 몇 년이 더 걸렸다.

III.
1923년 12월~1929년 10월: 황금의 20년대

행복한 시대에는 역사가 없다는 주장은 신화일 뿐이지만 어쨌든 바이마르공화국의 중간 기간은 행복과는 거리가 멀었다. 그럼에도 비교적 평온했던 이 시기의 정치적 사건들은 간단히 요약될 수 있다. 국내외에 제정신이 돌아온 듯했다. 1923년 11월 사회민주당은 슈트레제만 내각이 우익의 폭동에는 온건했던 반면 좌익의 급진주의에는 강경했다고 비난하며 내각을 전복시켰지만, 1923년 12월과 1928년 6월 말 사이에 독일을 통치하였던 여섯 개의 내각은 단호한 연속성을 보여주고 있다. 각 내각 모두 슈트레제만을 외상으로 등용했다. 이중 네 개의 내각은 가톨릭중앙당의 당수인 빌헬름 마르크스가 수상이었고, 두 개의 내각은 보수주의적 경향의 비당파적 관료였던 한스 루터가 이끌었다. 이 시기는 비교적 안정적인 동시에 보수적인 기간이었다. 즉 사회민주주의자들은 자신들의 득표로 공화국을 계속 유지시켰지만 이들은 거의 5년 동안 정부 구성에서 배제되었다. 한편, 1924년 5월에 치러진 선거에서 푸앵카레는 패배하여 선량한 유럽인이자 독일의 곤경에 동정적이던 에두아르 에리오에게 직위를 물려주었다. 그의 정책은 미국의 은행가이자 정치가였던 찰스 도즈의 이름을 딴 "도즈 안(Dawes Plan)"에 의해 강화되었는데, 이것은 루르에서의 철수, 배상금 지불의 상당한 감면, 독일에의 차관 등을 제시한 것이었다.

독일 정부는 우익의 맹렬한 반대를 무릅쓰고 이 안을 받아들였다. 사정은 언제나 같은 이야기였다. 이러한 양보는 비타협적인 프랑스인들에게는 너무도 크게 보였던 반면, 화해시키기 힘든 독일인들에게는 너무도 작게 보였다. 1924년 7월, 연합국측은 런던에서 회동했다. 8월 들어서는 독일인들의 참여도 요청했고, 프랑스는 마지못해 몇몇 군대를 철수시키는 데 동의했다. 악의에 찬 격론 끝에 독일은 도즈 안을 받아들였고, 프랑스 군대는 루르에서 철수를 시작하여 1925년 7월에 완료했으며, 독일은 외국의 차관을 받아들였고, 렌텐마르크는 라이히스마르크(Reichsmark)로 대체되었다. 1925년 중엽에 이르러 '황금의 20년대'가 도래했다.

그러나 1925년 2월 28일 서거한 에베르트 대통령의 계승자를 뽑는 선거에서 과거의 모든 분파들이 재현되었다. 첫 선거에서는 어느 누구도 필요한 과반수 득표를 하지 못했다. 두번째 선거에서는 최다 득표만으로 충분했다. 정당들 사이의 오랜 절충과 함께 일부 후보들이 사퇴하고 새로운 후보들이 등장한 끝에 48%인 1,450만 표로 최다 득표를 한 인물은 제1차세계대전의 영웅 힌덴부르크였다. 그의 최대 경합자는 중도파 대표 빌헬름 마르크스였는데, 그는 거의 1,400만 표를 획득하였다. 이것은 공화국의 심각한 역행인 것으로 보였지만 힌덴부르크는 꽤 신중하게 처신하여 고령으로 허약해지기 전까지는 충직한 행정수반으로서 효과적으로 행동했다.

힌덴부르크에 대한 독일 공화당원들의 우려가 잦아들면서 대외적인 우려도 줄었다. 독일의 고립은 서서히 끝을 맺었다. 1925년 초 이래로 슈트레제만은 연합국과 예비 교섭을 벌였고, 10월에는 서부 국경을 결정함과 동시에 모든 지속적인 분란을 평화적으로 타결하기를 요구한 로카르노조약에 프랑스, 영국, 벨기에, 이탈리아, 독일 등이 서명했다. 인류애를 향한 다른 모든 조치와 마찬가지로 로카르노조약도 독일 우익에게는 비난받았지만 근소한 차이로 채택되었다. 몇 년 동안 '로카르노 정신'은 유럽의 외교를 지배했다. 1926년 6월, 독일은 소련과 우호조약을 체결했고 9월에는 국제연맹에 가입했다. 또한 슈트레제만은 브리앙과 국제평화에 대한 논의를 지속하여 전쟁을 국가정책의 도구라고 비난한 1928년의 켈로그·브리앙 조약(Kellogg-Briand treaty)으로 귀결시킴으로써 이러한 진보를 이어나갔다. 이것은 마치 불유쾌한 현실을 가리고 있는 아름다운 장막과 같은 것이었다.

독일의 국내 번영에도 가면과 비슷한 것이 있었다. 이 번영은 대단히 현실적인 것이었다. 독일의 산업은 공장 설비를 현대화시켰고, 기업은 안정되어 있었으며, 임금은 비교적 높았고, 실업률은 낮았다. 1928년에 실업자 수는 75만 명을 밑돌았다. 그러나 숨겨진 불길한 측면 역시 커가고 있었다. 산업이나 기업은 미증유의 규모로 합병을 하고 있었다. 물가 폭등 시기에 거부가 된 유력 기업가 알프레트 후겐베르크는 여론 산업에 대한 지배력을 쥐고 있었으며, 지방정부와 중앙정부는 모두 기금을 허비하고 있었다. 요컨대 이 번영의 기반은 대부분이 독일에 쏟아져들어온 외국 돈으로서 결국은 고갈될 재원이었던 것이다. 배상금 문제는 그대로 남아 있었다. 공산주의자들은 '사회적 파시스트', 즉 사회민주주의자들과의 제휴를 계속 거부했다. 새로운 군대는 옛 관념을 고수하고 있었다. 군대는 정치적 영향력, 민족주의적 정책, 극비의 재무장 등을 원했던 것이다. 그리고 공화국은 자살행위나 다름없을 정도로 우익의 광신자들에게 관대했던 반면, 체제를 전복시키려는 이들의 결심은 결코 약해지지 않았다. 1918년에 퇴역 군인들로 결성되어 다음해에는 대규모로 성장한 극단적 반바이마르공화국 집단인 철모단(Stahlhelm)의 브란덴부르크 분파는 1928년 9월에 다음과 같이 솔직하게 선언했다. "우리는 현체제를 증오한다. 현체제는 노예화된 조국의 해방과 전범이라는 허위성의 타파와 동부에서 요구되는 생활공간(Lebensraum)의 획득을 불가능하게 만들었다. 우리는 현재 국가를 지배하는 체제, 그리고 타협의 정책으로 이 체제를 지탱시키고 있는 모든 자들에 대해 선전포고를 하는 바이다."[3] 어느 누구도

3   William S. Halperin, *Germany Tried Democracy: A Political History of the Reich from 1918*

여기에 귀를 기울이지 않았다는 것은 아니지만 사태는 너무도 순조로워서 이러한 위협이 실제 위협이라고 느껴지지는 않았다.

평화와 번영의 시기가 결코 나치에게 유리할 수는 없었으므로 나치와 그 결속자들은 몸부림치며 분노했고, 공산주의자들도 저항을 계속 이어가던 와중에 사회민주주의자들은 세력을 확보해나갔다. 1924년 12월에 실시된 국회의원 총선거에서 이들은 131석을 획득했으나 1928년 5월 선거에서는 152석으로 늘어났다. 이에 비교할 때, 독일국민당은 103석에서 78석으로 감소했고, 나치는 14석에서 12석으로 줄어들었다. 다른 우익 정당과 중도 정당도 마찬가지로 의석을 잃었다. 사회주의자들은 이제 지원적 역할로부터 주도적 역할로 복귀하게 되었다. 1928년 6월 28일, 헤르만 뮐러의 내각이 결성되었는데, 그 구성원들은 대부분이 사회민주주의자로서 스스로의 이익만을 위해 발언하던 "명사들"이었다. 그러나 모두가 그러한 것은 아니었다. 없어서는 안 될 인물인 슈트레제만은 어느 정도의 망설임 끝에 다시 외상으로 봉직하는 데 동의했다. 바이마르의 적들이 침묵을 지키고 있지만은 않았다는 사실은 말할 필요조차 없다. 음험한 후겐베르크는 독일국민당의 주도권을 장악했고, 독일 정치에서 여전히 부랑자였던 히틀러와 교섭을 벌였다. 자발적으로 공화국의 무덤을 파던 무리들 중에서도 가장 중요하다고 자처하던 인물이 후겐베르크였다는 사실에는 이견이 없다. 1927년 8월, 뉘른베르크에서 제1차 전당대회를 거행한 나치당은 인종차별의 논리를 내뱉으며 독일의 정치체제와 독일 정신의 전반적인 정화를 요구했다. 그러나 이들은 단지 소리를 질러댔던 것만이 아니었

to 1933, 1946, p. 366에서 재인용.

다. 나치 지배층은 명망 있는 상류층과의 유대를 더욱더 굳게 하였던 바, 공화국을 경멸한 군부의 인물들, 복고를 갈망하던 토지 재분배론자들, 기업 활동을 보호하고 사회주의적 노동조합을 무력화시키려던 기업가들이 여기에 속했다.

그러나 1928년과 1929년에 걸쳐 긴장의 중심은 여전히 국외 문제에 있었다. 브리앙이 라인란트로부터 최후의 프랑스 군대를 이듬해까지 철수시키겠다고 약속한 것은 1929년 8월이었으므로 점령의 상처는 6년 이상의 결정적인 기간 동안 계속 곪고 있었던 것이다. 그 이전인 1928년 12월 중순에 프랑스, 영국, 독일은 다시 한번 독일의 배상금 지불 능력을 검토하기 위한 전문위원회의 설치에 동의한 바 있었다. 미국도 참여에 동의했으며, 그 대표단 중의 한 사람인 오언 영이 의장이 되었다. 재정의 마술사라는 명성을 얻고 있던 할마르 샤흐트를 포함하는 이 전문가들은 반년에 걸쳐 공적, 사적으로 격론을 벌였다. 1929년 6월 7일, 이들은 마침내 협정서에 서명했다. 이에 따르면 독일은 국내 문제에 대해서는 완전한 주권을 갖게 될 것이지만 배상금은 첫해에는 17억 마르크로 시작하여 점증적으로 1966년에는 25억 마르크에 이르며, 그후로 1988년까지는 매년 15억 마르크를 지불해야 했다. 이 액수는 비록 엄청났을지라도 그때까지의 어떤 요구사항에 비하더라도 적은 것이었다. 이 명세서는 현재로서는 부조리한 것으로 보일 수도 있겠지만, 감정을 무마시키고 배상금을 단지 기술적인 문제로 바꾸어놓기 위해 고안된 것이었다. 독일은 즉각적인 반응을 보였는데 그것은 충분히 예상이 가능한 것이었다. 히틀러와 후겐베르크의 격렬한 비난과 함께 우익측의 악의에 찬 연설이 뒤따랐으나 공화주의자들은 강력히 옹호하였다. 그러나 지불은 계속 연체되었다. 영안(案)에 대한 국민투표까지도 있었으나 실패로 돌아갔고, 서명자 중 한 사람이었던 샤흐트는 곧 자신의 지지를 철회했다. 3월 7일, 그는 국립은행 총재직을 사임하여 뜻하지 않게 극우파로 전향해버렸다. 5일 후 의회는 마침내 영안을 채택하기로 의결하였고, 힌덴부르크는 이에 양심적으로 서명하였다. 그러나 1930년 3월 중순은 독일 대외정책의 수립자였던 구스타프 슈트레제만이 사망한 지 5개월이 지난 시점이었다. 자신의 정당원들에게서 괴롭힘을 당하고 나치와 독일 국민당의 비방을 받는 가운데 1년 이상이나 악화되어온 건강 속에서도 그는 최후까지 자신의 정책을 옹호했다. 1929년 10월 3일, 그는 사망했고 그의 직위는 동료 인민당원 율리우스 쿠르티우스에게 계승되었다. 그는 슈트레제만의 친구이자 추종자였지만 후계자는 되지 못했다. 슈트레제만은 감상적으로 평가되어서는 안 되며 또한 우리는 역사의 격랑 속에서 한 인물의 능력을 과장해서도 안 된다. 슈트레제만이 거스르기에는 힘에 부치던 세력들이 뉴욕과 파리와 베를린에서 작용하고 있었던 것이다. 그럼에도 그의 죽음은 심각한 손실이었다. 그의 죽음은 공화국 멸망의 원인은 아닐지라도 최소한 그 종말이 시작되었음을 알리는 표시였다.

IV.
1929년 10월~1932년 5월: 종말의 시초

슈트레제만의 죽음은 "정치적으로 집이 없는 프로테스탄트인 부르주아"[4]의 딜레마를 극적으로 보여주고 있다. 이들은 공산주의자를 극도로 두려워했고, 사회주의자와 동조하기를 꺼렸으며, 가톨릭중앙당에는 회의를 품었고, 전쟁과 그 여파로 혼란에 빠졌으며, 독일의 신속한 회복과 쇄신된 위신에는 대체로 별 감동을 느끼지 않았던 대다수의 유권자들이었다. 슈트레제만은 이러한 수백만의 사람들에게 사회민주주의자와 연합하는 것이 유리하다는 것을 가르쳐주었는데, 그의 솔직한 표현대로 그것은 감정의 문제가 아니라 이성의 문제였다. 그의 죽음과 함께 인민당의 우익은 그 입장을 재확인하였고, 정치적 생명중추인 바이마르 연합내각의 분열은 계속되었다.

세계적인 경제위기가 없었더라면 사태는 그다지 위험하지 않았을 것이나 현실은 그렇지 않았다. 위태롭던 독일의 번영은 실업자가 200만으로 증가하고 세수입이 격감한 1929년 초에 이미 흔들리기 시작했다. 정치적 논쟁의 초점은 정부의 과중한 부담이었던 실업보험으로 옮겨갔다. 이것은 사회민주주의자들이 감히 손대지 못했던 원리였으며, 모든 기업자들과 보수주의자들은 이에 대해 불만을 지녔는데, 이들은 실업보험을 독일의 누적된 모든 병폐에 대한 편리한 속죄양으로 만들려 했다. 1929년 10월 말, 월가의 증권시장이 폭락했다. 그 반향은 모든 곳에서 느낄 수 있었고, 대공황은 범세계적인 것이었다. 그러나 이것은 불안정한 체제에는 더 큰 피해를 주었던 것으로, 말하자면 많은 독일인들이 알고 있거나 인정하던 것보다 외국의 원조에 훨씬 더 크게 의존하고 있던 독일에서 그러했다. 모든 곳에서 황급히 자국 보호에

4   Theodor Eschenburg, 'Kurze Geschichte der Weimarer Republik', *Die Improvisierte Demokratie: Gesammelte Aufsätze zur Weimarer Republik*, 1963, p. 64.

힘쓰느라 독일의 수출은 감소했고, 독일에 대한 외국 차관은 갱신되지 않았다. 그 결과, 조세수입은 계속 떨어졌고 파산이 늘어났으며 실업률은 무자비할 정도로 높아졌다. 사회민주주의자들은 실업 보험금의 증액을 요구했다. 이제는 고용주들을 대변하게 된 가톨릭중앙당과 인민당은 협력을 거부했다. 1930년 3월 27일, 뮐러 내각은 사퇴하였다. 위대한 연합정부는 사멸했다. 바로 다음날, 힌덴부르크는 하인리히 브뤼닝에게 명사들로 내각을 구성하도록 요청했다. 브뤼닝은 1929년 이래로 중앙당 의원들의 대표였고 재정전문가로서의 평판은 높았지만 연설에는 재능이 없었다. 그는 냉정하고 보수적인 가톨릭신자로서 타협적인 대외정책의 지속을 약속했고, 경제 분야에서 강력한 조치를 요구했으며, 이러한 비상사태 속에서 국회의 협력을 거의 위협적인 어조로 요청했다. 농업세와 고율의 소비세 그리고 통제경제를 특징으로 하는 그의 통화수축 정책은 보수주의자들을 즐겁게 한 반면, 노동자들을 불안으로 몰아넣었다. 그럼에도 민족주의자들의 불만은 여전했다. 경찰 명령을 무시한 채 길거리를 점령한 나치는 방해책을 자행했다. 사회민주주의자들과 공산주의자들이 브뤼닝의 제의에 반대한 것은 당연한 일이었다. 고난이 심화되던 상황에서 1930년 6월 30일 프랑스 군대는 독일 영토에서 아무런 주목도 받지 못한 채 철수했는데, 이러한 사실은 정치적 열정의 무상함을 역설적으로 대변하는 것이었다. 브뤼닝 수상의 계획에 대해 동의가 이루어질 전망이 없자 수상은 바이마르 헌법의 제48조를 발동하겠다고 위협했다. 그후 7월 16일, 그는 의회에서 패배한 뒤 사임하는 대신 제48조를 발동했다. 독일은 이제 대통령 포고령에 의해 통치되었다. 격렬한 저항에 직면한 브뤼닝은 의회를 해산했고, 1930년 9월 14일에 총선을 실시하기로 결정했다.

여름 동안 책임 있는 부르주아와 사회주의 정치가들은 극단론자들이 가하는 압력을 외면하지 않고 타협을 꾀했지만 허사였다. 선거유세 중 선동과 폭력이 그 심도를 더해가던 가운데 9월 14일 투표가 대규모로 실시되었다. 2년 전의 투표자 수가 3,000만에 지나지 않았던 반면, 1930년의 선거에서는 3,500만 명이 투표했다. 이들 새로운 투표자 중의 다수는 원래 정치에 냉담했지만 전반적인 실망 속에서 호전적인 정당에 이끌려 투표소로 나온 자들이었거나 혹은 연장자들이 우익으로 돌아서기 이전에 대학이나 유세장에서 우익으로 돌아선 젊은이들이었다. 사회민주당은 선두 정당의 위치를 고수할 수 있었다. 이들은 50만표와 10석을 잃었지만 여전히 132개의 의석을 유지하고 있었다. 가톨릭중앙당은 50만 표를 더 얻어 의석수도 78개에서 87개로 늘어났다. 다른 정당들은 득표나 의석수 모두에서 처참하게 패배했다. 공산주의자들은 100만 이상의 표와 23개의 의석을 추가하여 의석은 77개로 늘어났다. 그러나 진정한 승리자는 나치였다. 이들의 득표는 80만에서 거의 650만으로 늘어남으로써 의석수는 12개에서 107개로 급증했다. 극단주의자들 중에서도 바이마르 독일의 상황으로부터 이득을 본 자들은 극우뿐이었다.

실업률 상승, 난관 증가, 폭력 빈발 등 공화국이 사멸해가는 조짐이 늘어나던 가운데 브뤼닝의 통치는 1932년 5월 30일까지 계속되었다. 많은 지식인들에게 1930년 9월 14일은 공화국의 사망을 뜻하는 날이었다. 1931년까지 힌덴부르크는 식량 가격을 조정하고 은행의 지불을 억제하며 실업보상금을 감소시키는 등 비상사태 포고령에 연이어 서명했다. 나치는 자신들의 미래에 대한 계획을 숨기지도 않았다. 동료 장교들을 나치 조직으로 포섭하려 한 세 명의 대령이 1930년 9월 반역죄로 재판에 회부되었을 때, 히틀러는 언론의 큰 관심 속에 공개 변론을 하면서, 만일 자신의 "운동"이 승리를 거두면 "11월의 범죄"는 보복을 받을 것이고 "실로 머리들이 모래 위로 구르게 될 것"이라고 예언했다. 나치는 유대인 상점에 폭력을 자행하기 시작했다. 괴벨스가 교묘히 주도했던 나치의 기관지는 공화주의자, 민주주의자, 유대인, 공산주의자, 즉 "11월의 범죄자들" 모두에 반대하는 행동을 촉구했다. 나치는 레마르크 원작의 영화 〈서부전선 이상 없다〉의 상영을 방해했으며, 시위를 막으려는 시도는 대체로 무력했다. 1931년 10월, 나치당의 지도자, 티센과 후겐베르크 같은 기업가, 제크트 같은 군부 인물, 샤흐트 같은 금융가 등이 참석한 하르츠부르크의 회합에서 이들은 우익에 대한 자신들의 지배권을 확장시켰다. 이것은 볼셰비즘에 대항하는 '민족' 전선으로서, 여전히 취약점을 갖고 있긴 했지만, 금력과 정치적 기민성과 대중적 호소력과 귀족적 취향이 혼합된 치명적인 결합이었다.

그 위협이 너무도 심각해서 1932년 초로 예정된 대통령 선거에서 사회민주주의자들은 힌덴부르크를 지지하기에 이르렀다. 1932년 1월, 실업자 수는 처음으로 600만을 돌파했고 무슨 일이라도 일어날 듯이 보였다. 그러나 "하르츠부르크 전선"은 히틀러 입후보자의 배후에서 결속할 수 있을 만큼 충분히 굳건하지는 못했다. 3월 13일의 선거에서 힌덴부르크는 1,850만 표, 히틀러는 약 1,150만 표, 공산주의 입후보자 텔만은 약 500만 표, 그리고 민족주의자들의 대표인 뒤스터베르크는 250만 표를 획득하였다. 1932년 4월 10일에 실시된 재투표에서 힌덴부르크는 1,900만 이상의 득표로 공화국의 대통령에 재선되었다. 히틀러는 1,350만 표로 그 뒤를 바짝 추격했고, 텔만은 400만 표를 채 얻지 못한 채 미미한 3위를 차지했다. 사흘 후 대통령은 나치당 조직인 '갈색셔츠단(SA)'과 '검은색셔츠단(SS)' 모두를 해체시켰지만 일련의 지방선거에서 나치는 세력을 강화했고, 5월 12일 반나치 운동의 책임을 맡았던 국방장관 그뢰너 장군이 해임되었다. 그후 5월 30일, 힌덴부르크는 자신의 친구들과 영향력 있는 조언자 쿠르트 폰 슐라이허에게 설득당해 브뤼닝의 사회개혁에는 농업 사회주의의 기미가 있다는 이유로 그의 내각을 해체시켰다. 그 뒤를 이은 사람은 수염이 없고 수척한 얼굴의 교활한 반동자, 가톨릭중앙당의 프란츠 폰 파펜이었다. 그는 마치 장의사처럼 보였다.

V.
1932년 6월~1933년 1월: 야만으로

그 나머지는 공포와 테러와 무책임과 기회 상실과 수치스러운 배반의 이야기이다. 폰 파펜의 내각에는 국방장관으로 야심찬 쿠르트 폰 슐라이허를 임명한 것을 포함해 여러 귀족들이 영입되었는데, 이는 바이마르에서 하나의 변혁이었다. 윌리엄 할페린은 "임명된 자들의 목록은 독일 귀족 인명사전의 한 페이지와 너무도 똑같아서 대중들은 파펜과 그의 동료들을 '독일 명사 연감' 내각('Almanach de Gotha' cabinet)

이라고 불렀다"5고 기록했다. 내각에는 융커는 물론 저명한 기업가들까지 포함되어 있었다. 마치 1918년의 혁명은 일어난 적조차 없던 것 같았다. 1932년 6월 4일, 힌덴부르크는 의회를 해산했고 7월 말에 선거를 실시할 것을 요구했다. 6월 16일에는 갈색셔츠단과 검은색셔츠단의 해체 결정을 철회했다. 이는 모두 나치의 중요한 승리였다. 갈색셔츠단과 검은색셔츠단은 활동을 정지한 적이 없었다. 이들은 행동에 전념했고, 1932년 여름은 공산주의자와 나치, 사회주의자와 나치 사이의 유혈충돌로 점철되었다. 사회주의자들은 이를 내란이라고 표했고, 이들의 말은 옳았다. 그러나 정부는 방관하면서 오히려 도발자들을 도와주었다. 프란츠 베르펠의 표현주의 소설 『살인자가 아닌 희생자가 유죄』라는 제목은 이제 새로운 의미를 갖게 되었다. 7월 20일, 폰 파펜은 힌덴부르크를 설득하여 사회민주주의자들로부터 프로이센 정부를 획득하여 "라이히의 감독관"으로 통치했다. 공화주의적 합법성이라는 허구에 물들어 있던 사회민주주의자들은 어떠한 저항도 하지 않은 채 법정에서 이러한 행위에 도전했다.

1932년 7월 31일에 치러진 선거는 나치의 압도적인 승리로 끝났다. 이들은 1,350만 이상의 표와 230개의 의석을 획득했다. 사회민주주의자들은 800만 표와 133개의 의석으로 비교적 견실하게 유지되던 반면, 공산주의자들은 500만 표로 89개의 의석을 얻어냈고, 가톨릭 중앙당은 거의 600만 표로 97개 의석을 얻어냄으로써 약간씩 성장했다. 다른 정당들은 거의 말살되었다. 반나치 세력은 남아 있었지만 단결되지 않았다. 나치 지도층은 자신감에 차 있었다. 폰 파펜은 히틀러

5   William Halperin, *Germany Tried Democracy*, pp. 486~7.

와 협상을 벌여 나치를 자신의 정부로 끌어들일 준비를 하고 있었지만 히틀러는 수상직 외에는 아무것도 원하지 않았고 결국 아무것도 얻지 못했지만 이것은 잠정적이었다. 폰 파펜은 강력하게 행동하여 히틀러의 정치 전략과 살인을 조장하는 데 대한 자신의 반감을 널리 알렸다. 그후 폰 파펜은 새로운 의회의 나치 출신 의장이었던 괴링과 충돌한 뒤 의회를 해산하고 새로운 선거를 요구했다.

1932년 11월 6일에 실시된 선거에서 공화주의자들 중 여전히 낙관주의를 버리지 못하던 자들은 새로운 희망을 갖게 되었다. 나치가 200만 표와 34개의 의석을 상실했던 것이다. 그러나 다시 세력을 얻은 공산주의자들의 100석, 약간씩의 손실을 입은 사회민주당의 121석과 가톨릭중앙당의 90석에 비교할 때, 나치는 196석으로 가장 강한 당이었다. 그러나 나치를 포함한 많은 사람들이 이 결과를 실제적인 최종 몰락의 출발로 해석하고 있었다. 이러한 몰락은 11월 중순 다수의 지방선거에서 확인되는 것처럼 보였다. 나치의 잔인한 언행은 많은 사람들의 환멸을 불러일으켰다. 또한 히틀러에게는 다른 고민도 있었다. 재정적 후원의 절박성 때문에 그는 강령 속에 구현되어 있으면서 동시에 그의 당의 명칭 자체이기도 한 '사회주의'의 모든 주장에 오래전부터 굴복해왔지만, 반면 '독일식 사회주의', 즉 반마르크스주의적이고 반유대적이긴 하지만 농업주의적이고 반자본주의적인 집산주의에 물들어 있던 옛 나치 당원들도 여전히 존재하고 있었기 때문이다. 1932년 12월, 나치의 지도적인 '사회주의' 이념가 중 한 사람으로 매우 기민한 조직가였던 그레고르 슈트라서가 모든 당직에서 물러났다. 괴벨스는 미래를 두려워했고, 히틀러는 자살을 암시할 만큼 침울해졌다. 그러나 구원은 우익의 경쟁자들로부터 왔다. 11월 17일, 힌덴부르크는 자신이 친애하던 폰 파펜의 사임을 마지못해 수락했지만 폰 파펜은 인기가 없었다 할지라도 후임자가 발탁될 때까지 계속 통치했다. 폰 파펜의 내각을 물려받은 자는 슐라이허였다. 그러나 좌우 어느 측의 신임도 얻지 못한 그는 1933년 1월 28일 사임했다.

사멸하던 바이마르공화국에서는 그사이에 최종적이자 가장 치명적이었던 음모가 진행되고 있었다. 관직을 물러난 폰 파펜은 슐라이허에 대한 증오와 권력 복귀라는 욕망 때문에 히틀러를 일종의 허수아비로 이용하기로 결심했다. 그러나 그 역시 히틀러를 과소평가한 것이었다. 개인적으로 히틀러를 만난 뒤 그는 노령의 힌덴부르크에게 히틀러를 수상으로 임명하라고 설득했다. "이 노인"은 주저했지만 곧 폰 파펜을 신뢰했고, 이 사실은 그 자체로서 한 인간의 판단의 한계와 악화된 노쇠의 조짐을 보여주는 것이었다. 더욱이 그의 비서 오토 마이스너나 아들 오스카 등 힌덴부르크가 신뢰하던 주변 인물들 역시 히틀러의 임명을 옹호했다. 사임한 슐라이허조차도 이를 촉구했다. 힌덴부르크의 조언자들 모두가 확신에 차 있었다. 즉, 히틀러는 부수상 폰 파펜과 내각 내의 다른 신뢰할 만한 보수주의자들에 의해 제어되리라는 것이었다. 이 노인은 승복하여, 1933년 1월 30일 아돌프 히틀러를 독일의 수상으로 임명했다. 바이마르공화국은 마침내 구조적 결함, 마지못한 옹호자들, 분별없는 귀족과 기업가, 권위주의라는 역사적 유물, 세계의 악화된 상황 그리고 의도적 살인의 희생물로서 이름만 남은 채 사멸했다.

나치의 권력 획득과 함께 그 이후에 취해진 여러 "적법한" 과정의 외양이 어떤 것이었든 이것은 살해였고, 그 이상도 그 이하도 아니었다. 카를 디트리히 브라허는 다음과 같이 기술했다.

  "'적법함'을 강조하던 히틀러는 현실을 호도하는 옹호자들이 여전히 주장하는 것처럼 의회 다수당의 연립정부 책임자로서가 아니라 바이마르헌법의 권위주의적인 허점을 이용해 정부로 들어가는 길을 연 것이며, 취임 즉시 자신이 방금 수호하겠다고 서약한 헌법을 파괴하기 시작했다. 그 형식적인 합법적 서약을 그는 자신의 적법하고 성공적인 정책의 상징이자 종말로 간주했다. 곧 실질적인 권력 장악이 시작되었다. 이제 적법성이라는 전략은 혁명이라는 전략과 결합하여 짧은 시간 내에 정치적, 사회적, 지적인 모든 방어 수단과 반발 세력을 능가하고 제거하거나 통제할 특수한 권력 장악 방편을 만들어내야 했다."[6]
  바이마르공화국의 정치사를 서술하는 일은 문화사와 대조적으로 좌절적인 작업이지만, 그뒤에 계속될 타락과 부패, 기존의 모든 문화적 동력의 억압, 체계적인 허위, 위협, 정치적 암살과 이에 이어진 조직적인 대량 학살의 역사와 비교하면 엘도라도와 같다. '이러한' 역사에 비추어 볼 때, 바이마르의 죽음이 암흑시대의 출발을 예고했다고 말하는 것은 과장이 아니라 냉엄한 현실이다.

---

6   Karl Dietrich Bracher, 'The Technique of the National Socialist Seizure of Power', in *The Path to Dictatorship, 1918-1933 : Ten Essays by German Scholars*, tr. John Conway, 1966, pp. 118~9.

부록
—

II.
참고문헌

이 참고문헌은 포괄적이긴 하지만 완전하다고 말할 수는 없다. 나는 런던의 위너 서적Wiener Library에서 출간된 『바이마르에서 히틀러까지: 1918~1933 *From Weimar to Hitler: Germany 1918~1933*』(2n6, rev, and enlarged ed.,1964)을 독자들에게 권한다. 여기서는 본서를 집필할 때 도움을 받았거나 어떤 이유로든 중요하다고 생각된 책과 논문들에 집중했다. 모든 자료는 아니라 할지라도 대부분의 자료에 간단한 논평을 덧붙였으며, 독일어 원어를 사용했지만 독자의 편의를 위해 영어제목이 있는 자료에는 모두 영어를 사용했다. 또한 참고문헌 목록을 여러 부분으로 나누었지만 이것은 방대한 양의 자료에 약간의 체계를 부여한 정도로 대략적인 구분일 뿐이다.

I. 자료와 문서

이 책은 바이마르 연구자와 그 생존자들과의 면담과 서신교환에 힘입은 바 크다. 이것에 관해서는 서언을 참조할 것.

A. 서간집

Barlach, Ernst, *Leben und Werk in seinen Briefen*, ed. Friedrich Dross. 1952.

Beckmann, Max, *Briefe im Kriege*, collected by Minna Tube, 2nd ed., 1955. 베크만의 화법의 발전 과정을 보여준다.

Benjamin, Walter, *Briefe*, 2 vols., ed. Gershom Sholem and Theodor Adorno, 1966.

Freud, Sigmund, *A Psycho-Analytical Dialogue: The Letters of Sigmund Freud and Karl Abraham, 1907-1926*, ed. Hilda C. Abraham and Ernst L. Freud, tr. Bernard Marsh and Hilda C. Abraham, 1965. 독일의 발전 과정을 이해하는 데 도움이 된다.

George, Stefan, *Briefwechsel zwischen George und Hofmannsthal*, ed. Robert Boehringer, 2nd ed., 1953. *Stefan George-Friedrich Gundolf Briefwechsel*, ed. Robert Boehringer, 1962. 게오르게와 군돌프 사이의 관계와 전쟁 당시 군돌프의 쇼비니즘을 명료하게 보여준다.

Goll, Iwan, and Claire Goll, Briefe, foreword by Kasimir Edschmid, 1966.

Hofmannsthal, Hugo von, Helene von Nostitz, *Briefwechsel,* ed. Oswalt von Nostitz, 1965.

Edgar Karg von Bebenburg, *Briefwechsel*, ed. Mary E. Gilbert, 1966.

Arthur Schnitzler, *Briefwechsel*, ed. Therese Nickl and Heinrich Schnitzler, 1964. 모두 대단히 중요하고 세심하게 씌어졌으며 섬세한 인물의 발전과정을 보여준다. 베를린의 중요성을 부수적으로 알려 준다.

Landauer, Gustav, *Sein Lebensgang in Briefen*, 2 vols., ed. Martin Buber, 1929.

Mann, Heinrich, *Briefe an Karl Lemke, 1917-1949*, 1963.

Mann, Thomas, *Briefe, 1889-1936*, ed. Erika Mann, 1962. 이해에 큰 도움은 주지만 편집이 지나치게 세심하여 전체적인 통찰은 바랄 수는 없다. *Thomas Mann-Heinrich Mann: Briefwechsel, 1900-1949, 1965*. 적대적인 두 형제의 모습.

Meinecke, Friedrich, *Ausgewählter Briefwechsel*, ed. Ludwig Dehio and Peter Classen, 1962. 특히 지그프리트 켈러 Siegfried A. Kaehler의 답장이 때로 실망스럽긴 하지만 중요한 자료.

Mendelsohn, Erich, *Briefe eines Architekten*, ed. Oskar Beyer, 1961. 표현주의적 건축 철학이 명료하게 나타난다.

Nolde, Emil, *Briefe aus den Jahren 1894-1926*, ed. Max Sauerlandt, 1927.

Rathenau, Walther, *Briefe*, 2 vols(4th ed., 1927). *Politische Briefe*, 1929. 대단히 중요함.

Rilke, Rainer Maria, *Gesammelte Briefe*, 6 vols., ed. Ruth Sieber-Rilke and Carl Sieber, 1936~9. *Briefe*, 2 vols., ed. Karl Altheim, 1950. 완벽하지는 못하지만 읽기는 보다 쉽다.

Spengler, Oswald, *Briefe*, 1913~1936, ed. Anton M. Koktanek, 1963. 아서 헬프스 Arthur Helps에 의한 이 책의 영문 축약본이 1966년에 나오긴 했지만 권장할 만하지 못하다. 원본이 슈펭글러의 정신과 연구 습관을 잘 묘사하고 있다.

Tucholsky, Kurt, *Ausgewählte Briefe*, 1913~1935, ed. Mary Gerold-Tucholsky and Fritz J. Raddatz, 1962. 완전하지는 않지만 신랄하고 때로는 찬란하기까지 한 자료.

Wolff, Kurt, *Briefwechsel eines Verlegers*, 1911~1963, 1966. 모든 사람들을 알고 있었고, 양서를 출간했던 출판업자의 진보적인 모습을 보여주는 서간집.

Wolfskehl, Karl, *Briefe und Aufsätze, München 1925-1933*, ed. Margot Ruben, 1966. 슈테판 게오르게에 관한 많은 사실을 담고 있는 편지는 pp.19~181에 있다.

Zweig, Stefan, *Stefan Zweig and Friderike Zweig: Their Correspondence, 1912-1942*, tr. and ed. Henry G. Alsberg, 1954. 번역이 유려하지는 못하지만 대단히 감동적.

B. 자서전, 일기, 구술 보고문

Alexander, Franz, *The Western Mind in Transition: An Eyewitness Story*, 1960. 일부는 자서전이고 일부는 정신 분석학의 동향을 그리고 있다.

Baum, Vicki, *Es war alles ganz anders: Erinnerungen*, 1962. '사실은 완전히 달랐다'는 제목부터 시사해 주는 바가 크다. 솔직하고 소박하고 평범하지만 울슈타인출판사의 실상을 잘 묘사함.

Bebel, August, *Aus meinem Leben*, 3 vols., 1910~14. 제1차세계대전 이전의 사회민주주

의당의 위대한 지도자의 고전적 회고록.

Beckmann, Max, *Leben in Berlin: Tagebuch, 1908~9*, ed. Hans Kinkel, 1966. 탁월한 주석이 첨가되어 있다.

Beloch, Karl Julius (Steinberg 항목을 참조).

Below, Georg von (Steinberg 항목을 참조).

Benn, Gottfried, *Doppelleben*, in *Gesammelte Werke*, 4 vols., ed. Dieter Wellershoff, 1958~61, IV, pp.69~176. 우익의 표현주의 시인의 자기 묘사를 보여준다. 벤의 영문판 선집은 Primal Visions, ed. E.B. Ashton, 1958.

Bernauer, Rudolf, *Das Theater meines Lebens: Erinnerungen*, 1955. 예스너 숭배에 대한 해석을 수정해 주고 있다.

Bismarck, Otto von, *Gedanken und Erinnerungen*, 3 vols.(1921 ed.) 많이 연구된 유명한 회고록. 분별 있게 다루어야 함.

Bonn, M. J., *Wandering Scholar*, 1949. 자유주의자이자 합리적인 경제학자의 유려한 자서전.

Brecht, Arnold, *Aus nächster Nähe: Lebenserinnerungen 1884~1927*, 1966. 민주주의 신봉자의 날카로운 관찰.

Brentano, Lujo, *Mein Leben*, 1931. 자유주의자이자 동시에 애국자였던 영향력 있고 흥미로운 독일 경제학자의 회고록.

Ebert, Friedrch, *Schriften, Aufzeichnungen, Reden*, ed. Paul Kampffmeyer, 1926. 바이마르공화국 초대 대통령의 유고집.

Ernst, Max, 'An Informal Life of M.E.', in William S. Lieberman, ed. Max Ernst, 1961. pp.7~24. 자신의 그림만큼이나 초현실주의적인 자서전.

Glum, Friedrich, *Zwischen Wissenschaft, Wirtschaft und Politik: Erlebtes und Erdachtes in vier Reichert*, 1964. 지루하지만 세부 사실이 도움을 준다.

Graf, Oskar Maria, *Gelächter von Aussen: Aus meinem Leben, 1918~1933*, 1966.

Groener, Wilhelm, *Lebenserinnerungen*, ed. Friedrich Freiherr Hiller von Gaertringen, 1957. 바이마르에서 결정적 권력을 가졌던 군인.

Grosz, George, *A Little Yes and a Big No*, 1946.

Guthmann, Johannes, *Goldene Frucht: Begegnungen mit Menschen, Gärten und Häusern*, 1955. 예술가, 출판업자들과 긴밀한 유대를 지닌 예술 감정가.

Haas, Willy, *Die literarische Welt: Erinnerungen*, 1960ed. 짧지만 탁월한 회고록.

Hartmann, Heinz, 'Reminiscences', Oral History Collection, Columbia University, 1963. 독일의 정신분석학에 대한 술회.

Hasenclever, Walter, 'Autobiographisches', in Walter Hasenclever, *Gedichte, Dramen, Prosa*, ed. Kurt Pinthus, 1963, pp.501~8.

Hauptmann, Gerhart, *Die grossen Beichten*, 1966. Collects his earlier autobiographies, *Das Abenteuer meiner Jugend* and *Buck der Leidenschaft*. 지금까지 밝혀지지 않았던 사생활을 추가하고 있다. 가식적이고 실망스럽지만 가치는 있음.

Heuss, Theodor, *Erinnerungen, 1905-1933*, 1963. 프리드리히 나우만의 동료이자 히틀러의 적의 회고록.

Hollaender, Friedrich, *Von Kopf bis Fuss*, 1965. 대중적 작곡가의 회고록.

Jäckh, Ernst, *Weltsaat: Erlebtes und Erstrebtes*, 1960. 다소 공상적이지만 베를린 정치 전문대학에 관한 귀중한 자료를 싣고 있다.

Kästner, Erich, '*Meine sonnige Jugend*', in *Kästner für Erwachsene*, 1966, pp.527~8.

Kessler, Harry Graf, *Tagebücher, 1918-1937*, 1961. 대단히 귀중. 때로는 역사라기보다 극적이지만 단지 때때로 그럴 뿐이다. 비판에 대해서는 Glum 항목을 참조. 일기의 일부는 Sarah Gainham에 의해 번역되어 *Encounter*, XXIX, 1(July 1967), pp.3~17; 2(August 1967), pp.7~17; 3(September 1967), pp.17~28에 수록되어 있다.

Kortner, Fritz, *Aller Tage Abend*, 1959. 정치의식이 있던 위대한 배우의 회고록.

Köstler, Arthur, *Arrow in the Blue: An Autobiography*, 1952. 바이마르 후기의 분위기를 명료하게 보여준다.

Kühlmann, Richard von, *Erinnerungen*, 1948.

Loewenstein, Rudolph M., 'Reminiscences', Oral History Collection, Columbia University, 1965. 1925년까지 베를린의 정신분석학에 대해 간결하지만 명료하게 보여준다.

Mann, Heinrich, *Ein Zeitaltcr wird besichtigt*, 1945. 다소 실망스럽다.

Mann, Klaus, *The Turning Point: Thirty-Five Years in this Century*, 1942. 자신 주위의 문학세계에 대한 탁월하고 야심적인 젊은이의 반발을 보여준다.

Mann, Thomas, *A Sketch of my Life*, 1960.

Mann, Viktor, *Wir waren fünf: Bildnis der Familie Mann*, 1949. 부제 그대로 Mann 가족의 초상화.

Marcuse, Ludwig, *Mein zwanzigstes Jahrhundert: Auf dem Weg zu einer Autobiographie*, 1960. 대단히 비형식적이지만 큰 도움을 준다.

Mayer, Gustav, *Erinnerungen: Vom Journalisten zum Historiker der deutschen Arbeiterbewegungt* 1949. 엥겔스의 중요한 전기의 작가인 유대 지식인의 회고록.

Mehring, Walter, *Die verlorene Bibliothek: Autobiographic einer Kultur*, rev. ed., 1964; earlier English edition, *The Lost Library*, 1946. 책과 대화를 나누는 형식으로 쓴 서정적 회고록.

Meinecke, Friedrich, *Erlebtes, 1862~1901, 1941. Strassburg, Freiburg, Berlin, 1901~1919*, 1949. 편지와 관련시켜 읽을 만한 가치가 있음.

Nabokov, Vladimir, *Speak Memory*, 1951. 1920년대의 베를린을 다룬 좋은 구절들이 들어 있다.

Nolde, Emil, *Das eigene Leben*, 2nd ed., Christian Wolff, 1949. *Jahre der Kämpfe*, 2nd ed., Christian Wolff, 1958. 1941년까지의 놀데의 생애. 편견이 많음.

Noske, Gustav, *Von Kiel bis Kapp*, 1920. *Aufstieg und Niedergang der deutschen Sozialdemokratie*, 1947. 공화국의 '경찰견'의 자기 방어적 회고록.

Osborn, Max, *Der bunte Spiegel: Erinnerungen aus dem Kunst-, Kultur-, und Geistesleben der Jahre 1890 bis 1933*, 1945. 연극비평가의 회고록.

Piper, Reinhard, *Mein Leben als Verleger*, 1964, incorporating two earlier autobiographies, *Vormittag*, 1947, and *Nachmittag*, 1950.

Rachfahl, Felix (Steinberg 항목을 참조).

Reik, Theodor, 'Reminiscences', Oral History Collection, Columbia University, 1965.

Scheidemann, Philipp, *Memoiren eines Sozialdetnokraten*, 2 vols., 1928. 혁명 중심인물의 중요한 회고록.

Schnabel, Artur, *My Life and Music*, 1961. 1945년 시카고대학에서 행한 자서전적 연설의 모음.

Schoenberger, Franz, *Confessions of a European Intellectual*, 1946. *The Inside Story of an Outsider, 1949. Simplicissimus* 편집자의 귀중한 회고록. 후자의 제목은 본서의 체계 구성에 큰 도움을 주었다.

Steinberg, Sigfrid, *Die Geschichtswissenschaft der Gegenwart in Selbstdarstellungen*, 2 vols., 1925~6. 독일 저명 지식인들의 자전적 논문을 집대성한 작업의 일부. 카를 율리우스 벨로흐 Karl Julius Beloch, 게오르크 폰 벨로프 Georg von Below, 펠릭스 라흐팔 Felix Rachfahl 등 역사가의 전기를 포함하고 있다.

Straus, Rahel, *Wir lebten in Deutschland: Erinnerungen einer deutschen Jüdin, 1880~1933*, ed. Max Kreutzberger, 1961. 독일 최초의 여의사였던 유대인의 회고록.

Stresemann, Gustav, *Vermächtnis. Der Nachlass in drei Bänden*, ed. Henry Bernhard, 1932~1933. 문제성이 있는 유고. 다음을 볼 것. Hans W. Gatzke, 'The Stresemann Papers', *Journal of Modern History*, XXVI, 1954, pp.49~59.

Susman, Margarete, *Ich habe viele Leben gelebt. Erinnerungen*, 1964. 유대 여성 지식인. 게 오르게 집단은 물론 다른 시인, 저술가 등과도 친밀했다.

Toller, Ernst, 'Eine Jugend in Deutschland' and 'Briefe aus dem Gefängnis', in Toller, *Prosa, Briefe, Dramen, Gedichte*, preface by Kurt Hiller, 1961, pp.25~234. 비

극적인 표현주의파 인물의 비형식적이지만 대단히 흥미로운 회상록.

Ullstein, Heinz, *Spielplatz meines Lebens: Erinnerungen*, 1961. 완전히 피상적이지만 도움은 된다. 출판 기업가로서 출판에는 별 관심이 없던 자의 회고담.

Walter, Bruno, *Theme and Variations: An Autobiography*, tr. James A. Galston, 1946. 문화계에 대한 좋은 관점.

Wassermann, Jakob, *Mein Weg als Deutscher und Jude*, 1921. 독일인이자 유대인이 되려하던 시도에 대한 중요한 증언.

Wolff, Kurt, *Autoren, Bücher, Abenteuer: Betrachtungen und Erinnerungen eines Verlegers*, 1965. 비형식적 수필.

Zuckmayer, Carl, *Als wärs ein Stück von mir*, 1966. 1920년대의 전문화 범주는 물론 정치전선까지 포괄하는 탁월한 책.

Zweig. Stefan, *The World of Yesterday*, 1953. 중요. 향수적.

II. 정치, 경제, 사회, 교육, 사상

이 부분은 일반적 역사, 특정 주제나 도시의 역사, 사회 구조와 변동의 분석, 정치사상과 일반 철학, 청년운동 연구, 대학, 학교, 전문적 연구소는 물론 정신분석, 전공논문, 지도적 인물들의 전기까지 포함한다.

Abraham, Karl, 'Die Psychoanalyse als Erkenntnisquelle für die Geisteswissenschaften', *Neue Rundschau*, XXXI, part 2, 1920, pp.1154~74. 일반 대중에게 강의로 행해진 최초의 정신분석연구의 개요.

Anderson, Evelyn, *Hammer or Anvil*. 1945. 급진파의 입장에서 본 독일의 노동운동사.

Angress, Werner T., *Stillborn Revolution: The Communist Bid for Power in Germany, 1921~1923*, 1963. 세심한 논평.

Arendt, Hannah, *The Origins of Totalitarianism*, 1951.

Aron, Raymond, *German Sociology*, 1963; trs. Mary and Thomas Bottomore, 1964. 간략하지만 시사적인 연구.

Aster, Ernst von, 'Metaphysik des Nationalismus', *Neue Rundschau*, XLIII, part 1, 1932, pp.40~52. 당시의 우익 사상에 대한 훌륭한 분석. 'Othmar Spanns Gesellschaftsphilosophie', *Die Gesellschaft*, VII, part 2, 1930, pp.230~41. 우익 사상가에 대한 탁월하고 신랄한 연구.

Ausnahmezustand, ed. Wolfgang Weyrauch, 1966. Weltbühne와 *Tagebuch*에서 발췌한 책.

정확한 일자가 기록되지 않음.

Baum, Marie, *Leuchtende Spur: Das Leben Ricarda Huchs*, 1950. 보수적 역사가에 대한 아부하는 듯하지만 유용한 전기.

Below, Georg, *Die deutsche Geschichtsschreibung von den Befreiungskriegen bis zu unseren Tagen: Geschichte und Kulturgeschichte*, 1916. 정치적, 학문적으로 반동적인 역사가의 독일 사학사.

Bendix, Reinhard, *Max Weber: An Intellectual Portrait*, 1962. 초상화라기보다는 Weber의 방대한 저서의 요약이고, 그런 면에서 가치가 있다.

Bergsträsser, Ludwig, *Geschichte der politischen Parteien in Deutschland*, 11th ed., by Wilhelm Mommsen, 1965. IV장과 V장은 여기에서 특히 관련이 크다.

Berichte der deutschen Hochschule für Politik, VIII, no, 7, October 1930, pp.113~29. 독일 정치전문학교 10주년 기념식.

Bernstein, Eduard, *Die deutsche Revolution*, 1921. 사회주의자가 쓴 혁명의 공정한 역사.

Besson, Waldemar, 'Friedrich Meinecke und die Weimarer Republik', *Vierteljahrshefte für Zeitgeschichte*, VII, 1959, pp.113~29. 분별력이 있고 비판적.

Böhme, Helmut, *Deutschlands Weg zur Grossmacht*, 1966. 19세기 중엽, 독일의 세력 팽창에 대한 최근의 분석. 현대적 연구 방법을 사용.

Bracher, Karl Dietrich, *Deutschland zwischen Demokratie und Diktatur: Beiträge zur neueren Politik und Geschichte*, 1964. 독일 최초의 현대사가에 의한 중요한 논문 모음집(The Path to Dictatorship 항목도 참조할 것). *Die Auflösung der Weimarer Republik: Eine Studie zum Problem des Machtverfalls in der Demokratie*, 1955. 이 걸작의 전반부는 바이마르의 종말과 연관된다. Wolfgang Sauer, and Gerhard Schulz, *Die nationalsozialistische Machtergreifung: Studien zur Errichtung des totalitären Herrschaftssystems in Deutschland, 1933-1934*, 1960. 브라허가 쓴 pp.1~368은 바이마르의 구조, 전략과 나치의 '적법한' 권력 장악, 초기의 지배 등을 다루고 있다. 일급. *Die Entstehung der Weimarer Verfassung*, 1963. 간략한 머리말과 바이마르 헌법을 수록.

Brackmann, Albert, 'Kaiser Friedrich in "mythischer Schau"', *Historische Zeitschrift*, CXXXX, 1929, pp.534~49; 'Nachwort', ibid., CXXXXI, 1930, pp.472~8. 에른스트 칸토로비치의 *Kaiser Friedrich der II*의 서평과 칸토로비치의 반응에 대한 회답.

Brecht, Arnold, *Federalism and Regionalism in Germany: The Division of Prussia*. 1945. 프로이센을 파괴시키려는 계획을 다룸. 지도 수록. *Prelude to Silence: The End of the German Republic*, 1944. 'Bureaucratic Sabotage', *Annals of the American Academy of Political Science*, CLXXIX, January 1937, pp.48~57. 이 주제에 관한 고전적 업적.

Briefs, Goetz, 'Das gewerbliche Proletariat', *Grundriss der Sozialokonomik*, Division IX, 'Das soziale System des Kapitalismus', part 1, 'Die gesellschaftliche Schichtung im Kapitalismus', 1926, pp.142~240. 바이마르 업적의 전형적인 작품. 선구적인 사회학적 연구(Brinkmann, Lederer, Marschak, Michels 항목을 참조).

Brinkmann, Carl, 'Die Umformung der kapitalistischen Gesellschaft in geschichtlicher Darstellung', *Grundriss der Sozialökonomik*, IX, 2, pp.1~21(Briefs 항목을 참조). 'Die Aristokratie im kapitalistischen Zeitalter', ibid., pp.22~34(Briefs 항목을 참조).

Bullock, Alan, *Hitler: A Study in Tyranny*, rev. ed., 1964. 대단히 충실한 전기.

Bussmann, Walter, *Treitschke: Sein Welt-und Geschichtsbild*, 1952. 'Siegfried A. Kaehler: Ein Gedenkvortrag', *Historische Zeitschrift*, CLXXXXVIII, 1964, pp.346~60.

Carsten, F. L., *The Reichswehr and Politics, 1918~1933*; 독일어판은 1964년에, 이것과 약간 다른 영문판은 1966년에 출간되었다. 대단히 중요한 연구.

Cassirer, Toni, *Aus meinem Leben mit Ernst Cassirer*, 1950. 흥미로움.

Conze, Werner, 'Brünings Politik unter dem Druck der grossen Krise', Historische Zeitschrift, CIC, 1964, pp.529~50. 바이마르 후기의 전문가에 의한 탁월한 논문.

Craig, Gordon, *The Politics of the Prussian Army*, 1955. 훌륭한 개설서. 8장에서 11장까지는 제1차세계대전과 바이마르공화국을 다루고 있다(Carsten 항목을 참조). *From Bismarck to Adenauer: Aspects of German Statecraft*, rev. ed., 1965. 독일의 외상들과 그들의 정책에 대한 명료한 연구. 'Engagement and Neutrality in Weimar Germany', Journal of Contemporary History, II, 2, April 1967, pp.49~63. 몇몇 바이마르 작가들의 정치에 대한 태도를 분석.

Curtius, Ernst Robert, *Deutscher Geist in Gefahr*, 1932. 이성과 인간성에 대한 호소로서 저명한 독일 학자에 의해 수집된 논문 선집.

Dahrendorf, Ralf, *Class and Class Conflict in Industrial Society*, 4th ed., 1965. 독일을 포함하는 현대사회에 대한 독일 저명 사회학자의 개괄적, 비마르크스적 관점.

Society and Democracy in Germany, 1965; tr. by the author, 1967. '독일의 문제'에 대한 엄하고 절제되어 있지만 솔직한 사회학적 분석. 지난 10년간 나온 이 문제에 관한 책들 중 최고봉이라고 생각됨.

Dehio, Ludwig, *Germany and World Politics in the Twentieth Century*, tr. Dieter Pevsner, 1959. 독일 제국주의, 독일의 사명, 베르사유 조약 등을 재검토한 1950년대의 논문들을 모아 놓은 훌륭한 책. 'Ranke and German Imperialism'에 관한 소논문을 포함. 필수적. *The Precarious Balance: Four Centuries of the European Power Struggle*, 1948; tr. Charles Fullman, 1962. 유럽 열강 속의 독일의 팽창 정책을 다룸.

Dorpalen, Andreas, *Hindenburg and the Weimar Republic*, 1964. 명쾌한 연구. 'The German Historians and Bismarck', Review of Politics, XV, 1, January 1953, pp.53~67. 비스마르크에 대한 방대한 연구를 평가한 논문. 'Historiography as History: The Work of Gerhard Ritter', *Journal of Modern History*, XXXIV, 1, March 1962, pp.1~18.

Epstein, Klaus, *Matthias Erzberger and the Dilemma of German Democracy*, 1959. 독일계 미국 역사가의 중요한 정치적 전기.

Eschenburg, Theodor, *Die improvisierte Demokratie: Gesammelte Aufsätze zur Weimarer Republik*, 1963. 노련한 관찰자에 의한 바이마르 정치에 관한 논문집. 슈트레제만, 파펜, 브뤼닝 등의 중요한 인물을 다루고 있다.

Eyck, Erich, *Bismarck and the German Empire*, 1963; 훨씬 방대한 독일 원전의 축소 번역본. *A History of the Weimar Republic*, 2 vols., 1965; tr. Harlan P. Hanson and Robert L.G. Waite, 1962~4. 지적이고 신중한 자유주의자에 의한 정치사. 필수적.

Feldman, Gerald D., *Army, Industry and Labor, 1914-18*, 1966. 무시되어 온 주제에 관한 탁월한 논문.

Fischer, Fritz, *Griff nach der Weltmacht: Die Kriegszzielpolitik des kaiserlichen Deutschlands, 1914-18*, 3rd, rev. ed., 1964. 독일의 공격적 전쟁 목표에 대한 유명한 조사. 논쟁적. 비록 다소간 강박적이긴 하지만 자료에 철저하게 충실하다(Gatzke 항목을 참조). 'Der deutsche Protestantismus und die Politik im 19. Jahrhundert', Historische Zeitschrift, CLXXI, 3, May 1951, pp.473~518(Holborn 항목을 참조).

Flexner, Abraham, *Universities: American, English, German*, 1930. 선구적인 비교 연구. 비판적.

Frank, Philipp, *Einstein: His Life and Times*, 1947. 독일 최고의 과학자이자 가장 유명한 망명자 아인슈타인에 관한 엄밀한 전기.

Freisel, Ludwig, *Das Bistnarckbild des Alldeutschen Verbandes von 1890 bis 1933: Ein Beitrag zum Bismarckverständnis des deutschen Nationalismus*, 1964. 정치적 인식에 관한 홀륭한 업적.

Freud, Sigmund, 'The Resistances to Psycho-Analysis', 1925. *Standard Edition of the Complete Psychological Works of Sigmund Freud*, XIX, 1961, pp.213~24. 바이마르 초기의 정신분석학의 상황에 관계됨(Hartmann과 Loewenstein 항목을 참조).

Frobenius, Else, *Mil uns zieht die neue Zeit: Eine Geschichte der deutschen Jugendbewegung*, 1927. 도움이 됨. 청년운동의 역사이자 그 징조(Laqueur 항목을 참조).

Fromm, Erich, *The Dogma of Christ and Other Essays on Religion, Psychology, and Culture*, 1966 ed. 1930년 당시로서는 지나치게 과격했던 예수에 관한 논문을 포함.

Escape from Freedom, 1941. 나치즘의 심리를 자유에 의해 부과된 부담으로부터 도피하려는 시도로 해석한 여전히 중요하나 논쟁적인 업적.

Gatzke, Hans W., *Germany's Drive to the West: A Study of Germany's Western War Aims During the First World War*, 1950 (Fischer 항목 참조). *Stresemann and the Rearmament of Germany*, 1954. 두 권 모두 신뢰할 만한 업적.

Gay, Peter, *The Dilemma of Democratic Socialism: Eduard Bernstein's Challenge to Marx*, 1952. 전쟁을 반대하며 바이마르공화국에서 살아온 노련한 수정적 사회주의에 대한 지적 전기(Schorske 항목을 참조).

Geiger, Theodor, *Die soziale Schichtung des deutschen Volkes*. 1932. 마르크스주의의 입장에서 독일의 사회구조를 분석하려던 선구적 업적. 여전히 중요함. 특히 나치즘의 성장에 대한 분석은 중요함.

Gilbert, Felix, 'European and American Historiography', in John Higham, with Leonard Krieger and Felix Gilbert, *History*, 1965. pp.315~87. 20세기 유럽 역사가들에 대한 훌륭한 연구. 나보다는 이들이 마이네케에 대해 더 우호적인 듯.

Goetz, Walter, *Historiker in meiner Zeit: Gesammelte Aufsätze*, 1957. 민주적인 문화사가에 의한 현대 독일 역사와 역사가에 대한 중요한 논고.

Goodspeed, D.J., *Ludendorff: Genius of World War* I, 1966.

Gordon, Harold J., *The Reichswehr and the German Republic*, 1919~1926, 1957(Carsten과 Craig 항목 참조).

Grabowsky, Adolf, and Walther Koch, eds., *Die freideutsche Jugendbewegung: Ursprung und Zukunft*, 1920. 청년과 종교에 관한 파울 틸리히의 논문. 청년과 국가, 청년과 性의 관계에 관한 논문 등을 포함하는 흥미로운 논문집.

Groener-Geyer, Dorothea, *General Groener: Soldat und Staatsmann*, 1954. 도움을 주지만 변명적임. 탁월한 자료가 부록으로 있다.

Grünberg, Carl, *Festrede, gehalten zur Einweihung des Instituts für Sozialforschung...Juni 22, 1924*, Frank-furter Universitätsreden, XX, 1924. 연구소의 기능에 대해 솔직하게 마르크스주의적인 관점(Horkheimer 항목 참조).

Gumbel, Emil Julius, *Zwei Jahre Mord*, 1921. *Vier Jahre politischer Mord*. 1922. *Verräter verfalien der Feme*, 1929. *Lasst Köpfe rollen*, 1932. 공화국 시대의 암살에 관한 일련의 대단히 귀중한 연구.

Habermas, Jürgen, *Strukturwandlung der Offentlichkeit: Untersuchungen zu einer Kategorie der bürgerlichen Gesellschaft*, 2nd ed., 1965. 대중 여론의 개념과 중요성의 변화에 대한 중요한 분석.

Halévy, Elie, *The Era of Tyrannies*, 1938; tr. R.K. Webb, 1965. 이 위대한 역사가의 중요

한 다음 논문을 포함하고 있다. 'The World Crisis of 1914~1918: An Interpretation', 1929, pp.209~47.

Halperin, S. William, *Germany Tried Democracy: A Political History of the Reich from 1918 to 1933*, 1946. 이 책의 부제는 온당하다. 이 책은 공화국의 정치적 전도에 관해 신빙성 있고 명료하게 씌어졌다. 부록의 간략한 정치사를 쓸 때 이 책이 큰 도움이 되었음.

Hamerow, Theodore S., *Restoration, Revolution, Reaction: Economics and Politics in Germany, 1815-1871*, 1958. 비스마르크 이전과 비스마르크 시대의 독일 역사에 관한 유용한 업적.

Hampe, K., 'Das neueste Lebensbild Kaiser Friedrichs II.', *Historische Zeitschrift*, CXXXXVI, 1932, pp.441~75. 에른스트 칸토로비치의 위대한 전기에 대한 비판.

Hannover, H. and E., *Politische Justiz, 1918-1933*, 1966. 내의 '정치적 정의'에 대한 분석. 실망스럽지만 필수적.

Hartenstein, Wolfgang, *Die Anfänge der deutschen Volkspartei, 1918-1920*, 1962. 독일인들이 이제 시작하려는 종류의 현대적 연구(Morsey 항목을 참조).

Heidegger, Martin, *Die Selbstbehauptung der deutschen Universitäf*, Freiburger Universitätsreden, XI, 1933. 나치의 집권 후 프라이부르크대학에서 행한 악명 높은 취임 연설. 그의 옹호자들은 난해한 그의 철학 사상을 설명하는 것만큼이나 이 연설의 변론에 시간을 허비했다.

Heuss, Theodor, *Friedrich Naumann: Der Mann, das Werk, die Zeit*, 1937. 민주적 제국주의자에 관해 쓴 중요한 전기. *Hitlers Weg: Eine historisch-politische Studie über den Nationalsozialismus*, 1932. 역설적이고 예언적. *Robert Bosch: Leben und Leistung*, 1946. 진보적 산업 주의자에 관한 전기.

Hiller, Kurt, *Köpfe und Tröpfe: Profile aus einem Vierteljahrhundert*, 1950 솔직함.

Hofstadter, Richard, 'The Paranoid Style in American Politics', *in The Paranoid Style in American Politics and Other Essays*, 1965, pp.3~40. 독일의 역사에 대해서도 빛을 던져줌.

Holborn, Hajo, *The Political Collapse of Europe*, 1951. 제1차세대계전 이후 유럽의 정치적 운명에 관한, 집중적이고 다방면에 걸친 분석. 'Protestantismus und politische Ideengeschichte', *Historische Zeitschrift*, CXXXXIV, 1931, pp.15~30. 'Der deutsche Idealismus in sozialgeschichtlicher Beleuchtung', *Historische Zeitschrift*, CLXXIV, October 1952, pp.359~84. 19세기 말, 독일이 서구로부터 분리된 사실의 기원에 집중한 영향력 있는 정당한 논문.

Horkheimer, Max, *Die gegenwärtige Lage der Sozialphilosophie und die Aufgaben eines Instituts für Sozialforschung*, Frankfurter Universitätsreden, XXXVII, 1931. 중요하지만 이미 이것은 이솝 우화 같다(Grünberg 항목을 참조). ed., *Studien über Autorität und Familie*, 1936. 프랑스의 망명 중 사회조사연구소의 구성원들이 쓴 논문 선집. 호르크하이머, 에리히 프롬, 헤르베르트 마르쿠제 등의 논문을 포함.

Hühnerfeld, Paul, *In Sachen Heidegger*, 1961. 명료함. 하이데거에 대한 처절한 비판.

International Institute of Social History: A Short Description of its History and Aims, n.d., 1935?

International Institute of Social History: A Report on Its History, Aims and Activities, 1933-1938, n.d., 1939? 모두 다 뉴욕에서 행해진 보고문인데, 유용하지만 마르크스주의적 경향의 논조는 낮췄다.

Jäckh, Ernst, ed., *Politik als Wissenschaft: Zehn Jahre deutsche Hochschule für Politik*, 1931. 정치전문학교 10주년 기념집.

Joll, James, *The Second International, 1889-1914*, 1955. 명료함. 그러나 논조는 지나치게 장황함. *Three Intellectuals in Politics*, 1960. 3인 중 한 명은 라테나우(pp.57~129).

Jones, Ernest, *The Life and Work of Sigmund Freud*, 3 vols., 1953~7. 제3권은 바이마르공화국의 정신분석에 대한 약간의 자료를 포함하고 있다.

Kampffmeyer, Paul, *Fritz Ebert*, 1923. 간략한 평가.

Kantorowicz, Ernst, *Kaiser Friedrich der II.*, 2 vols., 1927, 1931. ""Mythenschau", Eine Erwiderung', *Historische Zeitschrift*, CXXXXI, 1930, pp.457~71. 그의 책에 대한 알베르트 브라크만의 서평에 대한 회답(Brackmann 항목을 참조).

Kehr, Eckart, *Schlachtflottenbau und Parteipolitik, 1894-1901*, 1930. 국내 경제에 압박을 주며 독일의 해군을 재무장한 사실을 밝힌 유명한 논고. Der Primat der Innen-politik: Gesammelte Aufsätze zur preussisch-deutschen Sozialgeschichte im 19. und 20, Jahrhundert, ed. Hans-Ulrich Wehler, 1965. 한스 울리히 벨러의 머리말은 지나치게 옹호적. 프로이센의 관료제와 다른 위험스러운 주제에 관한 논문들은 대단히 독창적이고 침투력이 있다.

Kessler, Harry Graf, *Waither Rathenau: Sein Leben und sein Werk*, 1929; English version, 1930; see reprint(1963?) 한스 퓌르스텐베르크 Hans Fürstenberg의 긴 머리말이 영문판에 덧붙여 있다. 수수께끼 같고 대단히 모순적인 정치가이자 공상가에 대한 명료한 전기.

Kiaulehn, Walther, *Berlin: Schicksal einer Weltstadt*, 1958. 19세기와 20세기의 독일에 대한 대중적인 평론만을 다루고 있지만 그럼에도 대단히 많은 지식을 얻을 수 있다.

Kindt, Werner, *Grundschriften der deutschen Jugendbewegung*, 1963. 청년운동에 관한 방대

한 양의 자료를 지성적으로, 포괄적으로 편찬한 책.

Klemperer, Klemens von, *Germany's New Conservatism: Its History and Dilemma in the Twentieth Century*, 1957. 우익의 사상에 대한 탁월한 연구.

Knowles, David, 'The Monumenta Germaniae Historica', *in Great Historical Enterprises and Problems in Monastic History*, 1963, pp.63~97. 19세기, 20세기의 독일 역사학계에 대한 뛰어난 평론.

Koplin, Raimund, *Carl von Ossietzky als politischer Publizist*, 1964.

Krieger, Leonard, *The German Idea or Freedom: History of a Political Tradition*, 1957. 독일에서 관념과 정치 사이의 관계에 대한 탁월한 역사.

Krill, Hans-Heinz, *Die Ranke-Renaissance: Max Lenz und Erich Marcks*, 1962. 랑케의 두 후계자들과 이들 업적의 정치적 결과에 관한 탁월한 연구.

Krockow, Christian Graf von, *Die Entscheidung: Eine Untersuchung über Ernst Jünger, Carl Schmitt, Martin Heidegger*, 1958. 나치와 관련 있는 세 명의 '철학적 반 이성주의자'들에 대한 비교 연구.

Kurucz, Jenö, *Struktur und Funktion der Intelligenz während der Weimarer Republik*, 1967. 바이마르공화국 지식인들의 사회학적 상황에 관한 추상적이지만 암시적인 짧은 분석.

Lampl-de Groot, Jeanne, 'Die Entwicklung der Psychoanalyse in Deutschland bis 1933', *Ansprachen und Vorträge zur Einweihung des Instituts-Neubaues am 14. Oktober 1964*, Sigmund Freud Institut, Frankfurt am Main, n.d., 1964? 대단히 간략.

Laqueur, Walter Z., *Young Germany: A History of the German Youth Movement*, 1962. 다루기 힘든 문제에 대한 확실한 지침서. and George L. Mosse, eds., *The Coming of the First World War*, 1966. 논문집.

Laue, Theodore von, *Leopold Ranke: The Formative Years*, 1950. 간략하나 탁월한 연구.

Lederer, Emil, and Jakob Marschak, 'Der neue Mittelstand', *Grundriss der Sozialökonomik*, IX, part 1, 1926, pp.120~41(Briefs 항목을 참조).

Leipart, Theodor, *Carl Legien*, 1929. 독일 노동운동 지도자에 대한 전기.

Lenz, Max, and Erich Marcks, eds., *Der Weltkrieg im Spiegel Bismarckischer Gedanken*, 1915. 비스마르크의 정신이 어떻게 그의 사후에도 잔존했는가 혹은 이용되었는가를 보여 주는 전쟁 당시의 애국적인 논문집.

Lilge, Frederic, *The Abuse of Learning: The Failure of the German University*, 1948. 강력한 연구.

Loewenthal, Leo, 'German Popular Biographies: Culture's Bargain Counter', in *The Critical Spirit : Essays in Honor of Herbert Marcuse*, ed. Kurt H. Wolff and Barrington Moore, Jr, 1967, pp.267~83. 슈테판 츠바이크 등의 전기에 대한 흥미로운 내용 분석. 이들의 손쉬운 과장, 값싼 낙관주의, 지적인 허위 등을 논증.

Mann, Golo, *Deutsche Geschichte des 19. und 20. Jahrhunderts*, 1966 ed. 강건, 비형식적, 반권위적. 흥미로움.

Mann, Heinrich, *Essays*, 1960 ed. 이 판본은 그의 동생 토마스 만에게 쓰라림을 안겨준 '볼테르와 괴테', '졸라' 등의 논문과 1920년대의 논문들을 포함한다. 대단히 중요.

Mannheim, Karl, *Essays on the Sociology of Knowledge*, ed. Paul Kecskemeti, 1952. 바이마르 시대에 쓴 만하임의 가장 중요한 사회학적 논문들을 수록.

Masur, Gerhard, *Prophets of Yesterday: Studies in European Culture*, 1890~1914, 1961. 유럽사에서 가장 결정적인 시기를 다룸. 마주르의 설명은 언제나 적절하지는 않으며 프로이트를 다룰 때처럼 때로는 풍자에 불과하다.

Mayer, Arno J., *Political Origins of the New Diplomacy*, 1917~1918. 1959. 비인습적이고 권위 있는 외교사. 이 책은 참전 국가들의 권태를 분석하고 있다. *Politics and Diplomacy of Peacemaking: Containment and Counterrevolution at Versailles*, 1918~1919, 1967. 후속판. 권위 있음. 유럽의 세력연합에서 소련이 제외된 것을 다룸.

Mehring, Franz, *Die Geschichte der deutschen Sozialdemokratie*, parts I and II, 2 vols., 1897~8. 사회주의적 지식인에 의한 1830년부터 1891년까지의 역사. 신중함.

Meinecke, Friedrich, *Weltbürgertun und Nationalstaat: Studien zur Genesis des deutschen Nationalstaates*, 1907. 세계주의에서 민족주의로, 훔볼트에서 비스마르크로. 마이네케의 명성을 만들어 준 책. *Die Idee der Staatsräson in der neueren Geschichte*, 1924. 더글러스 스코트Douglas Scott가 번역한 『마키아벨리주의』 Machiavellianism(1965)라는 영문판 제목은 오도되었다. *Die Entstehung des Historismus*, 2 vols., 1936. 내 생각으로는 올바르지 못하게 보이지만 이 책은 역사주의에 대한 강건한 옹호이자 탁월한 분석이다. *The German Catastrophe: Reflections and Recollections*, 1946; tr. Sidney B. Fay, 1950. 독일의 과거에 대해 애정과 공감을 갖고 재고한 책. *Politische Schriften und Reden*, ed. Georg Kotowski, 1958. 정치에 관한 언급과 논문의 중요한 모음집. 'Drei Generationen deutscher Gelehrtenpolitik', *Historische Zeitschrift*, CXXV, 1922, pp.248~83. 'Values and Causalities in History', 1928, tr. Julian II. Franklin, in The Varieties of History, ed. Fritz Stern, 1956, pp.267~88.

Meyer, Henry Cord, *Mitteleuropa in German Thought and Action*, 1815~1945, 1955.

Michels, Robert, *Political Parties: A Sociological Study of the Oligarchical Tendencies of Modern Democracy*, tr. Eden and Cedar Paul, 1949 ed. 대체로 제1차세계대전 이전의 독일 사회민주주의당에 관한 사건들을 사용한 민주주의에 대한 비관을 다룬 고전

적 연구. Psychologie der antikapitalistischen Massenbewegungungen', *Grundriss der Sozialökonomik*, IX, part 1, 1926, pp.241~359(Briefs 항목을 참조).

Mitchell, Allan, *Revolution in Bavaria, 1918-1919: The Eisner Regime and the Soviet Republic*, 1965. 지나치게 세심한 문서 연구.

Modern Germany in Relation to the Great War, by Various German Writers, tr. William Wallace Whitelock, 1916. 오토 힌체, 에른스트 트뢸치, 한스 델브뤽, 프리드리히 마이네케 등의 변명.

Mohler, Armin, *Die konservative Revolution in Deutschland, 1918 bis 1932: Grundriss ihrer Wellanschauungen*, 1950. 경제 분야에 있어서 독일 우익의 사고에 대한 포괄적 연구.

Mommsen, Hans, 'Zum Verbältniis von politischer Wissenschaft und Geschichtswissenschaft in Deutschland', *Vierteljahrshefte für Zeitgeschichte*, X, 1962, pp.341~72. 독일의 역사서술에 대한 재평가의 일부분.

Mommsen, Wolfgang J., *Max Weber und die deutsche Politik*, 1959. 막스 베버라는 영웅에 대해 대단히 요구되던 연구 중의 하나. 베버는 정치적 자유주의자가 아니었다고 결론. 'Universalgeschichtliches und politisches Denken bei Max Weber', *Historische Zeitschrift*, CCI, 1965, pp.557~612. 전게서에 대한 탁월한 보충. 베버 논쟁에 관한 완전한 참고도서 목록을 수록. 카리스마를 베버에게서 중심 문제로 파악.

Morsey, Rudolf, *Die deutsche Zentrumspartei*, 1917~1923. 1966. 전형적인 전공 논문.

Mosse, George L., *The Crisis of German Ideology: Intellectual Origins of the Third Reich*, 1964. 인종주의, 청년운동, 정치적 개념, '민족적' 요소 등을 강조하며 연구. 'Die deutsche Rechte und die Juden', *in Entscheidungsjahr 1932: zur Judenfrage in der Endphase der Weimarer Republik*, ed. Werner E. Mosse, 1963, pp.183~246.

Nettl, J.P., *Rosa Luxemburg*, 2 vols., 1966. 탁월한 전기.

Neumann, Franz L., *Behemoth: The Structure and Practice of National Socialism*, 2nd ed., 1944. 긴 서문이 바이마르공화국의 내부 구조에 대한 노이만의 해석을 요약하고 있다. 대단히 중요한 독자적인 마르크스주의적 관점.

'The Social Sciences', in *The Cultural Migration: The European Scholar in America*, 1953. pp.4~26. 독일과 미국의 사회과학에 대한 탁월한 비교 분석. 귀중한 개인적 회상을 담고 있다(Panofsky와 Tillich 항목을 참조).

Neumann, Sigmund, *Die Parteien der Weimarer Republik*, 1932; ed. 1965 with preface by Karl Dietrich Bracher. 바이마르의 정당 정치 연구에 불가결함. 'Die Stufen des preussischen Konservatismus: Ein Beitrag zum Staats-und Gesellschaftsbild Deutschlands im neunzehnten Jahrhundert', in *Historische Studien*, no. 190, 1930. 보수주의에 대한 사회학적 분석. 대단히 중요. 카를 만하임의 저작과

비견될 만함.

Neurohr, Jean F., *Der Mythos vom dritten Reich: Zur Geistesgeschichte des Nationalsozialismus*, 1957. 치명적 신화에 대한 훌륭한 분석.

Oberschall, A., *Empirical Social Research in Germany, 1848-1914*, 1965. 지나치게 간결. 그러나 당분간은 유용(Shad 항목을 참조할 것).

Panofsky, Erwin, 'The History of Art', in *The Cultural Migration: The European Scholar in America*, 1953, pp.82~111. 독일과 미국의 예술사 교수방법의 차이에 대한 재치 있는 비교(Neumann, Franz, Pevsner 항목을 참조할 것).

PEM(Paul Erich Marcus의 약자), *Heimweh nach dem Kurfürstendamm: Aus Berlins glanzvollsten Tagen und Nächten*, 1952. '황금의 20년대'의 베를린에 대한 향수.

Pevsner, Nikolaus, 'Reflections on Not Teaching Art History', *Listener*, XLVIII, no. 1235, 30 October 1952, pp.715~16. 독일 방식의 예술사 교수법에 대한 회고 (Panofsky 항목을 참조).

Pflanze, Otto, *Bismarck and the Development of Germany: The Period of Unification, 1815-1871*, 1963. 탁월.

'Bismarck and German Nationalism', *American Historical Review*, LX, 3, April 1955. pp.548~66.

Plessner, Helmuth, *Die verspätete Nation: Über die politische Verführbarkait bürgerlichen Geistes*, 1959. 독일적 가치를 대신하여 서구적 가치를 채택하기를 거부한 많은 독일인들에 대한 설명을 추구.

Ramm, Agatha, *Germany, 1789-1919: A Political History*, 1967. 지적. 충분히 자료를 찾은 연구. 읽을 만한 가치가 대단히 큼.

Rathenau, Walther, *Die neue Wirtschaft, 1918. Der neue Staat*, 1919. 라테나우의 사고방식을 이해하려 할 때 필수적. 후자의 책은 '혁명'에 대한 깊은 실망을 강렬하게 표현.

Rauschning, Hermann, *Die konservative Revolution: Versuch und Bruch mit Hitler*, 1941. 나치가 진정한 '보수주의 혁명'을 배반했다고 한 히틀러 초기의 동료이자 후기의 적이 쓴 중요한 저서.

Röhl, J.C.G., *Germany without Bismarck: The Crisis of Government in the Second Reich, 1890-1900*, 1967. 음울한 시기를 훌륭한 자료 방법으로 조명.

Rosenberg, Arthur, *The Birth of the German Republic, 1871-1918*, 1928; tr. Ian F.D. Morrow, 1931. *A History of the German Republic*, 1935; tr. Ian F.D. Morrow and L. Marie Sieveking, 1936. 두 권 모두 필수적. 좌익 급진적이지만 독자적. 심원한 문제에 대한 파악은 찬탄할 만하다.

Rothfels, Hans, 'Problems of a Bismarck Biography', *Review of Politics*, IX, 3, July

1947, pp.362~80. 방대한 문제에 관한 훌륭한 기여.

Schieder, Theodor, ed., *Hundert Jahre Historische Zeitschrift 1859-1959*, 1959. 방대하지 만 실망스러운 논문집. 특정한 주제가 없이 독일 역사학의 100년간을 다루고 있 다. 'Grundfragen der neuen deutschen Geschichte: Zum Problem der historischen Urteilsbildung', *Historische Zeitschrift*, CLXXXXII, pp.1961, pp.1~16.

Schimanski, Stefan, 'Forward', to Martin Heidegger, Existence and Being, tr. Douglas Scott, R.F.C. Hull, and Alan Crick, 1949. 『존재와 시간』의 저자 하이데거의 네 개의 짧은 논문 모음집. 시만스키의 짧은 머리말과 베르너 브로크Werner Brock 의 긴 머리말이 있다.

Schmitt, Carl, *Hugo Preuss: Sein Staatsbegriff und seine Stellung in der deutschen Staatslehre*, 1930. 독일 헌법의 '아버지'에 대한 평가. 비판적(Simons 항목을 참조).

Schnabel, Franz, *Deutsche Geschichte im neunzehnten Jahrhundert*, 4 vols., 2nd ed., 1937~49. 자유주의적. 19세기 독일에 대한 세부적 연구. 제2권 pp.245~53에는 바르트부르크에서의 1817년 회합이 수록되어 있다.

Schorske, Carl E., *German Social Democracy, 1905-1917: The Development of the Great Schism*, 1955. 탁월. 중요.

Schwabe, Klaus, 'Zur politischen Haltung der deutschen Professoren im ersten Weltkrieg', *Historische Zeitschrift*, CLXXXXIII, 1961, pp.601~34. 제1차세계대전 중 독일 지식인들의 경악스러운 쇼비니즘을 다룸.

Sell, Friedrich C., *Die Tragödie des deutschen Liberalismus*. 1953. 잘 알려진 이야기를 잘 서 술하고 있다.

Shad, Susanne P., 'Empirical Social Research in Weimar Germany', Columbia University Dissertation, 1964.

Sheehan, James J., *The Career of Lujo Brentano: A Study of Liberalism and Social Reform in Imperial Germany*, 1966.

Siefert, Hermann, *Der bündische Aufbruch, 1918-1923*, 1963. 공화국 초기의 청년운동에 관한 연구.

Simons, Walter, *Hugo Preuss*, 1930.

Sontheimer, Kurt, *Anti-demokratisches Denken in der Weimarer Republik: Die politischen Ideen des dculschen Nationalismus zwischen 1918 und 1933*, 1962. 공화국의 우익 철 학에 관한 탁월한 연구.

Spengler, Oswald, *The Decline of the West*, 2 vols., 1918~22; tr. Charles Francis Atkinson, 1926~8. *Preussentum und Sozialismus*, 1919. 사료로서 두 권 모두 대단히 중요.

Srbik, Heinrich Ritter von, *Geist und Geschichte vom deutschen Humanismus bis zur Gegen-*

wart, 2 vols., 1950~51. 팽창주의적 논조와 보수주의 철학.

Stampfer, Friedrich, *Die vierzehn Jahre der ersten deutschen Republik*, 3rd ed., 1953. 사회민주주의 정치평론가의 바이마르공화국 역사.

Steinhausen, Georg, *Deutsche Geistes-und Kulturgeschichte von 1870 bis zur Gegenwart*, 1931.

Sterling, Richard W., *Ethics in a World of Power: The Political Ideas of Friedrich Meinecke*, 1958. 마이네케의 정치사상에 관한 최초의 충실한 연구.

Stern, Fritz, *The Politics of Cultural Despair: A Study in the Rise of the Germanic Ideology*, 1961. 랑벤, 라가르드, 묄러 판 덴 브루크 세 인물에 대한 훌륭한 연구. 'The Political Consequences of the Unpolitical German', *History*, no. 3, 1960, pp.104~34. 중요 주제에 대한 각성된 연구.

Stolper Gustav, *The German Economy*, 1870~1940, 1940. 중요.

Stolper, Toni, *Ein Leben in Brennpunkten unserer Zeit: Gustav Stolper, 1888-1947*, 1960. 미망인이 쓴 유능한 경제사가에 대한 전기.

Suhrkamp, Peter, 'Die Sezession des Familiensohnes': Eine nachträgliche Betrachtung der Jugendbewegung', *Neue Rundschau*, XLIII, part I, 1932, pp.94~112. 'Söhne ohne Väter und Lehrer: Die Situation der blirgerlichen Jugend', ibid., pp.681~96. 혼돈 상태의 청년들에 관한 사려 깊은 분석.

Taylor, A. J. P., *The Course of German History*, 1945.

Bismarck: The Man and the Statesman, 1955. 두 권 모두 테일러의 특징을 보임, 화려한 필체, 자극적 관념, 비상한 해석.

The Path to Dictatorship, 1918-1933: Ten Essays by German Scholars, tr. John Conway, 1966. 카를 디트리히 브라허, 쿠르트 존트하이머 Kurt Sontheimer, 루돌프 모지 Rudolf Morsey, 한스 로트펠스 Hans Rothfels 외 6인의 라디오 대담. 정당, 반민주주의적 사고, 나치의 전략 등이 주제. 프리츠 스턴의 서문과 바이마르 말기 5년간의 역사는 유용하다.

Thimme, Anneliese, *Gustav Stresemann: Eine politische Biographie zur Geschichte der Weimarer Republik*. 1957. 엄밀. 비감상적. 수정주의적. 중요함.

Tietz, Georg, *Hermann Tietz: Geschichte einer Familie und ihrer Warenhäuser*, 1965. 거대한 백화점의 주인.

Tillich, Paul, 'The Transmoral Conscience', in *The Protestant Era*, ed. and tr. James Luther Adams, 1951, pp.152~66. 'The Protestant Message and the Man of Today', ibid., pp.189~204. 둘 다 바이마르 시대 후기의 자유주의적 신학에 빛을 던져 줌. 'The Conquest of Theological Provincialism', in *The Cultural Migration:*

The European Scholar in America, 1953. pp.138~56. 틸리히는 독일의 신학적 자만 심과 미국에서 자신이 배운 것을 보고하고 있다(Neumann, Franz, Panofsky 항목 참조).

Troeltsch, Ernst, *Spektator-Briefe*, ed. Hans Baron, 1924. 1918년에서 1922년 사이의 독일 혁명과 세계 정치에 관한 논문집.

Turner, Henry Ashby, Jr, *Stresemann and the Politics of the Weimar Republic*, 1963. 신뢰할 만한 연구.

Waite, Robert G. L., *Vanguard of Nazism: The Free Corps Movement in Postwar Germany, 1918-1923*, 1952.

Wassermann, Jakob, 'Rede an die studentische Jugend über das Leben im Geiste: Zum Goethetag 1932', *Neue Rundschau*, XLIII, part 1, 1932, pp.530~44. 청년들에 대한 소설가의 이성적 탄원.

Weber, Marianne, *Max Weber: Ein Lebensbild*, 1926. 대단히 중요한 전기.

Weber, Max, *Gesammelte politische Schriften*, 2nd, expanded ed., by Johannes Winckel-mann, 1958. 대단히 중요. 국내, 대외정책에 관한 포괄적 저술.

Wehler, Hans-Ulrich, ed., *Moderne deutsche Sozialgeschichte*, 1966. 에카르트 케르의 단편소설 편집자가 편집한 다양한 논문집. 주로 19세기와 20세기 초를 다룬 이 책의 논문들은 대체로 탁월하다.

Wheeler-Bennett, John W., *The Nemesis of Power: The German Army in Politics, 1918-1945*, 1954(Carsten, Craig 항목을 참조).

Wucher, Albert, *Theodor Mommsen: Geschichtsschreibung und Politik*, 1956. 뜻밖에 산뜻한 논고.

Zehn Jahre Berliner Psychoanalytisches Institut(Polyklinik und Lehranstalt), 1930. 베를린 정신 분석 연구소의 역사와 업적을 다룬 10주년 기념논집.

Ziekursch, Johannes, *Politische Geschichte des neuen deutschen Kaiserreiches*, 3vols., 1925~30. 현재의 관점에서는 새롭지 않지만 바이마르의 역사를 쓸 때 이 책은 독자적 판단과 서술의 명석함 때문에 하나의 사건이었다. 여전히 읽을 만한 가치가 있음.

III. 예술

이 부분은 화가, 도안가, 조각가, 작곡가, 음악가, 건축가, 예술사가 등을 다루고 있다.

Barr, Alfred H., Jr, *Cubism and Abstract Art*, 1936. 입체파에 독일인들을 포함시킨 선구적 업적.

Bayer, Herbert, Ilse Gropius and Walter Gropius, eds., *Bauhaus 1919~1928*, 1938, reprinted 1959. 고전적 업적(Wingler 항목 참조).

Bing, Gertrud, *Aby M. Warburg*, 1958. 바르부르크 연구소 창립자에 대한 친한 동료의 논고.

Buchheim, Lothar-Günther, *Der Blaue Reiter und die Neue Künstler-Vereinigung München, 1959. The Graphic Art of German Expressionism*, 1960.

Drexler, Arthur, *Ludwig Mies van der Rohe*, 1960. 간략. 훌륭한 도해 설명.

Eckardt Wolf von, *Eric Mendelsohn*, 1960. 유용하지만 간략한 저술.

Edschmid, Kasimir, *Über den Expressionismus in der Literatur und die neue Malerei*, 1921. 지도적 작가의 선언문.

Fitch, James Marston, *Walter Gropius*, 1960. 훌륭한 작은 연구. 'A Utopia Revisited', *Columbia University Forum*, IX, 4, Fall 1966, pp.34~9. 바우하우스에 대한 현재의 견해.

Goergen, Aloys, 'Beckmann und die Apocalypse', *Blick auf Beckmann: Dokumente und Vorträge*, 1962, pp.9~21.

Grohmann, Will, *Das Werk Ernst Ludwig Kirchners*, 1926. 결정적. 키르히너 생애 중 최후의 12년을 제외한 모든 것을 포함하고 있다. *Zeichnungen von Ernst Ludwig Kirchner*, 1925. 그림에 대해서도 마찬가지로 훌륭하다. *Ernst Ludwig Kirchner*, 1961. *Wassily Kandinsky: Life and Work*, 1959. 작품 목록을 수록.

Gropius, Walter, *The New Architecture and the Bauhaus*, tr. P. Morton Shand, 1965 ed. 근본적. *Scope of Total Architecture*, 1962 ed. 짧은 논문들을 모았음.

Grote, Ludwig, *Der Blaue Reiter: München und die Kunst des 20. Jahrhunderts*, 1949. *Die Maler am Bauhaus*, 1950. ed., *Oskar Kokoschka*, essays, catalogue of the 1950 exhibition in Munich, 1950. 훌륭함.

Haftmann, Werner, *Emil Nolde*, 1958; tr. Norbert Gutermann, 1959. *The Mind and Work of Paul Klee*, 1954. *Painting in the Twentieth Century*, 2vols.; 2nd ed., 1965.

Hamilton, George Heard, *Painting and Sculpture in Europe, 1880~1940*, 1967. 방대한 양이지만 주목할 만함.

Heise, Carl George. *Persönliche Erinnerungen an Aby Warburg*, 1947. 개인적이고 감동적인

회고록.

Hess, Hans, *Lyonel Feininger*, 1961. 모범적 업적. 작품 목록 수록. 여전히 바람직한 책.

Kandinsky, Wassily, and Franz Marc, *Der Blaue Reiter*, 1912; documentary ed. Klaus Lankheit, 1965. 대단히 중요한 자료. *Über das Geistige in der Kunst*, 1912. *Punkt und Linie zu Fiäche: Beitrag zur Analyse der malerischen Elemente*, 1926. Bauhaus-book no. 9.

Klee, Paul, *Pedagogical Sketchbook*, 1925; tr. Sibyl Moholy-Nagy, 1953. 바우하우스에서 출간한 두번째의 책. 중요.

Kuhn, Charles L., *German Expressionism and Abstract Art: The Harvard Collections*, 1957. with an introductory essay by Jakob Rosenberg; 대단히 유용한 카탈로그. Supplement, 1967. 이 카탈로그의 개정 쇄신판.

Kultermann, Udo, *Geschichte der Kunstgeschichte: Der Weg einer Wissenschaft*, 1966. 대단히 대중적이긴 하지만 표현주의 시기와 바르부르크 집단에 대해 유용한 부분이 있다.

McCoy, Esther, *Richard Neutra*, 1960. 1923년 독일을 떠난 중요한 건축가에 관한 논고.

Moholy-Nagy, Laszlo, *Malerei, Fotografie, Film*, 2nd ed., 1927. *The New Vision: From Material to Architecture*, 1929; tr. Daphne M. Hoffmann, 1938.

Moholy-Nagy, Sibyl, *Moholy-Nagy, a Biography*, 1950.

Myers, Bernard S., *The German Expressionists: A Generation in Revolt*, 1963; concise ed., 1966. 개별적 예술가와 한 유파를 포괄하는 훌륭한 연구. 탁월한 참고도서 목록.

Panofsky, Erwin, 'A. Warburg', *Repertorium für Kunstwissenschaft*, LI, 1930, pp.1~4. 간단 명료.

Pevsner, Nikolaus, *Pioneers of Modern Design, from William Morris to Walter Gropius*, 3rd ed., 1960. 대단히 명료한 분석. 필수 불가결.

Redlich, H.F., *Alban Berg, the Man and His Music*, 1957. 중요한 현대 작곡가에 대한 귀중한 전기(Reich 항목 참조).

Reich, Willi, *Alban Berg: Leben und Werk*, 1963.

Reifenberg, Benno, 'Max Beckmann', 1921, in *Blick auf Beckmann: Dokumente und Vorträge*, 1962, pp.101~109.

Reti, Rudolph, *Tonality in Modern Music*, 1958. 특히 독일의 현대 음악가 쇤베르크, 베르크, 베베른 등에 대한 한 작곡가의 견해.

Richter, Hans, *Dada: Art and Anti-Art*, 1965. 포괄적 논평.

Roh, Franz, *Nach-Expressionismus*, 1925. '새로운 각성'을 요구.

Röthel, Hans K., and J. Cassou, *Vasily Kandinsky, 1864~1944, A Retrospective Exhibition*, 1962. 뉴욕 구겐하임 박물관의 목록.

Russell, John, *Max Ernst*, 1967. 포괄적 전공 논문.

Saxl, Fritz, 'Die Bibliothek Warburg und ihr Ziet', *Vorträge der Bibliothek Warburg, 1921~1922*, ed. Fritz Saxl, 1923, pp.1~10. 바르부르크 연구소 초대 책임자의 취임 연설. 'Ernst Cassirer', in *The Philosophy of Ernst Cassirer*, ed. Paul Arthur Schilpp, 1949, pp.47.~51. 바르부르크연구소의 가장 저명한 연구원 에른스트 카시러에 대한 중요한 회상록.

Scheffler, Karl, *Max Liebermann*, new ed., 1953. 독일에서 가장 대중적인 화가의 전기. 표현주의 시대 속의 인상주의자 막스 리버만.

Selz, Peter, *Emil Nolde*, 1963. 짧지만 솔직한 논문과 1963년의 순회전시회의 작품 목록. *German Expressionist Painting*, 1957. 훌륭한 일반적 논평. *Max Beckmann*, 1964. 탁월한 카탈로그와 논문을 수록.

Taylor, Joshua C., *Futurism*, 1961. 제1차세계대전 이전의 중요한 동향인 미래파 순회 전시회의 작품 설명.

Verkauf, Willy, Marcel Janco, and Hans Bolliger, eds., Dada: *Monographic einer Bewegung*, 1958. 함부로 된 설명.

Warburg, Aby, *Gesammelte Schriften*, 2 vols., 1932. 선구적 예술사가이자 고통받던 인간의 초기 저서.

Whittick, Arnold, *Erich Mendelsohn*, 1940. 유용한 평론.

Wingler, Hans M., ed., *Das Bauhaus, 1919~1933: Weimar, Dessau, Berlin*, 1962. 바우하우스의 모든 면에 방대하게 주석을 완전히 붙여 설명한 자료집. 필수적.

Worte zur Beisetzung von Professor Dr Aby M. Warburg, n.d., end of 1929.

Wuttke, Dieter, 'Aby Warburg und seine Bibliothek', *Arcadia*, I, 3, 1966, pp.319~33. 탁월한 참고 목록이 달린 유용한 논문.

IV. 문학

이 부분은 전집, 단행본은 물론 시인, 소설가, 극작가 등의 전기와 논문들을 포함한다. 일반적인 연극에 관한 책 역시 포함되어 있다.

Allemann, Beda, *Hölderlin und Heidegger*, 2nd ed., 1954. 난해한 연구.

Barlach, Ernst, *Das dichterische Werk*, 3 vols., ed. Klaus Lazarowicz and Friedrich Dross, 1956~9.

Beissner, Friedrich, *Hölderlin heute: Der lange Weg des Dichters zu seinem Ruhm*, 1963. 최

고봉의 횔덜린 연구자의 강연.

Benjamin, Walter, *Schriften*, 2 vols., ed. Theodor W. Adorno, Gretel Adorno, and Friedrich Podszus, 1955. 스페인 전선에서 1940년 9월 자살한 사회비평가이자 문학비평가의 전집. 1961년 지크프리트 운젤트 Siegfried Unseld가 편집한 한 권으로 된 선집 *Illuminationen*도 있다.

Benn, Gottfried, *Gesammelte Werke*, 4 vols., ed. Dieter Wellershoff, 1958~61.

Bithell, Jethro, *Modern German Literature, 1880-1938*. 2nd ed., 1946. 독단적이지만 신뢰할 만한 연구.

Boehringer, Robert, *Mein Bild von Stefan George*, 1951. 관련되는 두 권의 책을 함께 묶은 책. 전반부는 도서 목록, 후반부는 그림 모음.

Brecht, Bertolt, *Gesammelte Werke*, 8 vols., ed. Elizabeth Hauptmann, 1967. 기존 최고봉의 전집. *Bertolt Brechts Dreigroschenbuch*, 1960. 희곡, 영화 대본 그리고 다른 중요 자료를 수록.

Broch, Hermann, *Gesammelte Werke*, 10 vols., 1952~61. *The Death of Vergil*, tr. Jean Starr Untermeyer, 1945. 그의 최고의 소설.

Büchner, Georg, *Sämlichte Werke*, ed. Hans Jürgen Meinerts, 1963. 몇 가지 전집 중의 하나.

Butler, E. M., *The Tyranny of Greece over Germany*, 1935. 독일인들이 신비한 그리스 고대의 유혹을 받았다는 과장적이지만 유력한 논리.

Cassirer, Ernst, *Idee und Gestalt*, 2nd ed., 1924. 횔덜린, 클라이스트에 관한 논문을 포함, 독일 문학에 관한 다섯 개의 논문을 모음.

David, Claude, *Von Richard Wagner zu Bertolt Brecht: Eine Geschichte der neueren deutschen Literatur*, 1959; German tr. Hermann Stiehl, 1964. 저명한 프랑스의 학자가 쓴 명료한 역사.

Dilthey, Wilhelm, 'Hölderlin', *in Das Erlebnis und die Dichtung*, 1957 ed., pp.221~91. 1867년에 처음 쓴 이 선구적 논문은 이 전집의 초판(1905)을 위해 다시 썼다.

Döblin, Alfred, *Die drei Sprünge des Wang-lun, Chinesischer Roman*, 1915. *Berlin Alexanderplatz: Die Geschichte von Franz Biberkopf*, 1929. 두 권 모두 일급의 표현주의 작가에 의한 소설. 후자가 특히 괄목할 만하다.

Emrich, Wilhelm, *Franz Kafka*, 2nd ed., 1960. 최고봉의 연구 중의 하나(Politzer와 Sokel의 항목을 참조).

Esslin, Martin, *Brecht: The Man and His Work*, 1959. 브레히트의 생애와 저자에 관한 포괄적 연구.

Fairley, Barker, *A Study of Goethe*, 1947. 뛰어난 논고. 여기에서 특히 관련이 되는 것은

이것이 괴테의 객관성 추구를 분석하기 때문.

Fallada, Hans, *Little Man, What Now?*, 1932; tr. Eric Sutton, 1933. 전형적인 대공황기의 소설. 당시 대단히 대중적이었고 지금도 널리 읽힘.

Feuchtwanger, Lion, *Erfolg: Drei Jahre Geschichte einer Provinz*, 2 vols., 1930. 포이흐트방 어의 가장 대중적인 소설.

Garten, H.F., *Gerhart Hauptmann*, 1954. *Modern German Drama*, 1959. 진지하고 유용.

George, Stefan, *Gesamtausgabe der Werke*, 18 vols., 1927~34. 두 권으로 된 간편한 선집 도 있다. ed. Robert Boehringer, 1958.

Gerhard, Melitta, *Stefan George, Dichtung und Kündung*, 1962.

Goering. Reinhard, *Prosa, Dramen, Verse*, ed. Dieter Hoffmann, 1961. 1917년에 『해전』 Seeschlacht 한 권만을 유행시킨 우익 표현주의자의 선집.

Grimm, Hans, *Volk ohne Raum*, 1926. 유명한 '민족' 소설.

Gundolf, Friedrich, *Shakespeare und der deutsche Geist*. 1911. *Stefan George*, 1920. *Heinrich von Kleist*, 1922. 슈테판 게오르게의 제자의 가장 중요한 업적.

Günther, Herbert, *Joachim Ringelnatz in Selbstzeugnissen und Bilddokumenten*, 1964. 대중 적 시인에 대한 전기. 삽화 수록.

Haas, Willy, *Bert Brecht*, 1958. 간결. 감동적.

Hasenclever, Walter, *Gedichte, Dramen, Prosa*, ed. Kurt Pinthus, 1963. 표현주의 작가의 선집.

Hatfield, Henry, *Thomas Mann*, rev. ed., 1962. 간결. 명료. 신빙성이 있음. *Aesthetic Paganism in German Literature from Winckelmann to the Death of Goethe*, 1964. 횔덜린 및 다른 자들에 대한 버틀러 E. M. Butler의 과장을 수정해 준다.

Hauptmann, Gerhart, *Sämtliche Werke*(Centenar Ausgabe) in progress, ed. H.E. Hass, 1962——.

Heerikhuizen, F. W. van, *Rainer Maria Rilke: His Life and Work*, 1946; tr. Fernand G. Renier and Anne Cliff, 1951. 합리적인 전기.

Heller, Erich, *The Ironic German: A Study of Thomas Mann*, 1958. 깔끔한 연구. *The Disinherited Mind: Essays in Modern German Literature and Thought*, 2nd ed., 1959. 자극적.

Herald, Heinz, *Max Reinhardt*, 1953.

Hering, Gerhard F., 'Nachwort' to Zuckmayer, *Meisterdramen*, 1966, pp.583~90. 유용 함. 간결.

Hesse, Hermann, *Gesammelte Schriften*, 7 vols., 1957.

Demian, 1919; tr. Michael Roloff and Michael Lebeck, 1965. *Steppenwolf*, 1927; tr. Basil Creighton, rev. Joseph Mileck and Horst Frenz, 1963. *Magister Ludi*, 1943;

tr. Mervyn Savill, 1949. 영어로 번역된 헤세의 작품들 중 가장 유명한 세 권.

Hofmannsthal, Hugo von, *Gesammelte Werke*, in progress, 15vols. so far, ed. Herbert Steiner(1945–). 'Das Schrifttum als geistiger Raum der Nation', in *Die Berührung der Sphären*, 1931. pp.422~42. Hofmannsthal의 산문집.

Hölderlin, Friedrich, *Werke*, ed. Fritz Usinger, n.d., 훌륭한 선집. 뛰어난 서문.

Holthusen, Hans Egon, *Rainer Maria Rilke: A Study of His Later Poetry*, tr. J.P. Stern, 1952. *Rainer Maria Rilke in Selbstzeugnissen und Bilddokumenten*, 1958. 두 권 모두 릴케에 대한 찬양. 그럼에도 불구하고 합리적.

Horvath, Ödön von, *Stücke*, ed. Traugott Krischke, 1961.

Johann, Ernst, *Georg Büchner in Selbstzeugnissen und Bilddokumenten*, 1958.

Kafka, Franz, The Trial, publ. 1925 by Max Brod; tr. Willa and Edwin Muir, 1937. *The Castle*, publ. 1926, same ed,; same tr., 1930. *Amerika*, publ. 1927, same ed.,; tr Edwin Muir, 1946. *Hochzeitsvorbereitungen auf dem Lande und andere Prosa aus dem Nachlass*, ed. Max Brod, 1953. 부친에게 보낸 편지를 포함.

Kaiser, Georg, *Stücke, Erzählungen, Aufsätze, Gedichte*, ed. Walther Huder, 1966. 훌륭한 한 권의 선집(Kenworthy 항목 참조).

Karasek, Hellmuth, *Carl Sternheim*, 1965. 기지 있는 극작가에 대한 간결하고 훌륭한 연구.

Kästner, Erich, *Kästner für Erwachsene*, ed. Rudolt Walter Leonhardt, 1966. 그를 유명하게 해 준 어린이를 위한 작품들은 제외. 시, 자서전, 소설 「파비안*Fabian: Die Geschichte eines Moralisten*」(1031) 등을 수록.

Kenworthy, B. J., *Georg Kaiser*, 1957. 영어로 된 유용한 연구.

Kesting, Marianne, *Bertolt Brecht in Selbstzeugnissen und Bilddokumenten*, 1959.

Killy, Walther, *Deutscher Kitsch: Ein Versuch mit Beispielen*, 1962. 경악스런 독일 문학의 매혹적인 선집. 흥미로운 서문.

Kraus, Karl, *Ausgewählte Werke*, in progress, ed. Heinrich Fischer(1952).

Kutscher, Artur, *Frank Wedekind: Sein Leben und seine Werke*, 3vols., 1922~31. 독일 연극계의 위대한 이단자 베데킨트에 대한 규범적 전기.

Landmann, Georg Peter, ed., Der George-Kreis, 1965. 지성적이고 포괄적인 선집.

Lasker-Schüler, Else, *Sämtliche Gedichte*, ed. Friedhelm Kemp, 1966.

Mann, Heinrich, *Little Superman*, 1918; tr. Ernest Boyd, 1945. *Small Town Tyrant*, 1905, tr. in 1944. 유명한 영화 『푸른 천사』의 원작소설. *Novellen*, 1963. 단편, 중편소설집, 전 작품 중의 일부일 뿐.

Mann, Klaus, *Mephisto: Roman einer Karriere*, 1936. 사악한 소설. 배우이자 연출가였던 구스타프 그륀트겐스 Gustav Gründgens의 생애를 설명하고 있다.

Mann, Thomas, *Gesammelte Werke*, ed. Hans Bürgin, 12vols., 1960. 최고의 전집. 네 권 의 논문과 연설을 모아 놓은 책이 포함되어 있다. *Buddenbrooks*, 1901; tr. H.T. Lowe-Porter, 1924. *The Magic Mountain*, 1924; same tr., 1927. *Joseph and His Brothers*, 4 vols., 1933~43; same tr., 1933~44. *Stories of Three Decades*, same tr., 1936. *Essays of Three Decades*, same tr., 1947. 실제로 토마스 만의 모든 저술은 영 역되었다.

Müllenmeister, Horst, *Leopold Jessner: Geschichte eines Regiestils*, 1956. 유용한 독일의 논문. 개선의 여지가 많다.

Muschg. Walter, *Die Zerstörung der deutschen Literatur*, 3rd, much enlarged ed., 1958. 문학 비평을 모호한 신비주의로 바꾸려던 독일의 경향에 대한 숙명적인 적의 정선 된 논고. *Von Trakl zu Brecht: Dichter des Expressionismus*, 1961. 강건, 훌륭한 연구.

Musil, Robert, *The Man Without Qualities*; 프리제 A. Frisé가 재생시킨 최초의 완벽한 판 본, 1952; tr. Eithne Wilkins and Ernst Kaiser, 3 vols., 1953~60.

Pinthus, Kurt, ed., *Menschheitsdämmerung: Ein Dokument des Expressionismus*, 1920; 2nd, improved ed., 1959. 초판은 중요 자료 수록. 재판은 더욱 중요.

Piscator, Erwin, *Das politische Theater*, 1929; ed. Felix Gasbarra, 1962. 1920년대 말기 베를린의 급진적 연극의 선언문.

Politzer, Heinz, *Franz Kafka: Parable and Paradox*, 1962. 탁월.

Raabe, Paul, ed., *Expressionismus: Aufzeichnungen und Erinnerungen der Zeitgenossen*, 1965. 목격자들의 증언을 모아 놓음. and H.L. Greve, eds., *Expressionismus: Literatur und Kunst*, 1910~1923, 1960. 마르바하에 있는 실러 국립박물관의 전시물에 대한 대 단히 유용한 설명 목록.

Remarque, Erich Maria, *All Quiet on the Western Front*, 1929; tr. A. W. Wheen, 1929. 유 명한 반전소설. *The Road Back*, 1931; tr. A.W. Wheen, 1931. 덜 유명한 속편.

Riess, Curt, *Gustav Grundgens: Eine Biographie*, 1965. 찬양조로 옹호함. 그러나 지도적 배 우이자 연출자의 생애에 대해 도움을 준다(Klaus Mann 항목 참조).

Rilke, Rainer Maria, *Sämtliche Werke*, ed. Ernst Zinn and Ruth Sieber-Rilke, 6vols., 1955~66. 1966년 Insel 출판사 간행의 3권짜리 전집도 있다.

Roth, Joseph, *Romane, Erzählungen, Aufsätze*, 1964. 파리 망명 중 지나친 음주로 사망한 소설가의 전집.

Rühle. Günther, *Theater für die Republik*, 1917~1933, *im Spiegel der Kritik*, 1967. 충실한 주석, 탁월한 서문.

Salin, Edgar, *Um Stefan George: Erinnerung und Zeugnis*, 2nd ed., 1954. 슈테판 게오르게 제자의 업적 중 아마도 가장 큰 도움을 줄 작품(Boehringer, Wolters 항목 참조).

Hölderlin im George-Kreis, 1950.

Schick, Paul, *Karl Kraus in Selbstzeugnissen und Bilddokumenten*, 1965.

Schmalenbach, Fritz, 'The Term "Neue Sachlichkeit"', *Art Bulletin*, XXII, 3. September 1940. pp.161~5. 중요한 문제를 분석한다.

Schnitzler, Arthur, *Die erzählenden Schriften*, 2 vols. 1961. *Die dramatischen Werke*, 2 vols., 1962. 사용하기 편리함.

Schonauer, Franz, *Stefan George in Selbstzeugnissen und Bilddokumenten*, 1960. 대단히 솔직한 논평. 사진 수록.

Schröter, Klaus, *Heinrich Mann in Selbstzeugnissen und Bilddokumenten*, 1967.

Schumacher, Ernst, *Die dramatischen Versuche Bertolt Brechts*, 1918~1933, 1955. 정통 마르크스주의적이므로 장황하지만 사실로 가득 차 있다.

Sembdner, Helmut, ed., *Heinrich von Kleists Nachruhm*, 1967. 위대한 독일 문학가의 사후의 영광을 다룬 매혹적이고 잘 구성된 선집. 훌륭한 주석.

Sertorius, Lilli, *Der Wandel des deutschen Hölderlinbildes*, 1928. 횔덜린에 관한 독일인들의 견해의 급변을 논증한 학위논문.

Sinn und Form, special issue, Bertolt Brecht, 1949. second special issue, Bertolt Brecht, 1957. 특히 제2권은 중요한 자료로 가득 차 있다.

Sokel, Walter H., *The Writer in Extremis: Expressionism in Twentieth-Century German Literature*, 1959. 경제적 범주에서 표현주의 독일 문학의 본질을 파악하려던 훌륭한 시도. *Franz Kafka: Tragik und Ironie*, 1964.

Sontheimer, Kurt, Thomas Mann und die Deutschen, 1961. 토마스 만의 정치적 견해에 대해 설득력 있게 옹호.

Steffen, Hans, ed., *Der deutsche Expressionismus: Fortnen und Gestalten*, 1965. 주로 표현주의 시에 집중. 대체적으로 만족스러움.

Sternheim, Carl, *Das Gesamtwerk*, ed. Wilhelm Emrich, 8vols., 1963~8. 탁월한 풍자가의 선집.

Strich, Fritz, *Deutsche Klassik und Romantik*, 1922.

Tank, Kurt Lothar, *Gerhart Hauptmann in Selbstzeugnissen und Bilddokumenten*, 1959.

Toller, Ernst, *Prosa, Briefe, Dramen, Gedichte*, preface by Kurt Hiller, 1961. 톨러를 옹호하는 전투적 서문.

Torberg, Friedrich, *Der Schüler Gerber*, 1929. 학생의 자살에 대한 소설. 전형적.

Tucholsky, Kurt, *Gesammelte Werke, ed. Mary Gerold-Tucholsky and Fritz J. Radd*atz, 3 vols., 1960. 완벽하지는 않음.

Viëtor, Karl, *Georg Büchner: Politik, Dichtung, Wissenschaft*, 1949. 간결한 평가.

Wassermann, Jakob, *Der Fall Maurizius*, 1928. 공화국 시대에는 잘 알려져 있었지만 현재는 그렇지 않은 작가의 가장 잘 알려진 소설.

Wedekind, Frank, *Prosa, Dramen, Verse*, ed. Hansgeorg Maier, 2 vols., 1964. 충실.

Weigand, Hermann J., *Thomas Mann's Novel 'Der Zauberberg'*, 1933. 감명적 분석.

Weisstein, Ulrich, *Heinrich Mann: Eine historisch-kritische Einführung in sein dischterisches Werk*, 1962. 간결하나 유용.

Werfel, Franz, *Nicht der Mörder, der Ermordete ist schuldig*, 1920. *Verdi*, 1924; tr. Helen Jessiman, 1925. 베르펠 문학의 이정표. *The Forty Days of Musa Dagh*, 1933; tr. Geoffrey Dunlop, 1934. *Erzählungen aus zwei Welten*, ed. A. D. Klarmann, 3 vols., 1951~4. *Die Dratnen*, ed. A.D. Klarmann, 2 vols., 1959.

Willett, John, *The Theatre of Bert Brecht: A Study from Eight Aspects*, 1959. 훌륭한 분석.

Wolters, Friedrich, *Stefan George und die Blätter für die Kunst*, 1930. 중요.

Zuckmayer, Carl, *Meisterdramen*, 1966. 초기 작품은 제외.

Zweig, Arnold, *The Case of Sergeant Grischa*, 1927; tr. Eric Sutton, 1928.

Zweig, Stefan, 'Abschied von Rilke', 1926, in *Begegnungen mit Menschen, Büchern, Städten*, 1956 ed., pp.59~73.

'Hölderlin', in *Baumeistre der Welt*, 1951, pp.159~246.

'Heinrich von Kleist', in ibid., pp.247~301.

V. 영화와 출판업

Piper와 Wolff 등의 출판업자들의 자서전은 이 부분에서 대단히 유용하다.

Arnheim, Rudolf, *Film als Kunst*, 1932. Translated in 1933 by L.M. Sieveking and Ian F.D. Morrow. 이 책의 많은 부분은 *Film as Art*(1966)에 재수록되어 있다.

Balázs, Béla, *Der Film: Werden und Wesen einer neuen Kunst*, 1961. 지식이 많고 지성적인 비평가인 마르크스주의자에 의한 1920년대의 논문집.

'Ein Jahrhundert *Frankfurter Zeitung*, begründet von Leopold Sonnemann', Die Gegenwart, XI, 29 October 1956, special number. 바이마르 독일의 최고의 신문에 대한 대단히 훌륭한 연구.

Erman, Hans, *August Scherl*, 1954. 후겐베르크에게 자신의 신문사를 팔았던 유력한 베를린 신문의 출판자의 전기.

Griffith, Richard, *Marlene Dietrich, Image and Legend*, 1959. 훌륭한 설명.

Grothe, Wolfgang, '*Die Neue Rundschau* des Verlages S. Fischer', *Börsenblatt für den deutschen Buchhandel*, Frankfurter Ausgabe, XVII, 14 December 1961. 최고의 작가들이 기꺼이 기고했던 문학월간지에 관한 흥미로운 연구.

Hintermeier, Mara, and Fritz J. Raddatz, eds., *Rowohlt Almanack, 1908-1962*, 1962. 대 출판사의 업주와 중요 작가들에 대한 훌륭한 연구.

Kiaulehn, Walther, *Mein Freund der Verleger: Ernst Rowohlt und seine Zeit*, 1967. 전게 저서 *Rowohlt Almanach*에 대한 탁월한 증보판.

Kracauer, Siegfried, *From Caligari to Hitler: A Psychological History of the German Film*, 1947. 필수 불가결.

Kurtz, Rudolf, *Expressionismus und Film*, 1926. 선구적 연구.

Mendelssohn, Peter de, *Zeitungsstadt Berlin: Menschen und Mächte in der Geschichte der deutschen Presse*, 1959. 세부 사실과 그림의 설명은 훌륭. 그러나 일방적이고 때로는 무비판적. 피상적.

Osborn, Max, ed., *50 Jahre Ullstein*, 1877~1927, 1927. 형식적.

Rotha, Paul, *The Film till Now*, rev. ed., 1967. 선구자의 포괄적 연구.

Schlawe, Fritz *Literarische Zeitschriften* Part II, 1910~1933, 1962. 포괄적인 사실적 연구. 대단히 유용.

Ullstein, Hermann, *The Rise and Fall of the House of Ullstein*, 1943. 중요치 않은 사실로 가득 차 있고 때때로 도움을 줄 뿐.

Weinberg, Herman G., *Joseph von Sternberg: A Critical Study*, 1967.

찾아보기

지은이 **피터 게이** Peter Gay 1923. 6. 20. ~ 2015. 5. 12.

유럽 근대 사상사와 문화사 분야의 권위자.
독일 베를린의 유대인 가정에서 태어났다. 기업가이자 무신론자인 부모 밑에서 유대인이라
는 자각 없이 어린 시절을 보냈다. 제2차세계대전이 한창이던 1939년 나치의 유대인 박해를
피해 고향을 떠나 쿠바로 갔으며 1941년에 미국에 정착했다. 컬럼비아대학에서 역사학 박사
학위를 받았고, 1969년부터 예일대학 역사학과에서 학생들을 가르쳤다.
『계몽주의의 기원*The Enlightenment: An Interpretation*』으로 1967년 전미도서상(National Book Award,
1967)을 받았다. 이듬해에는 문화사 분야의 혁신적 업적으로 꼽히는『바이마르 문화』를 출간
했다. 1970년대 중반 '웨스턴 뉴잉글랜드 정신분석연구소'에서 본격적으로 프로이트 연구를
시작했다. 1988년에 출간한『프로이트*Freud: A Life for Our Time*』는 출간 즉시 〈뉴욕타임스〉 베스
트셀러에 오르면서 학계와 일반 독자들에게 호평을 받았다.
저서로『역사가를 위한 프로이트*Freud for Historians*』『모차르트*Mozart: A Life*』『부르주아 경험*The
Bourgeois Experience: Victoria to Freud*』(5부작)『모더니즘*Modernism: The Lure of Heresy*』『슈니츨러의 세기
Schnitzler's Century: The Making of Middle-Class Culture 1815-1914』 등이 있다. 2004년 미국역사협회가 뛰
어난 업적을 거둔 역사학자에게 주는 공로상을 받았다.

옮긴이 **조한욱**

한국교원대 역사교육학과 명예교수. 서강대학교 사학과에 다니며 서양사에 대한 흥미를 갖
기 시작했다. 같은 대학원에 진학하여 역사 이론과 사상사에 대한 관심을 구체화하면서 「막
스 베버의 가치 개념」이라는 제목으로 석사학위 논문을 썼다. 1980년대 초에 미국 텍사스 주
립대학교로 유학을 떠나 1991년 「미슐레의 비코를 위하여」라는 제목의 박사학위 논문을 완
성했다. 1992년 한국교원대학교에 부임하여 2019년 퇴임할 때까지 문화사와 관련된 책을 옮
기고 집필했다. 문화사학회 회장을 역임했다.
옮긴 책으로 미슐레의『민중』, 비코의『새로운 학문』과『자서전』, 로버트 단턴의『고양이 대
학살』, 린 헌트가 편저한『문화로 본 새로운 역사』,『포르노그라피의 발명』,『프랑스 혁명의
가족 로망스』, 로저 샤툭의『금지된 지식』, 카를로 긴즈부르그의『마녀와 베난단티의 밤의 전
투』, 피터 버크의『문화사란 무엇인가?』등이 있다. 쓴 책으로는『조한욱 교수의 소소한 세계
사』『문화로 보면 역사가 달라진다』『내 곁의 세계사』『마키아벨리를 위한 변명, 군주론』『서
양 지성과의 만남』『역사에 비친 우리의 초상』등이 있다.

교유서가 〈첫단추〉 시리즈

옥스퍼드 〈Very Short Introductions〉

교유서가 〈첫단추〉 시리즈는 '우리 시대의 생각 단추'를 선보입니다. 첫 단추를 잘 꿰면 지식의 우주로 들어서게 될 것입니다. 이 시리즈는 세계적으로 정평 있는 〈Very Short Introductions〉의 한국어판입니다. 역사와 사회, 정치, 경제, 과학, 철학, 종교, 예술 등 여러 분야의 굵직한 주제를 알기 쉽게 설명합니다. 이 시리즈는 새로운 관점으로 '나와 세계'를 볼 수 있는 눈을 열어줄 것입니다.

바이마르 문화

내부자가 된 외부자

초판 1쇄 인쇄 2022년 10월 6일
초판 1쇄 발행 2022년 10월 16일

지은이 피터 게이
옮긴이 조한욱

편집 황도옥 이원주 이희연 **디자인** 신선아 **마케팅** 배희주 김선진
브랜딩 함유지 함근아 김희숙 고보미 박민재 박진희 정승민
저작권 박지영 형소진 이영은 김하림
제작 강신은 김동욱 임현식 **제작처** 천광인쇄사

펴낸곳 (주)교유당 **펴낸이** 신정민
출판등록 2019년 5월 24일 제406-2019-000052호

주소 10881 경기도 파주시 회동길 210
전화 031-955-8891(마케팅) 031-955-2680(편집) 031-955-8855(팩스)
전자우편 gyoyudang@munhak.com

인스타그램 @gyoyu_books **트위터** @gyoyu_books **페이스북** @gyoyubooks

ISBN 979-11-92247-46-5 03920